PLANEJAMENTO ESTRATÉGICO

O GEN | Grupo Editorial Nacional – maior plataforma editorial brasileira no segmento científico, técnico e profissional – publica conteúdos nas áreas de ciências sociais aplicadas, exatas, humanas, jurídicas e da saúde, além de prover serviços direcionados à educação continuada e à preparação para concursos.

As editoras que integram o GEN, das mais respeitadas no mercado editorial, construíram catálogos inigualáveis, com obras decisivas para a formação acadêmica e o aperfeiçoamento de várias gerações de profissionais e estudantes, tendo se tornado sinônimo de qualidade e seriedade.

A missão do GEN e dos núcleos de conteúdo que o compõem é prover a melhor informação científica e distribuí-la de maneira flexível e conveniente, a preços justos, gerando benefícios e servindo a autores, docentes, livreiros, funcionários, colaboradores e acionistas.

Nosso comportamento ético incondicional e nossa responsabilidade social e ambiental são reforçados pela natureza educacional de nossa atividade e dão sustentabilidade ao crescimento contínuo e à rentabilidade do grupo.

Djalma de Pinho **Rebouças** de Oliveira

PLANEJAMENTO ESTRATÉGICO

Conceitos • Metodologia • Práticas

35ª edição

COM DEPOIMENTOS DE EXECUTIVOS
E CASOS PARA DEBATE

- **Atendimento ao cliente: (11) 5080-0751 | faleconosco@grupogen.com.br**

- Direitos exclusivos para a língua portuguesa
Copyright © 2023
Editora Atlas Ltda.
Uma editora integrante do GEN | Grupo Editorial Nacional
Travessa do Ouvidor, 11
Rio de Janeiro – RJ – 20040-040
www.grupogen.com.br

- Capa: Danilo Oliveira, adaptada por Daniel Kanai
- Ilustrações: Fernando J. G. Rebello
- Editoração eletrônica: Padovan Serviços Gráficos e Editoriais

- Ficha catalográfica

CIP-BRASIL. CATALOGAÇÃO NA PUBLICAÇÃO
SINDICATO NACIONAL DOS EDITORES DE LIVROS, RJ

O46p
35. ed.

Oliveira, Djalma de Pinho Rebouças de
Planejamento estratégico : conceitos, metodologia e práticas. - 35. ed. - Barueri [SP] : Atlas, 2023.
; 24 cm.

Inclui bibliografia e índice
Glossário
ISBN 978-65-5977-476-0

1. Planejamento estratégico. 2. Administração de empresas. 3. Planejamento empresarial. I. Título.

CDD: 658.4012

23-82363   CDU: 005.51

Gabriela Faray Ferreira Lopes - Bibliotecária - CRB-7/6643

Respeite o direito autoral

À HELOÍSA

"As sinergias de pensamento e de atitude
consolidam resultados gratificantes e duradouros."

D. R.

Sumário

"A fábrica do futuro terá apenas dois empregados: um homem e um cachorro. O homem estará lá para alimentar o cachorro; e o cachorro para impedir que o homem toque no computador."

Warren Bennis

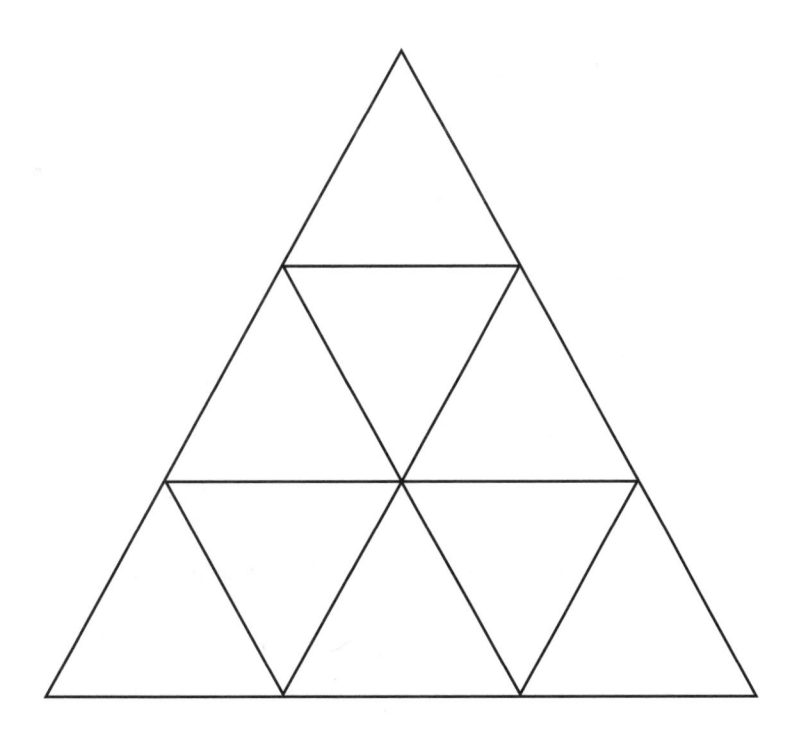

Capítulo 5 – Objetivos e desafios empresariais, 147

Relação geral de figuras

Relação geral de quadros

Depoimentos de executivos

"Para se chegar, onde quer que seja, não é preciso
dominar a força; basta controlar a razão."

Amyr Klink

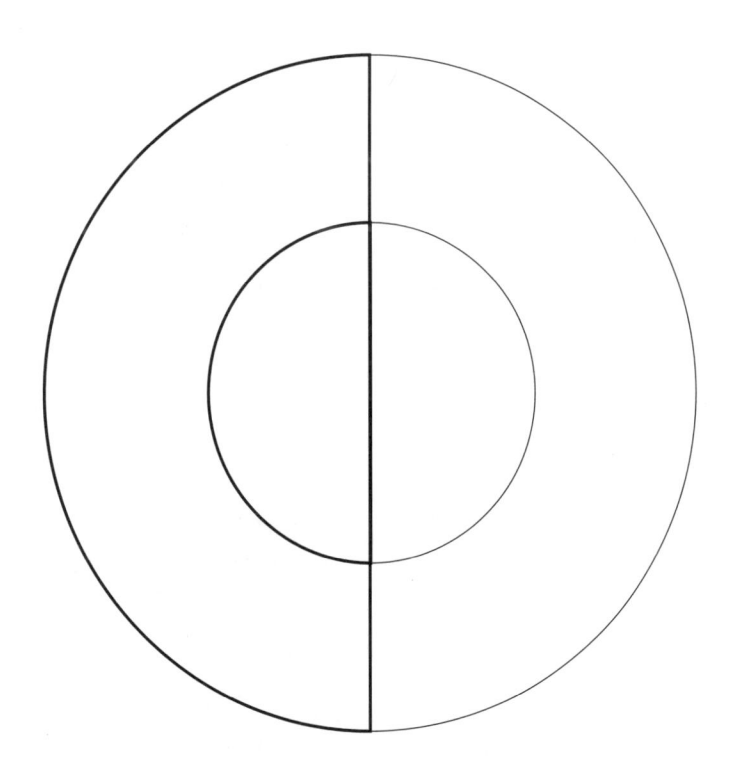

O papel desempenhado pelo empresário está longe da visão que dele tem a sociedade. Difundiu-se uma imagem maniqueísta que não corresponde à situação real. Contribuíram para esse desempenho as autobiografias dos semideuses, divulgadas e utilizadas como exemplos nos estudos da estratégia empresarial, e o noticiário negativo, amplamente explorado pelos críticos da livre-iniciativa. A realidade do empresário, ao contrário de um retrato em branco e preto, é representada pelas cores de um arco-íris.

Ele é um homem empreendedor, com dificuldade de gestão, mas com a vontade férrea de vencer. Produz bens e serviços, gera empregos e renda e contribui, dessa forma, para o progresso nacional.

É a esse tipo de agente que o trabalho do consultor e professor Djalma de Pinho Rebouças de Oliveira se destina. Este livro de *Planejamento Estratégico* tem o poder de auxiliar no preparo dos profissionais que vão ajudar o empresário a vencer suas dificuldades e a contribuir mais eficientemente para o bem-estar social.

ABRAM SZAJMAN
Presidente da Federação do
Comércio do Estado de São Paulo

Os livros e as ideias do consultor, professor e autor Djalma de Pinho Rebouças de Oliveira transmitem muita sensatez e atitude "pé no chão", postura essa sempre valiosa, mas especialmente apreciada nos tempos que correm.

É indiscutível que os empresários, administradores e executivos brasileiros, cada vez mais, enfrentarão desafios de toda sorte, e é nesse enfrentamento que a lucidez e o bom senso do consultor e professor Djalma se constituem em eficiente *arma no coldre* de todos quantos têm a responsabilidade de planejar e, depois, não só monitorar a execução dos planos, como também ter a permanente flexibilidade de adaptá-los aos solavancos de nossa economia.

ALFREDO GUNTHER FUCHS
Presidente do Conselho de Administração da
Brazaço-Mapri Indústrias Metalúrgicas S.A.

Parabéns pelo trabalho: eu o vejo como uma contribuição valiosa para a formação de nossos profissionais de empresas. Durante meus longos anos de trabalho como executivo de empresas grandes e bem estruturadas, encontrei bem poucos profissionais que tinham uma verdadeira visão estratégica de seus negócios. Os problemas do dia a dia e as pressões pelos resultados de curto prazo transformam os executivos em "bombeiros" que passam seu tempo a "apagar incêndios" e ofuscam sua visão de longo prazo.

Esse livro traz conceitos muito claros do que é o verdadeiro planejamento estratégico e propõe uma metodologia eficiente para desenvolvê-lo. É, sem dúvida, uma excelente contribuição para o desenvolvimento de nossos executivos, servindo tanto aos profissionais recém-formados como aos que já têm anos de trabalho.

A. ROBERTO MÜLLER
Presidente da Asea Brown Boveri
Latino-americana Ltda.

Num mundo onde os negócios se tornam cada dia mais caracterizados pela competitividade e eficiência, as publicações especializadas de Djalma de Pinho Rebouças de Oliveira são de uma leitura obrigatória.

Abrangendo os mais variados temas da atualidade no campo industrial e do planejamento estratégico, ele o faz num estilo conciso e ilustrativo.

CARLOS ANTICH
Presidente do Conselho Consultivo da
Sociedade Algodoeira do Nordeste Brasileiro – Sanbra

Concebido como ferramenta derivada da estratégia militar desenvolvida na Segunda Guerra Mundial, o planejamento estratégico, no contexto empresarial, pressupõe um intenso conhecimento do funcionamento da empresa e das influências por ela recebidas das mudanças do ambiente nos aspectos políticos, econômicos, sociais e tecnológicos, visando mantê-la sempre em condições de competição com a concorrência.

Essa definição, extraída do *Handbook of business administration*, de Harold Bright Maynard, ilustra com bastante exatidão o que significou a introdução desse conceito na moderna administração empresarial.

O segredo da manutenção da eficácia e eficiência dessa arma poderosa está num afiadíssimo mecanismo de retroalimentação do sistema e, mais ainda, na capacidade de reação que o corpo empresarial e seus recursos, humanos e materiais, devem ter no redirecionamento do *curso de navegação* da empresa.

A retroalimentação do sistema de planejamento estratégico enseja a criação de *atalhos* ou alongamentos de percurso, para que reflitam o aproveitamento das oportunidades que venham surgir, o que implica uma postura especial da empresa, seus acionistas e, principalmente, uma participação muito ativa dos funcionários, agindo em permanente interação com as lideranças.

Portanto, não fazer tudo isso é receita de insucesso, o que torna absolutamente necessário o *planejamento estratégico*, especialmente em nosso país, onde ele é muito mais trabalhoso de ser efetuado e requer um aprendizado particular em cada empresa para que seja bem-sucedido.

Logo, fazer tudo isso e também dirigir uma empresa, devemos concordar, é tarefa digna de admiração.

DAVID FEFFER

Diretor da SPP Nemo S.A. – Comercial Exportadora

Trata-se de livro muito interessante, que deve fazer parte integrante das bibliotecas das escolas de Administração, cobrindo – entre outros aspectos – aquele que, em minha opinião, é o ponto crucial do planejamento estratégico: o estabelecimento, pelos administradores, de uma visão clara, da missão e da vocação da empresa.

DIEGO J. BUSH

Presidente do Conselho de Administração da
São Paulo Alpargatas S.A.

Um planejamento estratégico, de prazo mais longo, se torna difícil e obscuro em um ambiente sufocado por problemas de curto prazo.

No entanto, é fundamental, para a própria sobrevivência da empresa, que o planejamento estratégico seja executado de uma forma lógica e estudada.

A empresa deve ter uma visão clara, coerente e instigante de suas metas e objetivos, não apenas em função do mercado e do produto, mas também em função do aspecto financeiro. A ausência dessas metas e objetivos fará com que a empresa fique à deriva e, consequentemente, não tenha sucesso.

O valor do autor é que faz que ele seja, há muito tempo, um expoente notório do planejamento estratégico. Este livro expõe uma metodologia que assessora os administradores em seu trabalho e função empresarial.

DONALD M. FILSHILL
Diretor-Presidente da Reckitt & Colman Brasil

O livro *Planejamento Estratégico* vem auxiliar os executivos atuantes no mercado, e também os estudantes de Administração de Empresas, de forma exemplar. Ele é essencial no momento atual, em que vemos constantes mudanças na economia.

Ressalto que este livro é um excelente guia, ao detalhar passo a passo o planejamento estratégico, sem esquecer da apresentação didática fácil e da abrangente bibliografia.

DOUGLAS ARTHUR ENGEN
Diretor da Cargill Agrícola S.A.

Nos dias de hoje, quando o mercado é citado por muitos como única solução para os mais variados problemas, conhecermos melhor os conceitos e a importância de um planejamento estratégico, certamente, nos permitirá apresentar o maior desafio de todos: o caminho da interação entre o planejamento e o mercado, essa, sim, a verdadeira solução.

EMERSON KAPAZ
Sócio-gerente da Elka Plásticos,
Presidente do Sindicato da Indústria de Instrumentos Musicais e de
Brinquedos do Estado de São Paulo e Coordenador do PNBE

Nem sempre uma ideia brilhante, implantada por gente brilhante, termina num resultado brilhante. É o caso de uma organização estrutural de muitos níveis hierárquicos. Quanto mais brilhantes os componentes de uma estrutura desse tipo, mais criativos eles serão. Ampliarão a ideia original. Desenvolverão concepções paralelas. Protegerão a empresa em todos os *What if*. Protegerão a si mesmos e as suas respectivas posições. Alguns vão até sobressair-se e promover-se no processo. Ter-se-á, seguramente, perdido uma grande ideia. É incalculável o efeito nocivo que níveis hierárquicos desnecessários trazem a uma empresa. Poderiam esses efeitos até superar as perdas advindas se a mesma grande ideia fosse implantada por gente medíocre de uma estrutura adequada.

Esse é um dos aspectos evidenciados neste livro do consultor e professor Djalma Rebouças.

EVERALDO SANTOS

Presidente da Alcan Alumínio do Brasil S.A.

O consultor e professor Djalma de Pinho Rebouças de Oliveira representa a nova face do pesquisador da ciência da administração como um todo, e do planejamento estratégico em particular; ele combina o rigor acadêmico com uma extensa experiência prática de consultoria no Brasil, formulando respostas concretas para os desafios dos momentos atuais. Este livro, já em sua 35ª edição, não promete "milagres", apenas oferece um roteiro sério para que o executivo brasileiro incorpore o pensamento estratégico em seu dia a dia.

FRANKLIN L. FEDER

Diretor de Planejamento Corporativo
da Alcoa Alumínio S.A.

Um executivo estratégico é muito mais um generalista do que um especialista. Ele tem a capacidade de desenvolver uma visão do futuro da sociedade e de seu país, bem como as consequências para seus negócios.

Isso leva a uma ampla definição dos objetivos, atividades, organização e cultura de sua empresa e a um cronograma a ser realizado. Desenvolve ideias claras sobre as mudanças necessárias e a maneira de implementá-las.

Tem a coragem de ser transparente e assumir responsabilidades. Demonstra liderança e divide sua opinião com outros, como: *staff*, acionistas, clientes, fornecedores. Lidera a criação de uma ambição coletiva.

Gerencia recursos humanos, financeiros, industriais e outros, bem como assegura-se de que estejam sendo usados do modo mais eficiente. Se necessário, num processo *top-down*.

Comunica-se bem, tanto em nível formal como pessoal, é um bom ouvinte e prefere alcançar seus objetivos baseado num trabalho de equipe e confiança comum.

Esses são alguns aspectos abordados no livro do consultor e professor Djalma Rebouças.

FRANS SLUITER

Presidente da Philips do Brasil

Como um apreciador do tema *planejamento estratégico*, fiquei particularmente impressionado com a simplicidade e linguagem acessível com que o autor trata um tema complexo, onde muitas obras tendem ao hermetismo, sem perder de vista a importância do embasamento teórico.

O capítulo sobre Objetivos e Desafios Empresariais traz excelente contribuição ao leitor, no que toca ao estabelecimento de uma hierarquia que dá maior objetividade às ações a serem implementadas.

HIRAN CASTELO BRANCO
Presidente da HCA Propaganda e do
Conselho Nacional de Propaganda

O livro *Planejamento Estratégico* do consultor Djalma de Pinho Rebouças de Oliveira faz uma abordagem clara e concisa dos conceitos para o planejamento estratégico das empresas.

Na Singer do Brasil estamos usando, com sucesso, as sugestões e a metodologia nele apresentadas.

J. J. RODRIGUEZ
Diretor-Presidente da Singer do Brasil

O planejamento estratégico chegou, fez moda e consolidou-se. É hoje instrumento de trabalho. Prova disso são as edições sucessivas e bem-sucedidas deste livro. Numa sociedade de pouco apreço aos livros e à reflexão, isso é um convite à leitura e, talvez, à descoberta de que só a intuição, a tática, o imediatismo já não mais satisfazem ao melhor do administrador brasileiro.

JORGE WILSON SIMEIRA JACOB
Presidente do Grupo Fenícia

É uma obra de teorias arrojadas e modernas que são, perfeitamente, aplicáveis na prática, principalmente dentro de nossa sociedade, em constantes mudanças.

Djalma expõe seus conceitos com muita habilidade e objetividade, fazendo com que o executivo tenha o livro como uma consulta permanente.

J. OTÁVIO JUNQUEIRA FRANCO
Diretor-Presidente da
Quaker Alimentos Ltda.

A política econômica do governo brasileiro provoca uma gigantesca perturbação no planejamento tático e estratégico das empresas privadas e estatais de nosso país. Por mais que a sociedade brasileira tenha amadurecido, nunca será suficiente para enfrentar essas turbulências, além dos desafios inerentes a uma abertura da economia para o mercado internacional.

O livro de Djalma Rebouças, educador pertinaz, que está contribuindo para a mudança do conceito administrativo das empresas no Brasil, aborda, de forma ativa e empreendedora, o caminho a seguir para alcançarmos a estratégia empresarial.

Muitas empresas estão mudando, radicalmente, suas formas administrativas e obtendo sucesso, graças ao emprego dessa poderosa arma.

A leitura da obra provoca uma reflexão obrigatória aos executivos, contribuindo, em muito, nas soluções que mais afligem a gestão de médio e longo prazos das empresas.

NORBERTO FARINA
Presidente da Maxion S.A.

Importância, estrutura e diferencial do livro

"Não sabendo que era impossível, ele foi lá e fez."
Jean Cocteau

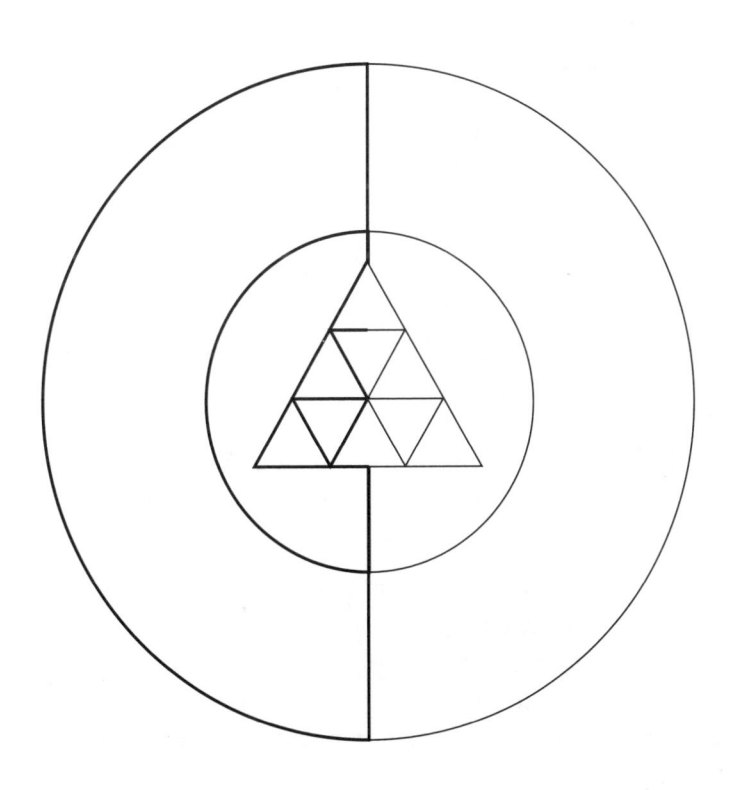

Alguém já afirmou que o prefácio, os comentários iniciais e a apresentação da estrutura de um livro não são feitos para serem lidos. Entretanto, julgo válida a leitura dessas partes pré-textuais pelo fato de que facilitam o entendimento da obra.

Através da leitura dessa parte introdutória pode-se ter visão geral dos vários aspectos abordados, bem como de suas interligações. Portanto, espero que você continue a leitura desta introdução, criando condições para o perfeito entendimento e assimilação do planejamento estratégico como um importante instrumento que você deve utilizar, visando otimizar os resultados e criar novas situações para as empresas.

Evidencia-se que a decisão de escrever este livro está, basicamente, correlacionada à falta de material didático, principalmente na língua portuguesa, referente ao assunto, bem como à necessidade de apresentar uma metodologia com o nível de detalhes que proporcione para você entendimento mais explícito do que, efetivamente, representa este importante instrumento de administração que é o planejamento estratégico.

Muitas vezes, quando participando de debates com executivos de empresas, eles afirmam: "Não estou preocupado em ter um planejamento estratégico agora, pois o ambiente está muito tumultuado, com as indefinições do governo e seus *pacotes esquisitos* etc."

Na realidade, os executivos deveriam entender que esse é o momento primordial para as empresas terem um planejamento estratégico estruturado, bem como maneiras de alcançar ou se aproximar, o mais possível, desse futuro desejado. Inclusive, se uma maneira não der certo o executivo já sabe, antecipadamente, como pular para outra maneira no momento certo e de forma adequada.

Com referência à metodologia de planejamento estratégico apresentada, essa foi consolidada pelo autor como resultado de aplicações, com sucesso, em várias empresas por meio de seus serviços de consultoria e de treinamento.

Talvez você sinta necessidade de alterar a ordem de alguns aspectos apresentados nas fases da metodologia de desenvolvimento e implementação do planejamento estratégico apresentada neste livro. Quando isso ocorrer, sinta-se à vontade, desde que respeite os principais conceitos básicos inerentes a cada aspecto da metodologia, bem como analise as consequências das alterações dentro de um enfoque sistêmico, ou seja, cada parte influenciando e recebendo influência das outras partes da referida metodologia.

A estrutura de apresentação desse importante instrumento administrativo para as empresas é efetivada em dez capítulos com conteúdos perfeitamente interligados e conduzindo o raciocínio do leitor ao pleno entendimento.

O Capítulo 1 apresenta os conceitos básicos e os tipos de planejamento, bem como algumas considerações sobre a Teoria de Sistemas, que serão necessários para o perfeito entendimento da empresa como um sistema aberto, dentro de um ambiente externo em constantes mutações.

O Capítulo 2 aborda, com profundidade, o planejamento estratégico e apresenta, de forma resumida, uma metodologia desenvolvida pelo autor e aplicada, com sucesso, em algumas empresas. Essa metodologia não é inflexível, mas você deve ter a visão e o *jogo de cintura* para saber fazer as adaptações que forem necessárias para sua melhor operacionalização na empresa.

Do Capítulo 3 até o 9 são apresentados os detalhes de cada uma das fases, ou, se for o caso, de partes das fases constantes da metodologia de elaboração e implementação do planejamento estratégico abordada no Capítulo 2.

O Capítulo 3 considera o diagnóstico estratégico através do qual você pode identificar e analisar os pontos fortes e fracos da empresa, bem como as oportunidades e ameaças do ambiente que a cerca. Neste capítulo são apresentados, com o nível de detalhamento necessário, os vários aspectos e itens a serem considerados neste diagnóstico interno e externo à empresa, incluindo a análise dos concorrentes e o estabelecimento das vantagens competitivas. Aborda também a questão do estabelecimento da visão da empresa, bem como os valores – éticos, comportamentais – que devem ser considerados no processo estratégico.

O Capítulo 4 apresenta a forma de estabelecimento da missão ou *razão de ser* da empresa, bem como de seus propósitos ou setores de atuação. Aborda, também, as macroestratégias e as macropolíticas da empresa, de acordo com o enfoque estabelecido por uma postura estratégica da empresa. Neste capítulo também é analisada a aplicação de cenários estratégicos para auxiliar o processo decisório nas empresas, bem como explicada, resumidamente, a interação das questões estratégicas das empresas com o moderno sistema ESG, abordando as questões ambientais, sociais e de governança que tanto afetam as empresas, de forma positiva ou negativa.

O Capítulo 5 enfoca o estabelecimento, interligação e hierarquização dos objetivos, desafios e metas que a empresa, por meio de suas unidades organizacionais, irá perseguir de maneira eficiente, eficaz e efetiva.

O Capítulo 6 aborda as estratégias que a empresa, através de suas unidades organizacionais, deverá desenvolver para alcançar os resultados esperados, representados pelos objetivos, desafios e metas.

O Capítulo 7 apresenta os conceitos e a forma de estabelecimento das políticas que a empresa, através de suas unidades organizacionais, deverá ter como base de sustentação para o processo decisório, principalmente em nível estratégico.

O Capítulo 8 cuida da operacionalização do planejamento estratégico na empresa através do estabelecimento dos projetos e dos planos de ação que deverão ser desenvolvidos pela empresa, para que ela comece a *fazer as coisas acontecerem.* Os projetos e planos de ação são os instrumentos administrativos que, inclusive, colocam o planejamento estratégico no chão, incluindo-o no processo do dia a dia da empresa.

O Capítulo 9 encerra o detalhamento das fases da metodologia de elaboração e implementação do planejamento estratégico nas empresas, apresentado, de maneira global, no Capítulo 2. Neste capítulo são abordados os principais aspectos para um adequado processo de controle e avaliação do planejamento estratégico nas empresas.

E, finalmente, no Capítulo 10, são apresentadas algumas *dicas* para que você possa melhor desenvolver e operacionalizar o planejamento estratégico em sua empresa. Essas *dicas* são o resultado da experiência do autor como consultor de empresas, bem como de troca de ideias com colegas que utilizam esse instrumento para uma otimizada administração, que é o planejamento estratégico.

Ao final de cada capítulo, são apresentados alguns exercícios e pequenos *casos* que podem auxiliar você na análise e no entendimento dos diversos assuntos abordados ao longo do livro.

Para encerrar, apresenta-se um glossário dos termos utilizados neste livro. Não é intenção afirmar que as definições apresentadas são as únicas, mas simplesmente enquadrar o leitor no *linguajar* mais corriqueiro dos profissionais de planejamento estratégico.

São apresentadas, também, as referências bibliográficas que serviram de sustentação para o melhor desenvolvimento desta obra.

Por esse conteúdo pode-se afirmar que este livro apresenta os seguintes diferenciais:

a) Elevada amplitude de análise do assunto *planejamento estratégico*, facilitando o seu pleno entendimento e aplicação.

b) Apresentação de metodologia estruturada e específica para o desenvolvimento e a implementação do planejamento estratégico nas empresas, bem como de técnicas auxiliares para a adequada aplicação das partes do referido instrumento administrativo.

c) Interligação do planejamento estratégico com outros instrumentos administrativos das empresas – projetos, processos, orçamento, estrutura organizacional, avaliação de desempenho – facilitando os seus desenvolvimentos e implementações, bem como tornando todo o processo mais barato, fácil, eficiente, eficaz e efetivo.

d) Direcionado para o desenvolvimento dos negócios, bem como das vantagens competitivas e dos resultados das empresas.

e) Forte abordagem prática – com apresentação de vários exemplos e de formulários para aplicação -, proporcionando elevados níveis de motivação e de aprendizado pelos leitores.

f) Direcionado ao otimizado processo de treinamento *na tarefa* e *em tempo real* de todos os executivos e demais profissionais da empresa no desenvolvimento e na aplicação, sempre com qualidade total, do planejamento estratégico.

g) Facilidade de assimilação pela interligação estruturada entre "chamadas" no texto, questões para debate, exercícios e casos em cada um dos capítulos do livro.

Se você teve paciência e curiosidade para ler até este ponto, acredito que o entendimento da importância, estrutura e diferencial do livro esteja consolidado.

Djalma de Pinho Rebouças de Oliveira

Capítulo 1

Conceitos de planejamento e de sistema

"A incerteza é o complemento do conhecimento."

Arrow

Neste capítulo apresentam-se os conceitos, princípios, filosofias, partes e tipos de planejamento, bem como os aspectos da Teoria de Sistemas que facilitam o enquadramento da empresa, como um todo, perante seus fatores externos ou não controláveis.

Esse enquadramento de interação dos fatores externos – não controláveis – e internos – controláveis – das empresas é que consolida a abordagem estratégica nas empresas.

1.1 Conceituação de planejamento

Existe certa dificuldade, quando da conceituação da função do planejamento nas empresas, de estabelecer sua real amplitude e abrangência. Para tanto, Steiner (1969, p. 12) estabeleceu as cinco dimensões do planejamento, cujos aspectos básicos são apresentados a seguir.

A primeira dimensão do planejamento corresponde ao assunto abordado, que pode ser produção, pesquisas, novos produtos, finanças, marketing, instalações, recursos humanos etc. Portanto, essa dimensão está correlacionada às funções desempenhadas pelas empresas.

Outra dimensão corresponde aos elementos do planejamento, entre os quais podem ser citados propósitos, objetivos, estratégias, políticas, programas, orçamentos, normas e procedimentos, entre outros. Você pode analisar esses vários elementos do planejamento ao longo da metodologia de elaboração e implementação do planejamento estratégico apresentada na seção 2.1.

Uma terceira dimensão corresponde à dimensão de tempo do planejamento que pode ser, por exemplo, de longo, médio ou curto prazo, mas sempre analisada de forma integrada.

Outra dimensão corresponde às unidades organizacionais onde o planejamento é elaborado e, nesse caso, pode-se ter planejamento corporativo, de unidades estratégicas de negócios, de subsidiárias, de grupos funcionais, de divisões, de departamentos, de produtos etc.

Uma quinta dimensão corresponde às características do planejamento que podem ser representadas por complexidade ou simplicidade, qualidade ou quantidade, planejamento estratégico ou tático, confidencial ou público, formal ou informal, econômico ou caro.

 **Para você pensar:** avalie o seu nível de conhecimento quanto a cada um dos assuntos administrativos alocados nas cinco dimensões apresentadas. E, ao final da análise deste livro, verifique o nível de evolução de seu conhecimento.

O referido autor salienta que esses aspectos das dimensões não são mutuamente exclusivos e nem apresentam linhas demarcatórias muito claras, o que pode conduzir a análises com algum nível de subjetividade. Entretanto, as cinco dimensões apresentadas permitem visualizar a amplitude do assunto *planejamento* nas empresas.

Como consequência, o planejamento pode ser conceituado como um processo – considerando os aspectos abordados pelas cinco dimensões anteriormente apresentadas – desenvolvido para o alcance de uma situação futura desejada, de um modo mais eficiente, eficaz e efetivo, com a melhor concentração de esforços e recursos pela empresa.

O planejamento não deve ser confundido com previsão, projeção, predição, resolução de problemas ou plano, pois:

- **Previsão**: corresponde ao esforço para verificar quais serão os eventos que poderão ocorrer, com base no registro de uma série de probabilidades.
- **Projeção**: corresponde à situação em que o futuro tende a ser igual ao passado, em sua estrutura básica.
- **Predição**: corresponde à situação em que o futuro tende a ser diferente do passado, mas a empresa não tem nenhum controle sobre seu processo e desenvolvimento.
- **Resolução de problemas**: corresponde a aspectos imediatos que procuram tão somente a correção de certas descontinuidades e desajustes entre a empresa e as forças externas que lhe sejam potencialmente relevantes.
- **Plano**: corresponde a um documento formal que se constitui na consolidação das informações e atividades desenvolvidas no processo de planejamento; é o limite da formalização do planejamento, uma visão estática do planejamento, uma decisão em que a relação custos *versus* benefícios deve ser observada.

Além disso, o planejamento estratégico corresponde ao estabelecimento de um conjunto de providências a serem tomadas pelo executivo para a situação em que o futuro tende a ser diferente do passado; entretanto, a empresa tem condições e meios de agir sobre as variáveis e fatores, de modo que possa exercer alguma influência; o planejamento é, ainda, um processo contínuo, um *exercício mental* que é executado pela empresa, independentemente de vontade específica de seus executivos, sendo essa a razão de algumas empresas não terem um processo de planejamento estruturado, mas, mesmo assim, apresentam algumas ações "planejadas".

O planejamento estratégico também pressupõe a necessidade de um processo decisório que ocorrerá antes, durante e depois de sua elaboração e implementação na empresa.

Esse processo de tomada de decisões na empresa deve conter, ao mesmo tempo, os componentes individuais e empresariais, bem como a ação nesses dois níveis deve ser orientada de tal maneira que garanta certa confluência de interesses dos diversos fatores não controláveis, os quais estão alocados no ambiente da empresa, ou seja, fora dela.

O processo de planejar envolve, portanto, um *modo de pensar*; e um salutar modo de pensar envolve indagações; e indagações envolvem questionamentos sobre o que, como, quando, quanto, para quem, por que, por quem e onde fazer.

Toda atividade de planejamento nas empresas, por sua natureza, deverá resultar de decisões presentes, tomadas a partir do exame do impacto das mesmas no futuro, o que lhe proporciona uma dimensão temporal de alto significado.

O propósito do planejamento pode ser definido como o desenvolvimento de processos, técnicas e atitudes administrativas, as quais proporcionam uma situação viável de avaliar as implicações futuras de decisões presentes em função dos objetivos empresariais que facilitarão a tomada de decisão no futuro, de modo mais rápido, coerente, eficiente e eficaz. Dentro desse raciocínio, pode-se afirmar que o exercício sistemático do planejamento tende a reduzir a incerteza envolvida no processo decisório e, consequentemente, provocar o aumento da probabilidade de alcance dos objetivos, desafios e metas estabelecidos para a empresa.

Além disso, o fato de o planejamento ser um processo de estabelecimento de um estado futuro desejado e um delineamento dos meios efetivos de torná-lo realidade justifica que ele anteceda à decisão e à ação. Nesse contexto, o planejamento tem influência direta na qualidade do processo decisório nas empresas.

Outro aspecto a destacar, inerente ao processo decisório, é o grande número de condicionantes empresariais que afetam sua operacionalização, com a interveniência de inúmeras restrições de ordem prática, contribuindo para reforçar a ideia de complexidade que lhe é característica; e o planejamento se apresenta como o principal instrumento administrativo para resolver esse problema.

A atividade de planejamento é complexa em decorrência de sua própria natureza, qual seja, a de um processo contínuo de pensamento sobre o futuro, desenvolvido mediante a determinação de estados futuros desejados e a avaliação de cursos de ação alternativos a serem seguidos para que tais estados sejam alcançados, sendo que tudo isso implica um processo decisório permanente e de qualidade, acionado dentro de um contexto ambiental – externo e não controlável – interdependente e mutável.

Esse processo contínuo, composto de várias etapas, funciona de forma não linear em decorrência de haver variabilidade nas empresas. Essa variabilidade é devida às pressões ambientais que a empresa tem de suportar e que são resultantes de forças externas – representadas por oportunidades e ameaças –, continuamente em alteração com diferentes níveis de intensidade de influência, bem como das pressões internas – representadas pelos pontos fortes e pontos fracos – resultantes dos vários fatores integrantes da empresa.

Sem a preocupação de estabelecer todas as características básicas da função *planejamento* como um processo contínuo apresentam-se, a seguir, alguns dos principais aspectos:

a) O planejamento não diz respeito a decisões futuras, mas às implicações futuras de decisões presentes (Drucker, 1962, p. 131). Portanto, aparece como um processo sistemático e constante de tomada de decisões, cujos efeitos e consequências deverão ocorrer em futuros períodos de tempo.

b) O planejamento não é um ato isolado. Portanto, deve ser visualizado como um processo composto de ações inter-relacionadas e interdependentes que visam ao alcance de objetivos previamente estabelecidos. Deve-se, também, considerar a necessidade de os objetivos serem viáveis com base na validade das hipóteses em que se baseiam.

c) O processo de planejamento é muito mais importante que seu resultado final. O resultado final do processo de planejamento, normalmente, é o plano, sendo que esse deve ser desenvolvido "pela" empresa e não "para" a empresa. Se não for respeitado esse aspecto têm-se planos inadequados para a empresa, bem como níveis de resistência e de descrédito efetivos para sua implantação.

 **Para se divertir**: debata o significado e a aplicação dos três aspectos apresentados, procurando identificar as suas facilidades e dificuldades a respeito.

1.2 Princípios do planejamento

O planejamento dentro de uma empresa deve respeitar alguns princípios para que os resultados de sua operacionalização sejam os esperados. Podem-se separar esses princípios em gerais e específicos.

1.2.1 Princípios gerais do planejamento

São quatro os princípios gerais para os quais os executivos devem estar atentos:

a) O princípio da contribuição aos objetivos e, nesse aspecto, o planejamento deve, sempre, visar aos objetivos máximos da empresa.

No processo de planejamento devem-se hierarquizar os objetivos estabelecidos e procurar alcançá-los em sua totalidade, tendo em vista a interligação entre eles. Mais detalhes a esse respeito são apresentados na seção 5.5.

b) O princípio da precedência do planejamento, correspondendo a uma função administrativa que vem antes das outras (organização, gestão de pessoas, direção e controle).

Na realidade, é difícil separar e sequenciar as funções administrativas, mas pode-se considerar que, de maneira geral, o planejamento "do que e como vai ser feito" aparece no início do processo administrativo. Como consequência, o planejamento assume uma situação de maior importância no processo administrativo das empresas, pois de sua qualidade depende a qualidade das funções administrativas subsequentes.

c) O princípio das maiores influência e abrangência, pois o planejamento pode provocar uma série de modificações nas características e atividades da empresa.

Algumas dessas modificações são mostradas na Figura 1.1:

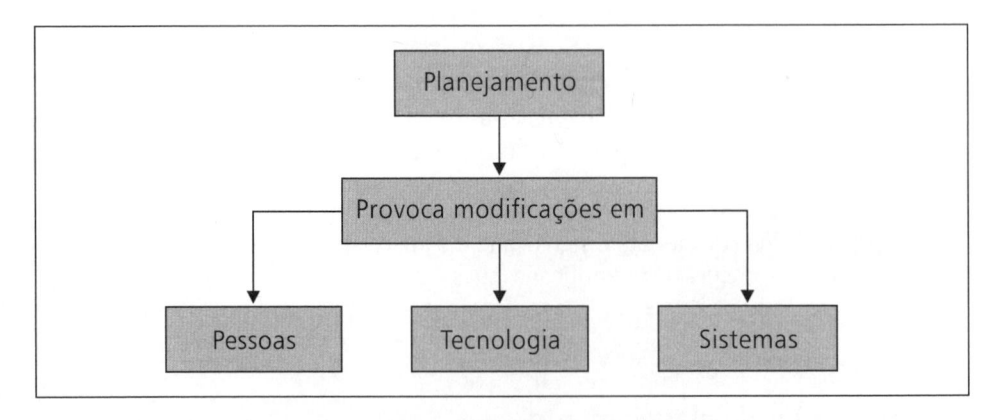

Figura 1.1 Modificações provocadas pelo planejamento.

As modificações provocadas nas pessoas podem corresponder às necessidades de treinamento, substituições, transferências, funções, avaliações etc.; na tecnologia as modificações podem ser apresentadas pela evolução dos conhecimentos, pelas novas maneiras de fazer os trabalhos etc.; e nos sistemas podem ocorrer alterações nas responsabilidades estabelecidas, nos níveis de autoridade, descentralização, comunicações, procedimentos, instruções etc.

Como consequência, você pode considerar que o planejamento tem elevada influência nos negócios da empresa e em seus resultados a curto, médio e longo prazos.

d) O princípio das maiores eficiência, eficácia e efetividade.

O planejamento deve procurar maximizar os resultados e minimizar as deficiências apresentadas pelas empresas.

Através desses aspectos o planejamento procura proporcionar à empresa uma situação de eficiência, eficácia e efetividade.

Eficiência é uma medida individual dos componentes das empresas e se consolida pela ocorrência dos seguintes aspectos:

- fazer as coisas de maneira adequada;
- resolver os problemas que surgem;
- salvaguardar os recursos aplicados pela empresa;
- cumprir os deveres e as responsabilidades estabelecidas; e
- reduzir os custos.

Eficácia é uma medida do rendimento global das empresas e se consolida pela ocorrência dos seguintes aspectos:

- fazer as coisas certas, ou seja, fazer o que precisa ser feito;
- produzir alternativas criativas para as várias situações que surgirem nas empresas;
- maximizar a utilização dos recursos disponíveis;
- obter os resultados estabelecidos e esperados nos processos de planejamento das empresas; e
- aumentar os resultados da empresa (lucro, rentabilidade, produtividade, participação de mercado).

Efetividade é uma medida do rendimento global das empresas e se consolida pela ocorrência dos seguintes aspectos:

- manter-se no mercado; e
- apresentar resultados globais positivos ao longo do tempo (permanentemente).

A efetividade representa a capacidade de a empresa coordenar constantemente, ao longo do tempo, esforços e energias, tendo em vista o alcance dos resultados globais e a manutenção da empresa no ambiente.

Portanto, para que a empresa seja efetiva, é necessário que ela, também, seja eficiente e eficaz. É importante salientar que a eficiência, a eficácia e a efetividade são algumas das principais medidas para avaliar uma boa administração, pois, normalmente, os recursos com os quais o executivo trabalha são escassos e limitados.

Na prática, considera-se que o executivo com forte atuação estratégica procura, basicamente, a efetividade. Isso porque a eficiência é considerada obrigação, e a eficácia é o bom senso administrativo mínimo. Essa é uma afirmação, quanto à eficiência, à eficácia e à efetividade nas empresas que os executivos devem concordar, mas que, na prática, poucos conseguem operacionalizar de forma otimizada. Portanto, os executivos devem estar cientes dessa dificuldade e procurar conhecer instrumentos administrativos estruturados – como o planejamento estratégico – que os auxiliem nesse processo de busca da melhoria administrativa das empresas.

No Quadro 1.1 apresentam-se a eficiência e a eficácia do ponto de vista interno e externo das empresas – é o chamado "contexto estratégico" –, bem como as características básicas de suas ocorrências em níveis de intensidade baixos e altos.

Quadro 1.1 Eficiência e eficácia nas empresas.

			• Atenção aos problemas, principalmente operacionais.	• Atenção aos problemas empresariais que interagem com o ambiente.
			Interna	**Externa**
			Eficiência	
			Baixa	**Alta**
• Atenção ao desempenho da empresa em seu ambiente.	**Externa**	**Alta**	• Objetivos empresariais alcançados, mas não no nível ideal. • Utilização inadequada dos recursos disponíveis.	• Objetivos empresariais alcançados. • Utilização adequada dos recursos disponíveis.
• Atenção ao desempenho de toda a empresa.	**Interna**	**Baixa**	• Objetivos empresariais normalmente não alcançados. • Utilização inadequada dos recursos disponíveis.	• Objetivos empresariais algumas vezes alcançados. • Utilização adequada dos recursos disponíveis.

A eficácia de uma empresa depende, basicamente, de dois aspectos:

- de sua capacidade de identificar as oportunidades e as necessidades do ambiente, onde estão os fatores não controláveis pela empresa; e
- de sua flexibilidade e adaptabilidade, visando usufruir dessas oportunidades e atender às necessidades identificadas no ambiente.

1.2.2 Princípios específicos do planejamento

Com base na atitude e visão interativa diante do planejamento, Ackoff (1974, p. 28) apresenta quatro princípios de planejamento que podem ser considerados específicos:

- Planejamento participativo: o principal benefício do planejamento não é seu resultado final, ou seja, o plano, mas o processo desenvolvido. Nesse sentido o papel do responsável pelo planejamento não é, simplesmente, elaborá-lo, mas facilitar o processo de sua elaboração pela própria empresa, e esse planejamento deve ser realizado pelas diversas áreas pertinentes ao processo.
- Planejamento coordenado: todos os aspectos envolvidos devem ser projetados de forma que atuem interdependentemente, pois nenhuma parte ou aspecto de uma empresa pode ser planejado eficientemente, se o for de maneira independente de qualquer outra parte ou aspecto da empresa.
- Planejamento integrado: os vários escalões de uma empresa – principalmente as de porte médio ou grande – devem ter seus planejamentos integrados. Nas empresas voltadas para o mercado, nas quais os objetivos empresariais dominam os de seus membros, geralmente os objetivos são estabelecidos de "cima para baixo" e os meios para alcançá-los "de baixo para cima", sendo este último fluxo usualmente invertido em uma empresa cuja função primária é a de servir a seus membros.
- Planejamento permanente: essa condição é exigida pela própria turbulência do ambiente empresarial, pois nenhum plano mantém seu valor e utilidade com o tempo.

É muito importante você estar atento aos princípios gerais e específicos do planejamento, pois esses lhe proporcionarão base mais sólida para o processo decisório inerente aos processos de planejamento na empresa.

1.3 Filosofias do planejamento

De acordo com Ackoff (1974, p. 4), existem três tipos de filosofias de planejamento dominantes, sendo que a maioria dos processos de planejamento envolve uma mistura dos três tipos, embora possa haver predominância de um deles.

1.3.1 Filosofia da satisfação

Essa filosofia designa os esforços para se alcançar um mínimo de satisfação, mas não necessariamente para excedê-lo, sendo que satisfazer é fazer "suficientemente bem", mas não necessariamente "tão bem quanto possível".

O nível que define a satisfação é o que o tomador de decisões está disposto a fixar e, frequentemente, é o mínimo necessário.

O processo de planejamento começa pela determinação dos objetivos factíveis, resultantes de uma sistemática de consenso político entre os vários centros de poder da empresa. Tais objetivos poderão ser de desempenho (quantitativos ou qualitativos); mas serão em pequeno número, porque seria difícil estabelecer um grande número de objetivos e, também, porque isso geraria inevitável conflito entre os diversos objetivos da empresa.

Nessas condições, restarão apenas os objetivos aceitáveis, no sentido de serem os que encontrarão a menor resistência à sua implementação; e os objetivos aceitos poderão, inclusive, não ser os mais adequados à empresa.

O planejador que segue essa filosofia acaba não se afastando muito das práticas correntes da empresa. Nessas circunstâncias, as estruturas organizacionais das empresas não são alteradas porque podem ser encontradas muitas resistências e, em consequência, os planos serão tímidos em termos de recursos e dos resultados esperados. Assim, não serão procuradas alternativas, isto é, muitas oportunidades interessantes deixam de ser exploradas.

A preocupação básica dessa filosofia está no aspecto financeiro, sendo dada grande ênfase ao orçamento e a suas projeções. Não é dada grande importância aos demais aspectos do planejamento de recursos – humanos, tecnológicos, equipamentos, materiais, serviços etc. –, porque está subentendido que, com suficiente quantidade de recursos monetários, o restante pode ser obtido; e, normalmente, é feita apenas uma projeção para o futuro, sendo ignoradas as possibilidades de outras alternativas.

Essa filosofia é, normalmente, utilizada em empresas cuja preocupação maior é com a sobrevivência do que com o crescimento e o desenvolvimento.

O ganho em termos de aprendizado no processo de planejar é pequeno, pois, não se aprofundando no estudo das principais variáveis, não se adquirem conhecimentos adequados sobre elas e sobre o sistema que se está planejando.

A grande vantagem dessa filosofia é que o processo de planejar pode ser realizado em pouco tempo, custa pouco e exige menor capacitação técnica. Nesse sentido, tal filosofia pode ser muito útil quando a empresa inicia o aprendizado do processo de planejar, mas ela deve ser abandonada à medida que a empresa se aperfeiçoa no referido processo.

1.3.2 Filosofia da otimização

Esta filosofia significa que o planejamento não é feito apenas para realizar algo suficientemente bem, mas para fazê-lo tão bem quanto possível. Caracteriza-se pela utilização de técnicas matemáticas e estatísticas, de modelos de simulação e de pesquisa operacional, as quais contribuem para a otimização dos processos de planejamento, de solução de problemas e de decisões nas empresas.

Nesse caso, os objetivos são formulados em termos quantitativos, pois são reduzidos a uma escala comum – geralmente monetária – e combinados em uma medida geral e ampla de desempenho. Isso porque o planejador otimizador tende a ignorar os objetivos não quantificáveis, porque eles não poderão ser incorporados em um modelo a ser otimizado pela simples razão que só se consegue aprimorar o que pode ser medido. O planejador procura conduzir todo o processo de planejamento através de modelos matemáticos que poderão ser otimizados, isto é, procura-se otimizar o processo decisório.

Salienta-se que essa filosofia de planejamento tornou-se amplamente divulgada com o desenvolvimento da informática e da tecnologia da informação, bem como de modelos de análise empresarial que foram elaborados na área da pesquisa operacional e outras áreas.

Isso porque os modelos disponíveis são aplicáveis a algumas partes da empresa, não resolvendo todos os problemas e, nessas condições, o planejador otimizador tende a ignorar os aspectos que ele não pode modelar, tais como os inerentes aos recursos humanos e à estrutura organizacional da empresa. Entretanto, foram desenvolvidos modelos muito úteis para as decisões nas empresas, tais como tamanho e localização da fábrica, logística, substituição de equipamentos etc.

Você deve estar atento ao fato de que mesmo o melhor modelo matemático pode ser sabotado por resistências ativas ou passivas, efetuadas pelos indivíduos da empresa que não estão motivados com o plano. A esse respeito ver seção 9.5.

1.3.3 Filosofia da adaptação

Essa filosofia, que algumas vezes é denominada *planejamento inovativo*, apresenta as seguintes características:

- baseia-se na suposição de que o principal valor do planejamento não está nos planos elaborados, mas no processo de elaboração desses planos. Essa é uma característica básica e clássica dos planejamentos nas empresas (ver seção 1.1);

- supõe que a maior parte da necessidade atual de planejamento decorre da falta de eficácia administrativa e de controles, e que os profissionais das empresas são os responsáveis pela maioria das confusões que o planejamento tenta eliminar ou evitar; e que

- o conhecimento do futuro pode ser classificado em três tipos: certeza, incerteza e ignorância, visto que cada uma dessas situações requer um tipo diferente de planejamento, comprometimento, contingência ou adaptação.

A filosofia de adaptação, também chamada *homeostase*, procura equilíbrio – interno e externo – da empresa após a ocorrência de uma mudança. O desequilíbrio pode reduzir a eficiência do sistema-empresa de modo efetivo; daí a necessidade de restabelecer o estado de equilíbrio.

Nessa situação, a empresa pode adotar diferentes respostas aos estímulos externos. A resposta pode ser passiva, em que o sistema muda seu comportamento de modo defasado, adotando as soluções normais para o estímulo, tais como mais economia de material, dispensa de pessoal etc. A resposta ainda pode ser antecipatória ou adaptativa, quando há preocupação por parte da empresa em procurar antecipar as mudanças do seu ambiente externo e/ou adaptar-se a esses novos estados. Finalmente, pode adotar uma resposta autoestimulada, em que há preocupação constante pela busca de novas oportunidades para crescimento e/ou expansão da empresa.

A empresa deve responder, adequadamente, às mudanças externas, pois essas são as principais responsáveis por seus problemas internos; e lembrando que essa interação externa *versus* interna corresponde à abordagem estratégica nas empresas.

É válido que o executivo, quando estiver trabalhando com a função *planejamento*, estabeleça qual filosofia a ser adotada, tendo em vista a adequação entre a situação atual e o processo de planejamento.

Na realidade, essas três filosofias de atuação aparecem como consequência do tipo de objetivos que os executivos formulam para as empresas.

Entretanto, a filosofia da otimização visualiza, basicamente, a maximização do lucro para a empresa, tendo como base o sistema de preços dos seus produtos e serviços e o nível de tecnologia aplicada na empresa. E essa não tem sido a situação mais viável para as empresas, pois, basicamente, elas tendem a obter resultados satisfatórios e não ótimos. Ver considerações a respeito do lucro como objetivo empresarial na seção 5.7.

Do ponto de vista do processo do planejamento, a hipótese de que a empresa deva fixar seus objetivos em níveis satisfatórios, em vez de ótimos, tem as seguintes implicações (Boucinhas, 1972, p. 16):

- torna possível a incorporação, ao plano, de múltiplos objetivos, sejam de natureza qualitativa ou quantitativa. O tratamento de múltiplos objetivos, na hipótese de otimização, é extremamente complexo, seja em virtude das dificuldades na quantificação de certos objetivos, seja em função dos problemas encontrados na transformação de objetivos múltiplos em uma única variável representativa do sistema; e

- o planejamento para obtenção de resultados ótimos requer o uso de modelos matemáticos de natureza analítica. A impossibilidade de representar, em um modelo, todo o sistema empresarial tem impedido a adoção da filosofia de otimização no planejamento das empresas como um todo, apesar de essa filosofia já estar sendo usada no planejamento de alguns de seus subsistemas, partes, áreas ou departamentos.

Como decorrência dessas duas implicações apresentadas pode-se considerar que a estratégia de obtenção de resultados satisfatórios parece ser a que descreve a prática mais usual de planejamento das empresas, seja porque comporta a existência de objetivos múltiplos, quantificáveis ou não, seja porque não requer a utilização de modelos matemáticos sofisticados, de difícil especificação no atual estágio de desenvolvimento dos sistemas de informações gerenciais e da própria pesquisa operacional. Entretanto, essa simplicidade deve ser analisada com cuidado por você em suas atividades profissionais.

1.4 Partes do planejamento

O planejamento é um processo contínuo que envolve um conjunto complexo de decisões inter-relacionadas que podem ser separadas de formas diferentes.

De forma geral e independentemente da metodologia utilizada, alguns aspectos básicos devem ser considerados em qualquer planejamento. Ackoff (1975, p. 4) apresenta cinco partes, para as quais foram realizadas adaptações para enquadramento nos conceitos utilizados neste livro:

- Planejamento dos fins: especificação do estado futuro desejado, ou seja, a visão, os valores, a missão, os propósitos, os objetivos, os objetivos funcionais, os desafios e as metas.

- Planejamento dos meios: proposição de caminhos para a empresa chegar ao estado futuro desejado, por exemplo, pela expansão da capacidade produtiva de uma unidade e/ou diversificação de produtos. Aqui tem-se a escolha de macroestratégias, macropolíticas, estratégias, políticas, procedimentos e processos.

- Planejamento organizacional: esquematização dos requisitos organizacionais para poder realizar os meios propostos. Aqui pode-se ter, por exemplo, a estruturação da empresa em unidades estratégicas de negócios.

- Planejamento dos recursos: dimensionamento de recursos humanos, tecnológicos e materiais, bem como a determinação da origem e aplicação de recursos financeiros. Aqui se tem o estabelecimento de programas, projetos e planos de ação necessários ao alcance do futuro desejado.

- Planejamento da implantação e do controle: corresponde à atividade de planejar o acompanhamento da implantação do empreendimento, bem como a decorrente avaliação dos resultados apresentados.

Devem-se ressaltar alguns aspectos, a saber:

- o próprio processo de planejamento deve ser planejado;
- o processo é interativo, ou seja, sua ação se exerce mutuamente, entre duas ou mais partes do todo; e
- o processo é iterativo, ou seja, repete-se ao longo do tempo.

A consideração dessas partes será de grande utilidade quando se der a discussão da metodologia de planejamento estratégico apresentada no Capítulo 2.

1.5 Tipos de planejamento

Na consideração dos grandes níveis hierárquicos, podem-se distinguir três tipos de planejamento:

- planejamento estratégico;
- planejamento tático; e
- planejamento operacional.

De forma genérica, podem-se correlacionar os tipos de planejamento aos níveis de decisão numa *pirâmide organizacional*, conforme mostrado na Figura 1.2:

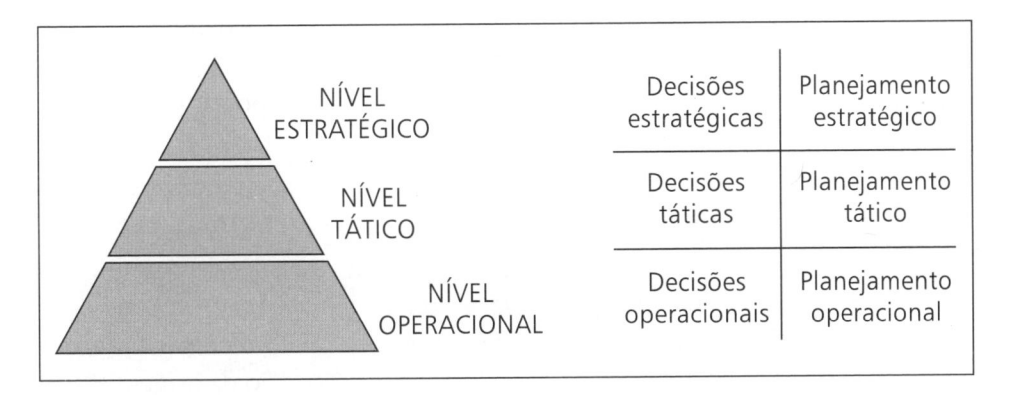

Figura 1.2 Níveis de decisão e tipos de planejamento.

De forma resumida, o planejamento estratégico relaciona-se com objetivos de longo prazo e com estratégias e ações para alcançá-los que afetam a empresa como um todo, enquanto o planejamento tático relaciona-se a objetivos de mais curto prazo e com estratégias e ações que, geralmente, afetam somente parte da empresa.

No Quadro 1.2 são apresentados alguns exemplos dos tipos de planejamento (adaptado de Vasconcellos e Machado, 1979, p. 5). Evidencia-se a necessidade de você realizar as devidas adaptações para a realidade da empresa onde trabalha.

De qualquer forma, você sempre deve se lembrar de que o planejamento estratégico deve ser único, pois considera a empresa como um todo; devem existir alguns poucos planejamentos táticos que congreguem as grandes atividades da empresa analisada; e também todos os planejamentos operacionais necessários para a maior facilidade da boa administração.

Quadro 1.2 Tipos e níveis de planejamento nas empresas.

Tipo					Nível
Planejamento estratégico					Estratégico
Planejamento mercadológico	Planejamento financeiro	Planejamento da produção	Planejamento de recursos humanos	Planejamento organizacional	**Tático**
Plano de preços e produtos	Plano de despesas	Plano da capacidade de produção	Plano de recrutamento e seleção	Plano diretor de sistemas	
Plano de promoção	Plano de investimentos	Plano do controle de qualidade	Plano de treinamento	Plano de estrutura organizacional	
Plano de vendas	Plano de compras	Plano de estoques	Plano de cargos e salários	Plano de rotinas administrativas	**Operacional**
Plano de distribuição	Plano de fluxo de caixa	Plano de utilização de mão de obra	Plano de promoções	Plano de informações gerenciais	
Plano de pesquisas de mercado	Plano orçamentário	Plano de expedição de produtos	Plano de capacitação interna	Plano de comunicações	

Pelo Quadro 1.2 verifica-se que o planejamento estratégico considera toda a empresa. Esse aspecto é importante para o entendimento das fases do planejamento estratégico que está apresentado, de maneira resumida, no Capítulo 2 e, com detalhes, nos Capítulos 3 ao 9.

Na Figura 1.3 apresenta-se o ciclo básico dos três tipos de planejamento, salientando-se que, na prática, cada uma das partes desse ciclo devem ser detalhadas ao máximo de seu conhecimento; e depois essas decomposições devem ser interligadas para se consolidar a administração integrada na empresa, propiciando uma situação de baixo custo, ágil e flexível.

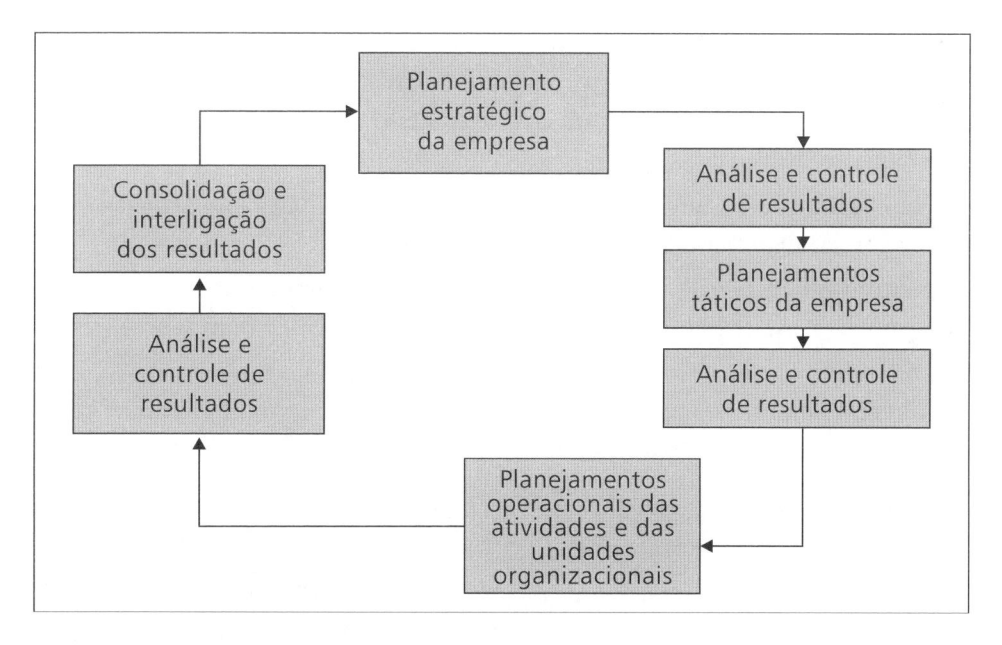

Figura 1.3 Ciclo básico dos três tipos de planejamento.

Verifica-se, na Figura 1.3, o princípio do planejamento integrado – ver seção 1.2.2 –, no qual os vários escalões de uma empresa apresentam os planejamentos de forma integrada, formando um todo único e melhor administrado.

Portanto, o planejamento estratégico, de forma isolada, é insuficiente, uma vez que o estabelecimento de objetivos a longo prazo, bem como seu alcance, resulta numa situação nebulosa, pois não existem ações mais imediatas que operacionalizem o planejamento estratégico. A falta desses aspectos é suprida através do desenvolvimento e implantação dos planejamentos táticos e operacionais de forma integrada.

1.5.1 Planejamento estratégico

Planejamento estratégico é o processo administrativo que proporciona sustentação metodológica para se estabelecer a melhor direção a ser seguida pela empresa, visando ao otimizado grau de interação com os fatores externos – não controláveis – e atuando de forma inovadora e diferenciada.

O planejamento estratégico é, normalmente, de responsabilidade dos níveis mais altos da empresa e diz respeito tanto à formulação de objetivos quanto à seleção dos cursos de ação – estratégias – a serem seguidos para sua consolidação, levando em conta as condições externas e internas à empresa e sua evolução esperada. Também considera as premissas básicas – políticas – que a empresa, como um todo, deve respeitar para que o processo estratégico tenha coerência e sustentação decisória.

No Capítulo 2, são apresentados os aspectos da conceituação do planejamento estratégico de maneira mais detalhada.

Neste momento, vale um comentário: muitas empresas afirmam que têm planejamento estratégico quando, na realidade, não o têm, e nem sabem avaliar essa situação.

Algumas perguntas – bem simples – que devem ser respondidas, para se saber da real existência de um planejamento estratégico, são:

- conhece seu negócio? Sabe a real amplitude dele? Conhece as interações com outros negócios?
- tem perfeita interação entre os fatores externos – ou não controláveis – e os fatores internos – ou controláveis – em sua empresa?
- conhece a real capacitação de sua empresa?
- conhece sua vantagem competitiva? E as dos concorrentes? E a vantagem competitiva que o mercado quer comprar?
- a sua empresa tem uniformidade de atuação?
- tem caminhos alternativos para o caso do plano básico não dar certo?
- todos na empresa têm entendimento e comprometimento para com os resultados esperados?
- todos têm acompanhamento e avaliação dos resultados em *tempo real*?

Se você trabalha em uma empresa, é importante responder a essas perguntas.

Além de responder a essas perguntas – e outras – é importante saber que, de forma geral, as empresas utilizam o planejamento estratégico para:

- *contrabalançar* as incertezas, desenvolvendo planos alternativos;
- concentrar a atenção nos resultados esperados, representados pelos objetivos, desafios e metas;
- otimizar o modelo de gestão da empresa;
- facilitar o controle, a avaliação e o aprimoramento dos resultados;
- otimizar o processo de identificação de oportunidades no mercado; e
- consolidar a vantagem competitiva da empresa (ver seção 4.3.3).

1.5.2 Planejamento tático

Planejamento tático é a metodologia administrativa que tem por finalidade otimizar determinada área de resultado e não a empresa como um todo. Portanto, trabalha com decomposições dos objetivos, estratégias e políticas estabelecidos no planejamento estratégico.

Na Figura 1.4 apresenta-se uma sistemática de desenvolvimento dos planejamentos táticos.

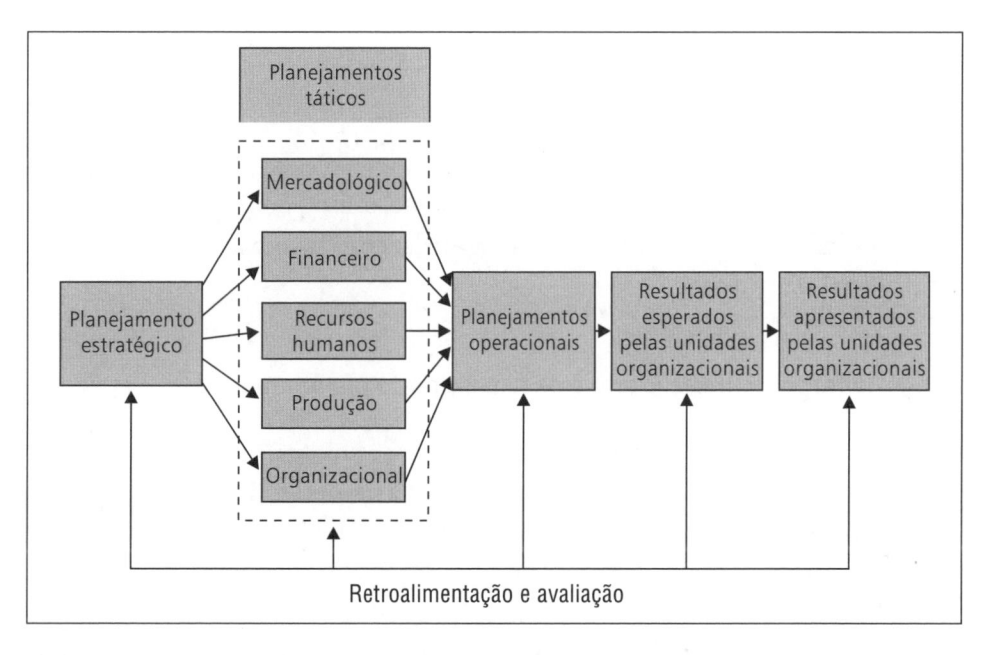

Figura 1.4 Desenvolvimento de planejamentos táticos.

O planejamento tático é desenvolvido pelos níveis organizacionais intermediários, tendo como principal finalidade a utilização eficiente dos recursos disponíveis para a consolidação de objetivos previamente fixados segundo uma estratégia predeterminada, bem como as políticas orientativas para o processo decisório da empresa.

1.5.3 Planejamento operacional

Planejamento operacional é a formalização, principalmente através de documentos escritos, das metodologias de desenvolvimento e implementação de resultados específicos a serem alcançados pelas áreas funcionais da empresa.

Portanto, nessa situação tem-se, basicamente, os planos de ação ou planos operacionais.

Os planejamentos operacionais correspondem a um conjunto de partes homogêneas do planejamento tático.

Cada um dos planejamentos operacionais deve conter, com detalhes, os:

- recursos necessários para seu desenvolvimento e implantação;
- procedimentos básicos a serem adotados;
- resultados finais esperados;
- prazos estabelecidos; e
- responsáveis por sua execução e implantação.

O planejamento operacional é, normalmente, elaborado pelos níveis organizacionais inferiores da estruturação hierárquica, com foco básico nas atividades do dia a dia da empresa.

1.5.4 Diferenças básicas entre os três tipos de planejamento

As diferenças básicas entre o planejamento estratégico e o planejamento tático são apresentadas no Quadro 1.3. Ressalta-se que todas as considerações apresentadas nesse quadro têm aspecto de relatividade entre os dois tipos de planejamento apresentados.

Embora, na prática, em alguns casos é relativamente difícil se estabelecer, com exatidão, a linha divisória entre os planejamentos estratégico e tático – como no caso do lançamento de um novo produto –, deve-se fazer essa separação para facilitar o processo decisório nas empresas.

Quadro 1.3 Diferenças entre planejamento estratégico e planejamento tático.

Discriminação	Planejamento estratégico	Planejamento tático
Prazo	Mais longo	Mais curto
Amplitude	Mais ampla	Mais restrita
Riscos	Maiores	Menores
Atividades	Fins e meios	Meios
Flexibilidade	Menor	Maior

Isso significa que o planejamento estratégico, em relação ao planejamento tático, é:

- de prazo mais longo, pois considera um conjunto de planejamentos táticos, e sua soma deve necessitar um período de tempo maior para sua conclusão;
- de amplitude maior, pois considera toda a empresa, enquanto o planejamento tático considera apenas uma parte dela;
- de risco maior, por sua maior amplitude e maior prazo de execução em relação ao planejamento tático;
- correlacionado às atividades-fins e meios da empresa, enquanto os planejamentos táticos são mais correlacionados às atividades-meios (não em sua totalidade); e
- de flexibilidade menor, por considerar toda a empresa, bem como a situação e posição dessa em seu ambiente, onde estão os fatores não controláveis pela referida empresa.

Seguindo o mesmo raciocínio, podem-se apresentar as diferenças básicas entre o planejamento tático e o planejamento operacional. Aqui também ocorre o aspecto da relatividade (Quadro 1.4).

Quadro 1.4 Diferenças entre planejamento tático e planejamento operacional.

Discriminação	Planejamento tático	Planejamento operacional
Prazo	Mais longo	Mais curto
Amplitude	Mais ampla	Mais restrita
Riscos	Maiores	Menores
Atividades	Meios	Meios
Flexibilidade	Menor	Maior

 **Para você pensar:** explique, com detalhes, as diferenças entre o planejamento tático e o operacional.

Considerando-se as mudanças nas empresas e respeitando o apresentado nesta seção, podem-se estabelecer três níveis de mudança: o estratégico, o tático e o operacional. Conforme anteriormente apresentado, a mudança maior é no nível estratégico, o que poderá provocar alterações nos outros níveis da empresa.

Há, também, a determinação do aspecto de mudança que o processo pode abranger, entre os quais podem ser citados: negócios, produtos ou serviços, objetivos, processos, atividades, funções, tecnologias, estruturas e pessoas. Naturalmente, pode-se alterar um, alguns aspectos ou todos os aspectos.

Dentro de um processo de mudança, as que se referem às pessoas têm-se mostrado mais difíceis e complicadas de se efetivarem, enquanto as mudanças de estruturas, normalmente, são as mais fáceis de serem realizadas.

Para que as mudanças nas empresas apresentem melhores resultados, deve-se estar atento a determinados aspectos, entre os quais podem ser citados:

- enquadramento das mudanças com os propósitos e os objetivos estabelecidos, ou seja, com os resultados esperados pela empresa;
- treinamento e desenvolvimento da capacitação profissional interna;
- obtenção de recursos adicionais – se necessários – e a melhor realocação dos existentes;
- desenvolvimento e agilização do processo de solução de problemas;
- melhoria das relações entre equipes, principalmente as multidisciplinares; e
- atitudes favoráveis por parte dos executivos e demais profissionais da empresa, para o processo e os resultados das mudanças.

1.5.5 Considerações sobre os níveis estratégico e tático

Na consideração dos níveis estratégico e tático, pode-se ter alguma dificuldade de diferenciá-los, pois não existe distinção absoluta entre ambos. Entretanto, o primeiro nível está voltado à dimensão estratégica ou global da empresa, referindo-se a seus objetivos e a sua eficácia e efetividade.

As decisões estratégicas têm, geralmente, alcance temporal prolongado e elevado grau de impacto e irreversibilidade. Por sua vez, o planejamento tático está mais voltado aos meios para alcançar os objetivos especificados, isto é, refere-se aos componentes da empresa e a sua eficiência.

Na elaboração do planejamento tático, geralmente encontram-se dificuldades de ordem prática, uma vez que é necessário definir objetivos de mais curto prazo, que sejam partições dos objetivos de longo prazo, a fim de que a consecução dos primeiros possa levar à concretização dos últimos.

Esses problemas podem ser minimizados se o executivo tiver real conhecimento do desenvolvimento e aplicação de cada um dos tipos de planejamento, bem como de suas interações.

De acordo com Ackoff (1975, p. 3), estratégia e tática são dois aspectos de comportamento. A estratégia correlaciona-se com objetivos de longo prazo e com modos de persegui-los que afetam toda a empresa; a tática correlaciona-se com metas de curto prazo e com meios de atingi-las que, geralmente, afetam somente uma parte da empresa. Embora não possam ser separadas em princípio, frequentemente, o são na prática.

Já foi verificado que existe uma diferenciação na dimensão temporal do processo de planejamento estratégico e de planejamento tático. O horizonte do planejamento estratégico é sempre maior que o do planejamento tático. Assim, o planejamento estratégico sempre pode ser considerado, em princípio, como de longo prazo, pois ele é o fruto de um trabalho conjunto da alta administração da empresa, o qual se concretiza através da definição de seus objetivos, em função da análise do conjunto de produtos e/ou serviços da empresa e da dinâmica do mercado em que ela atua, bem como dos meios pelos quais os objetivos são concretizados.

Nesses termos, de acordo com Boucinhas (1972, p. 11), o planejamento de longo prazo consiste na explicitação de uma estratégia programada no tempo, em termos da demanda de recursos e do fluxo de fundos, e que apresenta o consenso da alta administração da empresa. Entretanto, em sua forma convencional, o planejamento de longo prazo não pode ser considerado estratégico, pois, tradicionalmente, o planejamento de longo prazo é uma extrapolação do desempenho passado, desenvolvido por alguma unidade organizacional de assessoria e expresso em termos numéricos.

Esse tipo de enfoque, de acordo com o referido autor, apresenta algumas deficiências, pois:

- supõe-se que as condições prevalecentes no passado permanecerão no futuro;
- nem todas as hipóteses e conceitos sobre os quais se baseia o plano são explicitados;
- não encoraja o diálogo com relação à orientação e aos objetivos da empresa entre seus executivos mais graduados; e
- leva à separação entre as responsabilidades de planejamento e de execução das atividades da empresa.

Os efeitos favoráveis ou desfavoráveis das forças ambientais ou externas à empresa podem ter caráter temporal variável e, consequentemente, as decisões tomadas no sentido de reagir a esses estímulos terão uma dimensão temporal de curto ou longo alcance. E é dentro desse contexto que se costuma definir o planejamento estratégico e diferenciá-lo do planejamento tático ou do planejamento operacional.

Não existe uma linha divisória perfeitamente definida a partir da qual o executivo possa efetuar uma distinção nítida entre as três modalidades de planejamento. Os três tipos de planejamento coexistem e devem ser trabalhados de forma interativa e contínua.

Um aspecto que reforça a necessidade de separar o planejamento estratégico do planejamento de longo prazo é a atual era de descontinuidade, que provoca a necessidade de adaptabilidade rápida e oportuna por parte das empresas, criando situações em que:

- os ciclos de planejamento devem ser mais curtos e frequentes;
- os ciclos de planejamento devem ser mais flexíveis e adaptativos;
- os planejamentos estratégicos, táticos e operacionais tornam-se interligados; e
- o processo de tomada de decisões precisa ser acelerado.

Essa descontinuidade está correlacionada a alguns aspectos, entre os quais se podem citar:

- velocidade crescente das mudanças no ambiente externo e nas empresas;
- complexidade crescente dos fatores ou focos de análise considerados (ver seção 3.1.3); e
- imprevisibilidade dos eventos externos à empresa.

Esses aspectos reforçam a importância do planejamento estratégico, tendo em vista a melhor adequação da empresa ao seu ambiente.

 Para você pensar: considerando a empresa onde trabalha ou instituição onde estuda, identificar questões estratégicas, táticas e operacionais. E, depois, debater com alguns colegas.

1.6 Empresa como sistema

Como o planejamento estratégico trata de toda a empresa perante seu ambiente, é importante a conceituação de alguns aspectos da Teoria de Sistemas que facilitam a você trabalhar melhor com esse assunto.

Sistema é o conjunto de partes interagentes e interdependentes que, conjuntamente, formam um todo unitário com determinado objetivo e efetuando uma função.

O planejamento estratégico é um sistema, pois tem um conjunto de partes interagentes e interdependentes – ver metodologia de desenvolvimento apresentada no Capítulo 2 –, que devem consolidar um todo considerando os diversos fatores controláveis e não controláveis pela empresa, bem como busca determinado resultado – objetivos –, desenvolvendo uma função específica – e importante – nas empresas, correspondente à otimização de seu processo decisório. Salienta-se que, no caso do planejamento estratégico, o sistema, ou seja, o que está sendo analisado, é toda a empresa.

Nesse ponto, devem-se fazer algumas considerações sobre os elementos componentes de um sistema, os quais completam o entendimento do processo de planejamento estratégico nas empresas.

Os elementos componentes de um sistema são:

- os objetivos, que se referem tanto aos objetivos dos usuários do sistema quanto aos objetivos do próprio sistema;
- as entradas do sistema, cuja função caracteriza as forças que fornecem ao sistema os materiais, as informações e as energias para a operação ou processo, o qual gera determinadas saídas do sistema que devem estar em sintonia com os objetivos anteriormente estabelecidos;
- o processo de transformação do sistema, que é definido como a função que possibilita a transformação de um insumo (entrada) em produto, serviço ou resultado (saída);
- as saídas do sistema, que correspondem aos resultados do processo de transformação. As saídas podem ser definidas como as finalidades para as quais se uniram objetivos, atributos e relações do sistema. As saídas devem ser, portanto, coerentes com os objetivos do sistema, e, tendo em vista o processo de controle e avaliação, as saídas devem ser quantificáveis de acordo com critérios e parâmetros previamente fixados;

- os controles e as avaliações do sistema, principalmente para verificar se as saídas estão coerentes com os objetivos estabelecidos. Para realizar o controle e a avaliação de maneira adequada, é necessária uma medida do desempenho do sistema, chamada padrão; e

- a retroalimentação ou realimentação ou *feedback* do sistema, que pode ser considerada a reintrodução de uma saída sob a forma de informação, energia, produto, serviço, ou, ainda, tecnologia. Se essa entrada faz aumentar o desempenho da saída ou do processo, a retroalimentação é considerada positiva e, caso contrário, será negativa. Portanto, o objetivo do controle do sistema, em conjunto com a sua retroalimentação, é reduzir as discrepâncias ao mínimo, bem como propiciar uma situação em que esse sistema se torna autorregulador.

De forma gráfica, os componentes do sistema podem ser representados conforme a Figura 1.5. Salienta-se que essa é uma representação simplificada, bem como é uma das formas possíveis de se considerar os elementos componentes do sistema.

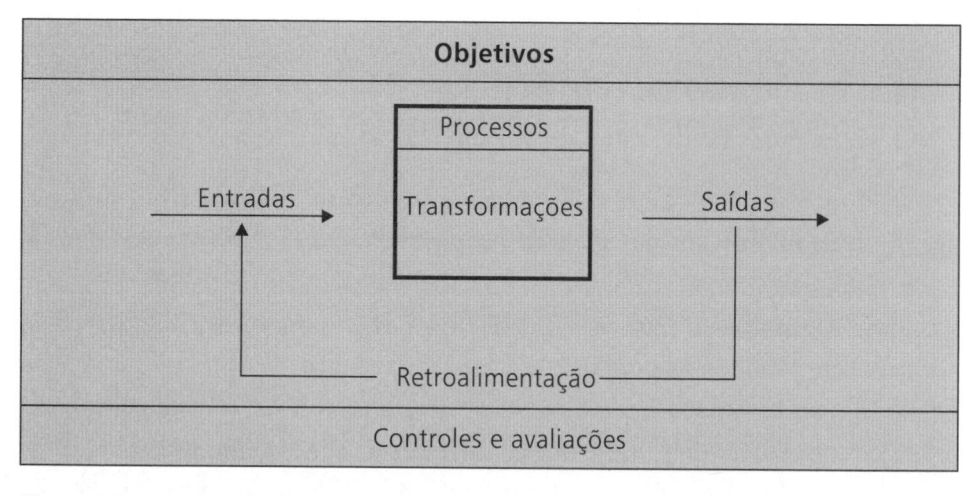

Figura 1.5 Elementos componentes do sistema.

Outro aspecto a ser abordado é o ambiente do sistema, principalmente quando o sistema considerado é a própria empresa tratada como um todo.

Nesse caso, o sistema considerado pode ser definido como o núcleo central, ou sistema-núcleo, que é o foco do estudo. E, a partir dessa situação, existem os limites do sistema, dentro dos quais se analisa como o ambiente influi ou é influenciado pelo sistema considerado.

Ambiente é o conjunto de todos os fatores que, dentro de um limite específico, se possa conceber como tendo alguma influência sobre a operação do sistema, o qual corresponde ao foco do estudo.

De maneira mais simples, pode-se definir ambiente de um sistema como o conjunto de fatores ou elementos que não pertencem ao sistema, mas:

- qualquer alteração no sistema pode mudar ou alterar os fatores externos ou não controláveis; e
- qualquer alteração nos fatores externos pode mudar ou alterar o sistema.

Salienta-se que essa segunda situação é mais fácil de ocorrer do que a primeira.

O ambiente de um sistema, representado por uma empresa, pode ser visualizado na Figura 1.6:

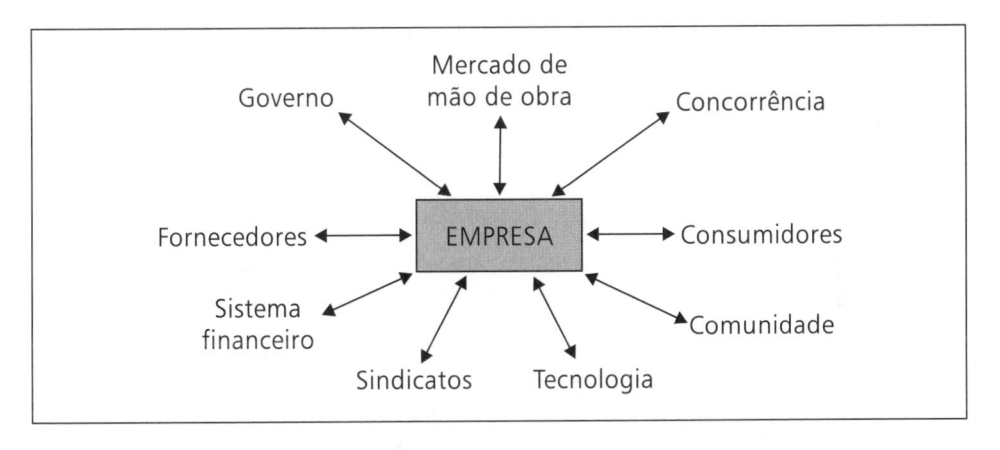

Figura 1.6 Ambiente do sistema-empresa.

O ambiente é também chamado *meio ambiente, meio externo, meio* ou *entorno*.
O executivo deve considerar três níveis da hierarquia dos sistemas:

- sistema: é o que se está estudando ou considerando;
- subsistema: são as partes do sistema; e
- supersistema ou ecossistema: é o todo, e o sistema é um subsistema dele.

Os três níveis podem ser visualizados na Figura 1.7:

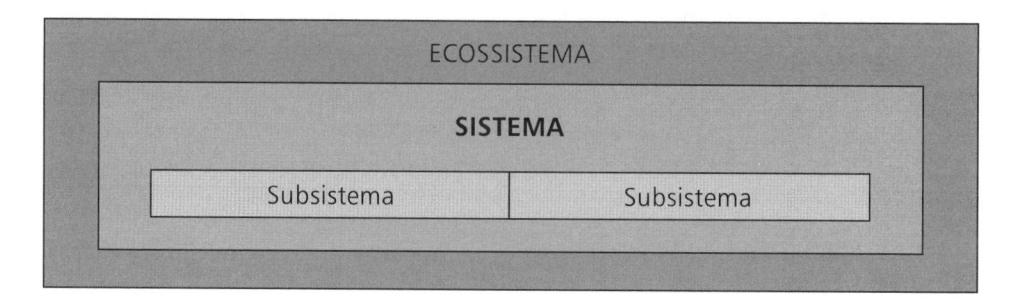

Figura 1.7 Níveis do sistema.

Os níveis considerados têm importância para o planejamento estratégico, pois, nesse caso, existe uma premissa: o sistema, ou o que se está estudando, é sempre toda a empresa. Esse é um aspecto que você nunca deve esquecer em seus trabalhos de planejamento estratégico.

Nesse ponto, apresentam-se algumas considerações sobre os sistemas abertos, como, por exemplo, são as empresas, as quais estão em permanente intercâmbio com seu ambiente e caracterizam-se por equilíbrio dinâmico. Esse intercâmbio é constituído de fluxos contínuos de entradas e saídas de matérias, energias e/ ou informações, caracterizando, dessa forma, o equilíbrio dinâmico, a partir de uma adaptação da empresa em relação a seu ambiente.

Existem dois conceitos (Von Bertalanffy, 1972, p. 194) que facilitam o entendimento da empresa como sistema aberto e sua interação com o ambiente:

- equifinalidade, segundo a qual um mesmo estado final pode ser alcançado, partindo de diferentes condições iniciais e por maneiras diferentes; e

- entropia negativa, que mostra o empenho dos sistemas em se organizarem para a sobrevivência, por meio de maior ordenação. É uma função que representa o grau de ordem existente em um sistema.

Esses aspectos podem facilitar o entendimento de uma das características dos sistemas abertos, ou seja, a tendência à diferenciação, em que configurações globais são substituídas por funções mais especializadas, hierarquizadas e altamente diferenciadas (Katz & Kahn, 1973, p. 41); esse é, por exemplo, o caso das empresas.

O conceito de adaptação é definido por Ackoff (1974, p. 12) como a resposta a uma mudança – estímulo – que reduz, de fato ou potencialmente, a eficiência do comportamento de um sistema; é uma resposta que evita que essa redução ocorra.

A mudança pode ser interna (dentro do sistema) ou externa (em seu ambiente). E essa situação é importante quando se consideram o planejamento estratégico e a forma de adequação da empresa ao seu ambiente, o qual é externo e não controlável.

Outro aspecto importante, quando se consideram os sistemas adaptáveis, é seu comportamento intencional, visando a certas finalidades, entre as quais podem estar a manutenção dos valores de determinadas variáveis do sistema ou seu encaminhamento a objetivos e metas almejados.

A homeostase, que é obtida através da realimentação, procura manter os valores de variáveis dentro de uma faixa estabelecida, mesmo na ocorrência de estímulos para que ultrapassem os limites desejados. É o caso de a empresa estabelecer determinados mecanismos para que os custos dos produtos mantenham-se sempre dentro de determinados níveis estabelecidos anteriormente como objetivos.

Entretanto, um sistema pode sair de uma homeostase para outra bastante diferente. Esse processo, que se denomina heterostase, pode explicar para os sistemas empresariais os processos de crescimento, diversificação, entropia negativa e outros. Nesse caso, como novos níveis de equilíbrio são estabelecidos, consequentemente a empresa passará a ter novos objetivos.

Existe o conceito de estado quase estacionário, pelo qual a permanente adaptação dos sistemas nem sempre os traz de volta ao seu nível primitivo. Isso se deve ao fato de que sistemas vivos buscam importar mais do que o estritamente necessário para que permaneçam no estado estacionário, esforçando-se para garantir sua sobrevivência por meio do acúmulo de uma reserva de segurança.

Esse conceito é importante para entender-se a validade do processo contínuo de planejamento estratégico, bem como do processo evolutivo das empresas em seu ambiente.

Outro conceito importante é o da informação, que está correlacionada à redução de incerteza que temos do ambiente e que muito vai ajudar, no caso do planejamento estratégico, à seleção da postura de atuação da empresa para com o ambiente.

O intercâmbio de um sistema aberto – como a empresa – com seu ambiente se processa através de matérias, de energias e de informações, sendo que o fluxo desses três componentes entre dois sistemas processa-se através de seus canais de comunicação, que correspondem às interfaces dos sistemas.

As transações que a empresa mantém com o ambiente ocorrem com o intercâmbio de poder e influência. Nesse caso podem ocorrer quatro alternativas em função do controle exercido (adaptado de Fleury: 1974, p. 26):

- Adaptação ambiente *versus* ambiente: a empresa consegue evitar impactos negativos de alterações ambientais sem necessidade de modificar-se, mas apenas agindo sobre o meio. Como exemplo tem-se a situação de benefícios para a indústria aeronáutica, na disputa entre Brasil e Canadá pelo mercado de aviões médios.

- Adaptação ambiente *versus* empresa: nesse caso a empresa modifica-se para superar uma alteração no ambiente, correspondendo a uma adaptação passiva. Por exemplo, uma empresa implanta um sistema informatizado para substituir determinados serviços manuais realizados pelos profissionais com altos salários e a morosidade nos processos administrativos.

- Adaptação empresa *versus* ambiente: nesse caso a empresa procura repassar ao ambiente a modificação de alguma condição interna. Como exemplo têm-se as empresas fabricantes de equipamentos de informática, que lançam novo produto no mercado através de grande campanha, tal como a automação bancária.

- Adaptação empresa *versus* empresa: nesse caso o ambiente não interfere diretamente, porque a empresa ajusta-se internamente à sua modificação. Como exemplo tem-se a construção de uma nova fábrica de uma empresa produtora de equipamentos de informática.

Cada uma das quatro alternativas de adaptação está condicionada ao modelo de gestão da empresa, o qual está correlacionado a vários aspectos, entre os quais podem-se citar:

- tamanho da empresa;
- modelo de gestão utilizado;
- estilo de liderança;
- importância dos produtos e serviços oferecidos ao mercado;
- capacitação dos executivos e demais profissionais;
- nível tecnológico alocado nos processos, produtos e serviços;
- *lobby* e outros tipos de interações com entidades privadas e públicas;
- nível de remuneração que proporciona aos seus acionistas;
- imagem institucional e dos produtos e serviços oferecidos ao mercado;
- posição na indústria ou setor (conjunto de empresas do mesmo ramo); e
- interação com outras empresas do ambiente.

Resumo

Neste capítulo foram analisados os conceitos, princípios, filosofias, partes e tipos de planejamento, bem como os aspectos básicos da Teoria de Sistemas que devem ser considerados para o adequado processo de planejamento nas empresas.

Esses assuntos servem de base de sustentação para os vários capítulos deste livro, quando do delineamento de uma metodologia de elaboração e implantação do planejamento estratégico nas empresas, bem como do detalhamento de cada uma das fases nos capítulos seguintes.

Você deve lembrar-se de que a administração é uma tecnologia e, como tal, apresenta-se em constante evolução, para a qual os executivos devem estar, permanentemente, atentos para melhor aplicá-la nas empresas.

Nesse cenário de constante mutação ambiental e empresarial, a administração deve ser, sistematicamente, repensada, para quebrar os paradigmas e consolidar novos modelos de gestão.

Essas mudanças têm duas premissas básicas:

- a mudança evolutiva do pensamento administrativo – e estratégico – dos executivos e demais profissionais das empresas; e
- o desenvolvimento de metodologias e técnicas administrativas – inclusive as inerentes ao processo de planejamento estratégico – que proporcionem sustentação a esse processo de mudança evolutiva.

Questões para debate

1. As empresas que você conhece utilizam a Teoria de Sistemas em seu processo de planejamento? Explicar como.

2. Debater a utilização dos princípios gerais e específicos do planejamento em uma empresa de seu conhecimento.

3. Debater as três filosofias do planejamento para uma empresa do seu conhecimento.

4. Identificar e debater as partes do planejamento e estabelecer, com justificativas, uma hierarquia entre essas partes.

5. Debater os tipos e níveis de planejamento e suas aplicações e importâncias para as empresas.

6. Debater a questão da empresa como um sistema e como isso interage com o desenvolvimento de um plano estratégico.

7. Debater as influências da equifinalidade, da entropia negativa, da adaptação, do comportamento intencional, da homeostase, da heterostase e do estado quase estacionário no estabelecimento dos planejamentos estratégicos das empresas.

8. Analisar e debater as suas facilidades e dificuldades quanto às sete questões anteriores e, depois, alocar em seu plano de carreira para o adequado desenvolvimento e consolidação como profissional de planejamento estratégico.

Caso:
Dificuldades para o desenvolvimento e implementação do processo de planejamento global na Cooperativa Capricórnio

A Cooperativa Capricórnio é uma das mais tradicionais no ramo agropecuário, tendo apresentado queda em sua atuação mercadológica, bem como em sua interação com os cooperados fornecedores dos insumos agrícolas (leite, café e soja).

Apresenta, também, alguns problemas na venda de insumos e equipamentos agrícolas para seus cooperados e outros clientes da região, principalmente por causa de sua política de preços, que é considerada, de forma unânime, relativamente elevada.

Na realidade, a queda nas vendas da Cooperativa Capricórnio não tem sido mais forte por causa da adequada assistência técnica realizada a todos os cooperados, bem como pela "simpatia" de seus executivos e demais funcionários.

Entretanto, a Assembleia Geral de cooperados tem apresentado algumas reclamações, as quais, inclusive, estão levando ao questionamento do modelo de gestão utilizado pela Cooperativa Capricórnio.

Diante dessa situação, houve uma reunião da alta administração da Cooperativa Capricórnio, em que foram identificados os dois principais problemas da cooperativa, a saber:

• falta de um processo de planejamento global que seja estruturado e respeitado na cooperativa; e

• postura de atuação *meio mole* por parte dos principais executivos e funcionários da cooperativa, inclusive de alguns conselheiros de administração.

E você, um especialista em planejamento e em processos de mudanças nas empresas, bem como conhecedor do ramo cooperativista, foi contratado para apresentar um plano visando solucionar os dois problemas básicos da Cooperativa Capricórnio.

O organograma resumido da Cooperativa Capricórnio é apresentado a seguir:

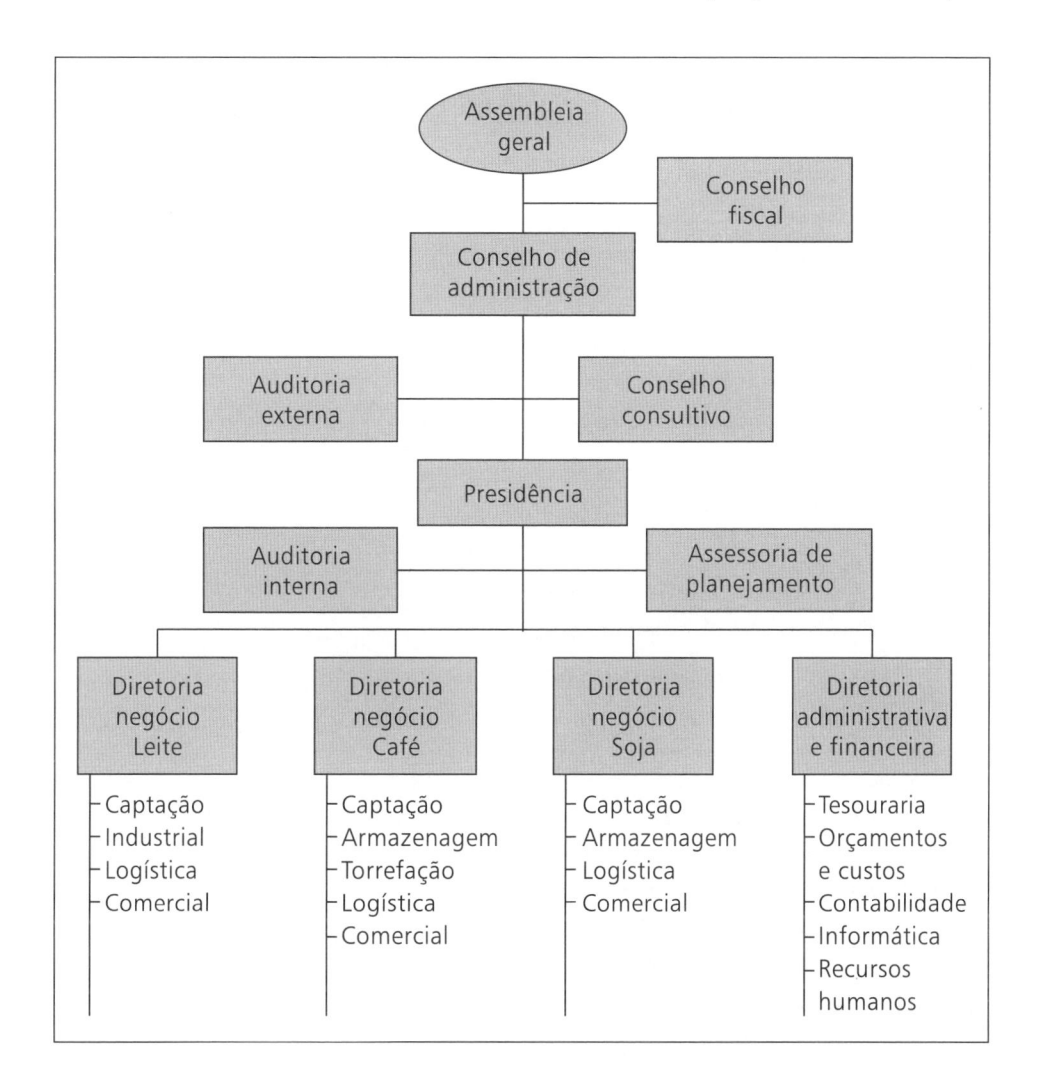

Para facilitar o desenvolvimento dos trabalhos você foi convidado a ocupar, na função de consultor, a Assessoria de Planejamento, situação com a qual você não concordou, mas acabou aceitando para não criar problemas iniciais.

Sua primeira decisão foi apresentar um pré-plano de trabalho que respeitasse as seguintes premissas básicas:

- a Cooperativa Capricórnio deverá ter todos os tipos e níveis de planejamento desenvolvidos e interligados (estratégico, táticos e operacionais); e

- o nível de participação de todos os executivos e funcionários da Cooperativa Capricórnio deve ser elevado. Inclusive, essa participação deve estender-se para os cooperados – via Assembleia Geral – e para os conselhos (Administração, Fiscal e Consultivo).

Você identificou as seguintes realidades atuais na Cooperativa Capricórnio:

- não existe uma cultura e postura de atuação voltadas para o planejamento;
- as pessoas não gostam de ser cobradas. Lembre-se: todo e qualquer planejamento leva à necessidade de processos, critérios e parâmetros de controle e avaliação;
- os indicadores de desempenho estabelecidos estão *meio frouxos*;
- de maneira geral, pode-se afirmar que o Presidente é um centralizador do processo decisório, atitude que os três Diretores de Negócios, principalmente o de soja, procuram seguir;
- os processos administrativos e operacionais estão bem estabelecidos, mas não são plenamente respeitados;
- o clima organizacional e o relacionamento entre as pessoas é bom; e
- as pessoas têm vontade, mas enorme dificuldade de trabalhar em equipes, principalmente as multidisciplinares.

Diante desse contexto, e com outras situações e informações que você julgar válidas, deve ser elaborado o plano de trabalho para consolidar um planejamento global – estratégico, tático e operacional – na Cooperativa Capricórnio – sem considerar qualquer metodologia de desenvolvimento e operacionalização, que será abordada no capítulo seguinte –, bem como melhorar a forma de atuação de seus principais executivos e funcionários.

É válido você ir complementando este *caso* ao longo da análise dos capítulos seguintes deste livro. Este procedimento pode – e deve – ser seguido nos *casos* alocados nos outros capítulos.

Se possível, você deve debater seu plano de trabalho com alguns profissionais de seu relacionamento.

Capítulo 2

Metodologia de elaboração e implementação do planejamento estratégico nas empresas

"Todas as flores do futuro estão nas sementes de hoje."
Provérbio Chinês

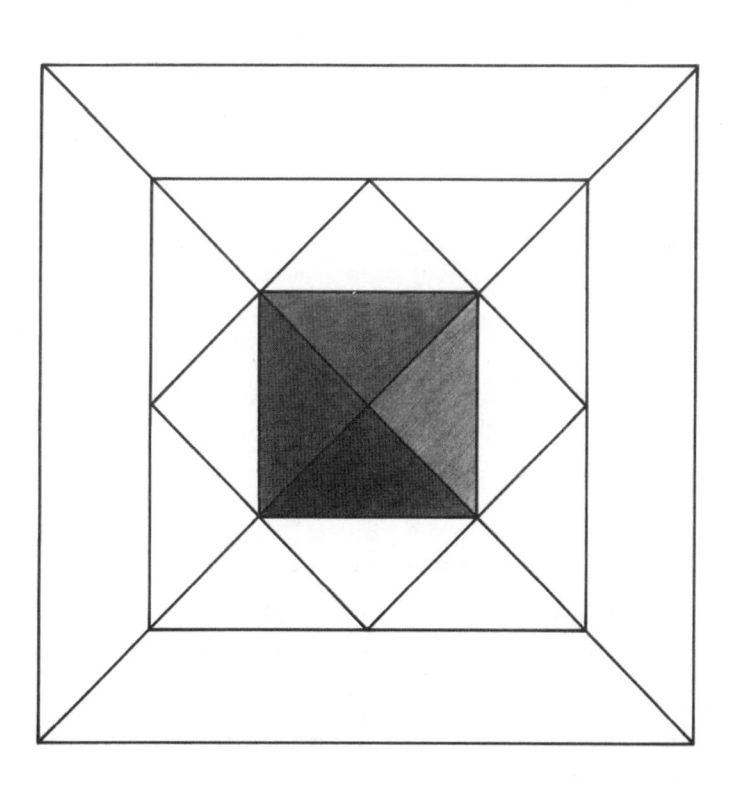

Durante o desenvolvimento de minhas atividades como consultor em planejamento estratégico, tenho observado algumas situações, como:

- toda e qualquer empresa tem alguma forma de estabelecimento de decisões e ações estratégicas;
- uma parte dessas empresas apresenta alguma forma para desenvolver e implementar essas decisões e ações estratégicas de maneira estruturada, ainda que de modo informal; e
- quando o processo estratégico apresenta-se de maneira estruturada e formal, normalmente há metodologias diferentes, mas que contêm os grandes aspectos, que podem ser considerados comuns às diferentes metodologias.

Sem a preocupação de apresentar e analisar diferentes metodologias de elaboração e implementação do planejamento estratégico nas empresas, apresenta-se, a seguir, o resumo de uma metodologia desenvolvida pelo autor e que tem sido utilizada, com sucesso, por algumas empresas.

Antes da explicitação da metodologia, deve-se estabelecer o que a empresa espera do planejamento estratégico, pois somente dessa forma se pode verificar a validade da metodologia apresentada.

Através do planejamento estratégico a empresa espera:

a) Conhecer e melhor utilizar seus pontos fortes internos.

   Ponto forte é a diferenciação conseguida pela empresa – variável controlável – que lhe proporciona uma vantagem operacional no ambiente empresarial (onde estão os assuntos não controláveis pela empresa).

b) Conhecer e eliminar ou adequar seus pontos fracos internos.

   Ponto fraco é uma situação inadequada da empresa – variável controlável – que lhe proporciona uma desvantagem operacional no ambiente empresarial.

c) Conhecer e usufruir as oportunidades externas.

Oportunidade é a força ambiental incontrolável pela empresa, que pode favorecer sua ação estratégica, desde que conhecida e aproveitada, satisfatoriamente, enquanto perdura.

d) Conhecer e evitar as ameaças externas.

Ameaça é a força ambiental incontrolável pela empresa que cria obstáculos à sua ação estratégica, mas que poderá ou não ser evitada, desde que conhecida em tempo hábil.

e) Ter um efetivo plano de trabalho, estabelecendo:

- as premissas básicas que devem ser consideradas no processo de planejamento estratégico;

- as expectativas de situações almejadas pela empresa;

- os caminhos, inclusive os alternativos, a serem seguidos pela empresa para alcançar os resultados esperados;

- o que, como, quando, por quanto, por quem, para quem, por que e onde devem ser realizados os planos de ação; e

- como e onde alocar os recursos – atuais e futuros – da empresa.

E, como resultado desse trabalho, o planejamento estratégico deverá apresentar os seguintes resultados finais:

- direcionamento dos esforços para os resultados comuns, que sejam do interesse de todos os envolvidos no processo estratégico da empresa;

- consolidação do entendimento, por todos os funcionários, da visão, dos valores, da missão, dos propósitos, das macroestratégias, das macropolíticas, da postura estratégica, dos objetivos gerais, dos objetivos funcionais, dos desafios, das metas, das estratégias, das políticas e dos projetos da empresa, bem como indicar a elaboração do programa de atividades das várias unidades ou áreas que integram a estrutura organizacional; e

- estabelecimento de uma agenda de trabalho por um período de tempo que permita à empresa trabalhar levando em conta as prioridades estabelecidas e as exceções justificadas.

Portanto, o planejamento estratégico não deve ser considerado apenas uma afirmação das aspirações de uma empresa, pois inclui, também, o que deve ser feito para transformar essas aspirações em realidade.

O conhecimento detalhado de uma metodologia de elaboração e implementação do planejamento estratégico nas empresas propicia ao executivo o embasamento teórico necessário para otimizar sua aplicação.

Nesse ponto deve-se lembrar Urwick (1952, p. 26), que afirmava que "nada podemos fazer sem a teoria. Ela sempre fará a prática ser notada por uma simples razão: a prática é estática, realizando bem o que conhece. Contudo, ela não tem nenhum princípio com que possa lidar no caso do que não conhece... A prática não está adaptada aos rápidos ajustamentos oriundos de mudanças no ambiente do sistema ou assunto que está sendo analisado. A teoria é versátil. Ela adapta-se a mudanças de circunstâncias, descobre novas possibilidades e combinações, investigando o futuro".

Portanto, com referência à teoria e à prática, você deve ter o domínio das duas, ou ser assessorado por quem tem esse domínio.

A teoria aparece como base de sustentação no processo decisório. E nesta atual conjuntura de constantes mudanças nos ambientes empresariais a teoria ganha importância extra sobre a prática. Essa fica como sedimentação de uma evidência passada, procurando evitar a ocorrência de erros anteriores, bem como proporcionando melhor base de conhecimento sobre a realidade da empresa considerada. Entretanto, esse processo só vai consolidar-se com o conhecimento da teoria, que vai servir de balizamento no processo decisório dos executivos das empresas.

Enfatiza-se, também, que o planejamento estratégico possui três dimensões operacionais: delineamento, elaboração e implementação. O delineamento compreende a estruturação do processo de planejamento estratégico. Portanto, o básico desse momento é o executivo escolher a estrutura metodológica do processo de planejamento estratégico, bem como o profissional que o auxiliará nesse delineamento, quer seja um consultor ou um executivo da empresa, sendo o ideal a ajuda conjunta desses dois profissionais. Uma proposta para o delineamento do planejamento estratégico é apresentada neste capítulo.

A elaboração inclui a identificação das oportunidades e ameaças no ambiente da empresa e a adoção de estimativas de risco para as alternativas estabelecidas. Antes de escolher entre essas alternativas, você deve identificar e avaliar os pontos fortes e os pontos fracos da empresa e sua capacidade real e potencial de tirar vantagem das oportunidades identificadas no ambiente, bem como de enfrentar as ameaças. Você deve considerar, também, a explicitação dos objetivos e das metas a serem alcançados pela empresa, incluindo as maneiras de desenvolver as estratégias e ações necessárias à concretização do processo, respeitando determinadas políticas ou orientações de atuação.

A implementação envolve os assuntos organizacionais, o sistema de informações, o sistema orçamentário, os sistemas de incentivos, a competência operacional, o treinamento e a liderança necessária ao desenvolvimento do processo estratégico na empresa considerada.

Resumindo com simplicidade, o planejamento estratégico possui quatro aspectos de atuação:

- o que a empresa pode fazer em termos do ambiente externo, onde estão os fatores não controláveis pela empresa;
- o que a empresa é capaz de fazer em termos de conhecimento, capacidade e competência;
- o que a alta administração da empresa quer fazer, consideradas as expectativas pessoais e das equipes; e
- o que a empresa deve fazer, consideradas as restrições sociais e éticas.

2.1 Fases da metodologia de elaboração e implementação do planejamento estratégico nas empresas

Quando se considera a metodologia para o desenvolvimento do planejamento estratégico nas empresas, há duas possibilidades:

- primeiramente se define, em termos da empresa como um todo, "aonde se quer chegar" e depois se estabelece "como a empresa está para chegar na situação desejada"; ou
- primeiramente se define, em termos da empresa como um todo, "como se está" e depois se estabelece "aonde se quer chegar".

Naturalmente, pode-se considerar uma terceira possibilidade, que é definir "aonde se quer chegar" juntamente com "como se está para chegar lá".

Cada uma dessas possibilidades tem a sua principal vantagem. No primeiro caso, é a possibilidade de maior criatividade no processo pela não existência de grandes restrições. A segunda possibilidade apresenta a grande vantagem de colocar o executivo com o *pé no chão* quando inicia o processo de planejamento estratégico.

Sem aprofundar nessas duas grandes formas de desenvolver o planejamento estratégico apresenta-se, a seguir, uma metodologia que se baseia mais fortemente na segunda possibilidade apresentada, mas considerando, em alguns momentos do processo, a primeira possibilidade apresentada. O viés dessa metodologia está correlacionado ao fato de o autor nunca ter encontrado, em seus serviços de consultoria, uma empresa que realmente se conhecesse na plenitude.

Naturalmente, você deve ter as condições básicas para fazer as adaptações necessárias ao desenvolvimento do processo de planejamento estratégico de acordo com quaisquer das outras possibilidades apresentadas.

Essa posição de não se aprofundar, nesta seção, sobre qual deveria ser o primeiro passo da metodologia a ser adotada, isto é, sobre o conhecimento de "como a empresa está" ou de "aonde se quer chegar com a empresa", reforça-se pelo simples fato de autores, como Kotler (1980, p. 76), afirmarem que esse é um debate sem solução na literatura administrativa, pois os que apoiam a hipótese de o primeiro passo ser o diagnóstico estratégico ou o "como se está" apresentam os seguintes motivos:

- muitas empresas iniciam suas atividades porque reconhecem uma oportunidade importante;
- muitas empresas não têm objetivos estabelecidos, pois é difícil para elas determinar o que realmente desejam, mas, mesmo assim, reconhecem as boas oportunidades que estão no ambiente da empresa; e
- muitas empresas modificam seus objetivos com as mudanças das oportunidades no ambiente em que a empresa atua.

Os que apoiam a hipótese de o primeiro passo ser a determinação dos objetivos ou do "aonde se quer chegar" apresentam os seguintes argumentos:

- muitas empresas dão início a suas atividades com o objetivo dominante de obter grandes lucros e procuram as oportunidades que lhes permitam alcançar esse objetivo;
- uma empresa não pode, simplesmente, buscar oportunidades sem um conjunto orientador de objetivos, pois o mundo tem muitas oportunidades e a empresa ficaria numa situação desorientada; e
- muitas empresas fazem mudanças conscientes em seus objetivos e, quando o fazem, os novos objetivos as levam a procurar um novo conjunto de oportunidades.

Pode-se considerar que ambas as correntes têm seu mérito.

Como contribuição, pode-se considerar que o primeiro passo deve ser o diagnóstico estratégico, pelos seguintes motivos:

- os já apresentados por Kotler; e
- é mais fácil e lógico o estabelecimento de objetivos (aonde se quer ir?) conhecendo e analisando a própria situação (como se está?).

O referido autor afirma, quando analisa o aspecto realístico dos objetivos, que esses devem surgir de uma análise das oportunidades e dos recursos da empresa, e não de pensamentos, desejos e *achismos*.

A metodologia apresentada a seguir foi desenvolvida a partir de trabalhos e contatos junto a empresas e consultores empresariais, durante seminários, cursos e trabalhos de consultoria, realizados em grandes, médias e pequenas empresas no Brasil e no exterior. Naturalmente, deve-se lembrar Lorange e Vancil (1976, p. 75), para os quais não existe uma metodologia universal de planejamento estratégico, porque as empresas diferem em tamanho, em tipos de operações, em forma de organização, em filosofia e estilo administrativo.

Portanto, a metodologia apresentada a seguir deverá ser adaptada às condições e realidades internas e externas da empresa a ser considerada.

As fases básicas para elaboração e implementação do planejamento estratégico podem ser as seguintes:

Fase I – Diagnóstico estratégico

Fase II – Missão da empresa

Fase III – Instrumentos prescritivos e quantitativos

Fase IV – Controle e avaliação

Essas fases são apresentadas, de maneira esquemática, na Figura 2.1:

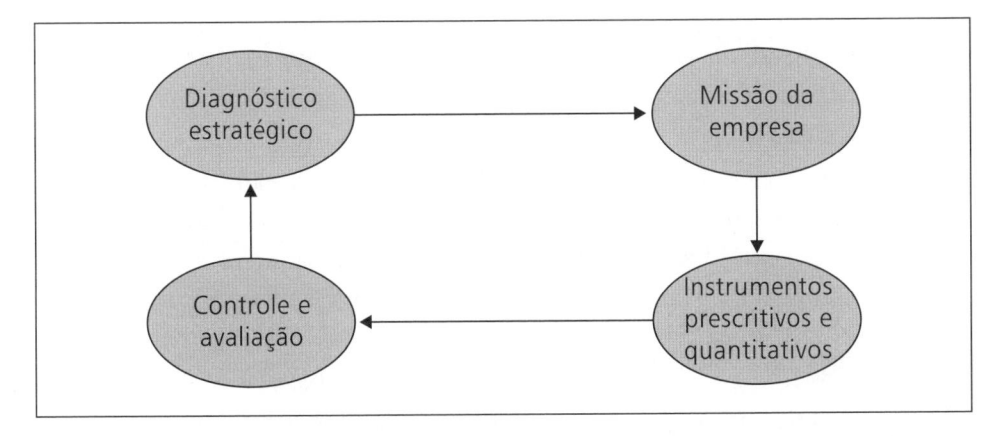

Figura 2.1 Fases do planejamento estratégico.

De maneira mais detalhada, as fases do planejamento estratégico podem ser representadas da forma evidenciada resumidamente a seguir, sendo que maiores detalhes de cada fase são apresentados nos Capítulos 3 a 9.

Salienta-se que, para algumas partes do processo de planejamento estratégico, seus aspectos básicos são apresentados no presente capítulo, pois o autor não julgou necessário criar capítulos ou seções específicos ao longo do livro.

2.1.1 Fase I – Diagnóstico estratégico

Nessa fase, também denominada auditoria de posição, deve-se determinar "como se está". Essa fase é realizada através de pessoas representativas das várias informações, que analisam e verificam todos os aspectos inerentes à realidade externa e interna da empresa.

A fase do diagnóstico estratégico pode ser dividida em cinco etapas básicas apresentadas a seguir, sendo que mais detalhes são apresentados no Capítulo 3.

A. *Identificação da visão*

Nessa etapa identificam-se quais são as necessidades e expectativas dos acionistas, conselheiros e executivos da alta administração da empresa, tendo em vista que esses aspectos proporcionam o grande delineamento do planejamento estratégico a ser desenvolvido e implementado.

Visão é considerada os limites que os principais responsáveis pela empresa conseguem enxergar dentro de um período de tempo mais longo e uma abordagem mais ampla. Representa o que a empresa quer ser em um futuro próximo ou distante.

Pode-se considerar que a finalidade da visão é proporcionar sustentação para as estratégias – ver detalhes no Capítulo 6 – e de todas as outras principais decisões da empresa.

Algumas vezes a visão pode configurar-se em uma situação irrealista quanto aos destinos da empresa. Entretanto, essa situação não é preocupante, pois ocorrerá, posteriormente, uma análise interativa da empresa diante das oportunidades e ameaças ambientais. Mais detalhes são apresentados na seção 3.1.1.

B. *Identificação dos valores*

Em significativa parte das vezes é interessante a identificação dos valores que sustentam o modelo de gestão da empresa.

Valores representam o conjunto dos princípios, crenças e questões éticas fundamentais de uma empresa, bem como fornecem sustentação a todas as suas principais decisões. Na prática, os valores consolidam a *personalidade* da empresa e proporcionam sustentação para as suas políticas – ver Capítulo 7 –, ou seja, o que deve ser decidido e operacionalizado.

Portanto, a adequada identificação, debate e disseminação dos valores de uma empresa tem elevada influência na qualidade do desenvolvimento e operacionalização do planejamento estratégico. Mais detalhes são apresentados na seção 3.1.2.

C. *Análise externa*

Essa etapa verifica as ameaças e as oportunidades que estão no ambiente da empresa, bem como as melhores maneiras de evitar ou usufruir dessas situações. A empresa deve olhar para fora de si, ou seja, para o ambiente onde estão as oportunidades e ameaças.

Essa análise deve ser efetuada pela empresa como um todo, considerando uma série de assuntos, entre os quais se podem destacar:

- mercado nacional;
- mercado regional;
- mercado internacional;
- evolução tecnológica;
- fornecedores;
- mercado financeiro;
- aspectos socioeconômicos e culturais;
- aspectos políticos;
- entidades de classe;
- órgãos governamentais;
- mercado de mão de obra; e
- concorrentes (esse assunto está detalhado no item E desta seção).

Neste ponto da análise, devem-se fazer algumas considerações sobre as oportunidades externas da empresa, procurando distingui-las em oportunidades ambientais e oportunidades da empresa.

Para Kotler (1980, p. 77), a chave das oportunidades de uma empresa repousa sobre a questão de se poder fazer mais por essa oportunidade ambiental do que os seus concorrentes, pois:

- toda oportunidade ambiental tem alguns requisitos para o sucesso;
- toda empresa tem características especiais, isto é, coisas que sabe fazer especialmente bem; e
- uma empresa, provavelmente, se aproveitará de uma vantagem diferencial na área de uma oportunidade ambiental, se suas características particulares satisfazem aos requisitos para o sucesso da referida oportunidade ambiental de forma mais eficiente, eficaz e efetiva do que sua concorrente principal.

Devem-se considerar oportunidade da empresa situações que essa realmente tem condições e/ou interesse de usufruir. Do contrário, a situação pode tornar-se uma ameaça e, para reverter essa situação desagradável, o esforço terá que ser muito elevado e também criativo.

Você deve identificar todas as oportunidades, e cada uma é analisada em termos de sua contribuição efetiva para a empresa e, em seguida, escolhe-se um grupo das melhores oportunidades para a formação de uma "carteira estratégica" de oportunidades.

Para tanto, alguns aspectos devem ser considerados (Ansoff, 1977, p. 128):

- os objetivos da empresa devem ser usados como critérios para avaliar e classificar as oportunidades; e
- procurar ter alguma garantia de que, praticamente, todas as oportunidades atraentes possíveis foram identificadas, descritas e analisadas.

Embora informações detalhadas sobre as atividades da empresa e seus recursos possam ser de considerável importância para a alta administração exercer controle sobre o desempenho, elas são de valor limitado para o planejamento das reações da empresa às questões estratégicas. Em tais casos, o que a alta administração realmente precisa é de informações detalhadas sobre o ambiente externo (St. Thomas, 1974, p. 25).

Portanto, é necessário trabalhar com os fatores internos e externos à empresa de maneira interligada. Aliás, esse tratamento interativo é que caracteriza uma abordagem estratégica, conforme já evidenciado neste livro.

É possível predizer que empresas de um mesmo ramo econômico, área geográfica, amplitude de atuação – nacional e multinacional – e de, aproximadamente, mesmo porte terão diferentes graus de receptividade ou repulsão aos fatores ambientais ou externos, dependendo da amplitude relativa de seus insumos e resultados.

Outro aspecto a considerar na análise externa é a divisão do ambiente da empresa – conceituado na seção 1.6 – em duas partes:

- **Ambiente direto**, que representa o conjunto de fatores através dos quais a empresa tem condições não só de identificar, mas também de avaliar ou medir, de forma mais efetiva e adequada, o grau de influência recebido e/ou proporcionado.

- **Ambiente indireto**, que representa o conjunto de fatores através dos quais a empresa identificou, mas não tem condições, no momento, de avaliar ou medir o grau de influência entre as partes. Pode ser, por exemplo, o caso de algumas variáveis culturais, demográficas ou sociais.

Portanto, a divisão do ambiente da empresa em duas camadas – ambiente direto e ambiente indireto – ocorre apenas para facilitar a análise das variáveis externas que apresentam, naquele momento, maior ou menor facilidade de mensuração da interação de influências entre a empresa e seu ambiente.

Naturalmente, você deve saber trabalhar com essas variáveis, pois, a partir do momento em que tem melhor conhecimento da influência de uma variável que esteja no ambiente indireto, deve ser tentada a transferência dessa variável para o ambiente direto. Portanto, é um processo evolutivo e questionador de conhecimento da influência de cada uma das variáveis ou fatores considerados para com a empresa.

Esse aspecto pode ser visualizado na Figura 2.2:

Figura 2.2 Níveis do ambiente da empresa.

O ambiente está fora do controle da empresa, mas afeta seu comportamento e vice-versa.

Você deve atentar para as falhas mais frequentes na consideração do ambiente de uma empresa, que são:

- não considerar fatores ambientais que exerçam influência sobre a empresa;
- não considerar o grau de influência da empresa sobre os fatores identificados no ambiente; e
- não atuar de forma adequada sobre os fatores identificados no ambiente.

Para cada um dos fatores ou variáveis ambientais você deve efetuar uma análise para seus diversos itens de influência.

No Quadro 2.1, apresentam-se exemplos de fatores ou variáveis ambientais e alguns de seus componentes. Naturalmente, devem ser incluídos, também, outros fatores ou variáveis, tais como os inerentes à concorrência, fornecedores e clientes. Mais detalhes sobre esses aspectos são apresentados no Capítulo 3.

Um dos principais cuidados que se deve tomar no tratamento dos fatores e variáveis ambientais é a questão da prioridade, a qual pode ser analisada pelo sistema GUT – Gravidade, Urgência e Tendência –, apresentado na seção 4.3.

Mais detalhes a respeito da análise externa das empresas são apresentados nas seções 3.1.3.1 e 3.1.5.

D. *Análise interna*

Essa etapa verifica os pontos fortes e fracos – já conceituados neste livro –, bem como os pontos neutros da empresa.

Na realidade, os pontos neutros devem ser considerados na análise interna, pois, muitas vezes, não há condições de estabelecer se determinada atividade ou aspecto está beneficiando ou prejudicando a empresa. Como a empresa é um sistema e, portanto, não se pode deixar de considerar qualquer de suas partes, uma ideia é considerar, sempre que necessário e por determinado período de tempo, seus pontos neutros.

Dentro dessa situação há um novo item a ser definido:

Ponto neutro é uma variável identificada pela empresa; todavia, no momento, não existem critérios e parâmetros de avaliação para sua classificação como ponto forte ou ponto fraco.

Quadro 2.1 Fatores ou variáveis ambientais e alguns de seus componentes.

	Fatores ou variáveis ambientais							
	Econômicas	Sociais	Políticas	Demográficas	Culturais	Legais	Tecnológicas	Ecológicas
Componentes	• taxa de inflação	• situação socioeconômica de cada segmento da população	• monetária	• densidade	• nível de alfabetização	• área tributária	• aquisição tecnológica pelo País	• nível de desenvolvimento ecológico
	• taxa de juros	• situação sindical (organização, participação e ideologias)	• tributária	• mobilidade	• nível de escolaridade	• área trabalhista	• desenvolvimento tecnológico no País	• índices de poluição
	• mercado de capitais	• situação político--partidária (organização, participação e ideologias)	• distribuição de renda	• taxa de crescimento	• estrutura educacional	• área criminalista	• transferência de tecnologia pelo País	• legislações existentes
	• nível do Produto Nacional Bruto (PNB)	• responsabilidade social das pessoas e das empresas	• relações internacionais	• composição e distribuição da população	• veículos de comunicação de massa (estrutura, níveis de audiência e de concentração)	• área comercial	• proteção de marcas e patentes	
	• balanço de pagamentos		• legislativa (federal, estadual e municipal)	• processo migratório			• velocidade das mudanças tecnológicas	
	• nível de reservas cambiais		• estatização ou privatização				• nível de orçamento de pesquisas e desenvolvimento do País	
	• nível de distribuição de rendas		• estrutura do poder				• nível de incentivos governamentais	

É fundamental, para o sucesso da estratégia, que a área de atuação da empresa seja escolhida considerando o que ela melhor pode fazer, ou seja, a empresa deve ser *puxada* por suas principais capacidades. Isso, absolutamente, não quer dizer que a empresa deve abandonar atividades nas áreas em que não está devidamente capacitada. No caso de a empresa ter de realizar atividades em áreas em que não hajam pontos fortes, o conhecimento dessa fraqueza torna mais fácil o processo corretivo.

A análise dos pontos fortes, fracos e neutros deve envolver, também, a preparação de um estudo dos principais concorrentes na relação produtos ou serviços *versus* segmentos de mercados, para facilitar o estabelecimento de estratégias da empresa no mercado. A esse respeito, ver item E a seguir.

Outra análise realizada nesse momento é a do potencial da indústria, que se destina a determinar as possibilidades de crescimento disponíveis dentro da indústria ou setor de atuação para uma empresa que pretende, e é capaz de realizar um esforço máximo no sentido de tirar proveito delas (Ansoff, 1977, p. 122).

No estabelecimento das etapas do processo de definição de pontos fortes, fracos e neutros da empresa, a estrutura organizacional aparece como um dos principais atributos a serem analisados, pois somente uma empresa com a estrutura organizacional bem definida pode alcançar seus objetivos de maneira adequada.

Chandler Jr. (1962, p. 24) demonstrou que é fundamental o alinhamento da estrutura organizacional de uma empresa com o seu planejamento estratégico.

Alguns dos fatores a serem considerados na análise interna são:

- produtos e serviços atuais;
- novos produtos e serviços;
- promoção;
- governança corporativa;
- imagem institucional;
- comercialização;
- sistema de informações;
- estrutura organizacional;
- tecnologia;
- suprimentos;
- parque industrial;
- recursos humanos;
- educação corporativa;

- estilo de administração;
- *compliance*;
- resultados empresariais;
- recursos financeiros/finanças;
- controle e avaliação.

É importante salientar a necessidade de se considerar, tanto na análise externa como interna da empresa, a identificação e consequente utilização dos recursos intangíveis. Por exemplo, uma empresa fabricante de microcomputadores deve considerar seu potencial para o desenvolvimento tecnológico. A marca registrada também pode aparecer como um importante recurso intangível de empresa; é o chamado *goodwill*.

Mais detalhes a respeito da análise interna das empresas são apresentados na seção 3.1.3.2, mas você já constatou que a identificação das competências e das fraquezas da empresa devem ser analisadas perante as oportunidades e ameaças do ambiente externo ou não controlável.

E. *Análise dos concorrentes*

Na realidade, essa análise corresponde a um aspecto da etapa da análise externa (item C). Entretanto, seu tratamento deve ser detalhado, pois seu resultado final irá proporcionar a identificação das vantagens competitivas da própria empresa e a dos concorrentes, bem como a vantagem competitiva que o mercado "quer comprar". Nessa etapa, evidencia-se a necessidade de uma avaliação da qualidade da informação para uma análise preliminar do nível de risco que a empresa está adotando.

Para adequada análise dos concorrentes, você deve, através de um processo de empatia – se colocar no lugar de seu concorrente –, efetuar a análise externa e interna de seus principais concorrentes. Somente através desse procedimento você poderá ter adequado posicionamento competitivo perante seus concorrentes. Outro aspecto é que não se pode esquecer de identificar e analisar os concorrentes potenciais.

Mais detalhes a respeito da análise dos concorrentes são apresentados na seção 3.1.5.

É fundamental que a fase do diagnóstico estratégico – que envolve a visão, os valores, a análise externa, a análise interna e a análise dos concorrentes – seja realista, completa e impessoal, evitando possíveis problemas futuros no desenvolvimento e na implantação do planejamento estratégico. Portanto, um dos aspectos de real importância da fase do diagnóstico estratégico é que o resumo das sugestões deve ser tratado de tal forma que despersonalize as ideias individuais e estabeleça as ideias da empresa, inclusive com suas contradições, mas que, através de um debate dirigido, deve proporcionar o bom senso e o consenso geral.

2.1.2 Fase II – Missão da empresa

Neste ponto deve ser estabelecida a razão de ser da empresa, bem como seu posicionamento estratégico.

Essa fase pode ser decomposta, de forma conceitual e genérica, nas cinco etapas apresentadas a seguir e cujos aspectos mais detalhados são abordados no Capítulo 4.

A. Estabelecimento da missão da empresa

Missão é a determinação do motivo central da existência da empresa, ou seja, a determinação de "quem a empresa atende" com seus produtos e serviços. Corresponde a um *horizonte* dentro do qual a empresa atua ou poderá atuar; portanto, a missão representa a razão de ser da empresa.

Salienta-se que essa missão não está diretamente correlacionada com o estatuto social da empresa, e é, na realidade, muito mais ampla, envolvendo, inclusive, expectativas dos acionistas e principais executivos da empresa.

A missão da empresa deve ser definida em termos de satisfazer a alguma necessidade do ambiente externo, e não em termos de simplesmente oferecer algum produto ou serviço ao mercado (Kotler, 1980, p. 83).

B. Estabelecimento dos propósitos atuais e potenciais

Dentro da missão, você deve estabelecer os propósitos da empresa.

Propósitos correspondem à explicitação dos setores de atuação dentro da missão em que a empresa já atua ou está analisando a possibilidade de entrada no setor, ainda que esteja numa situação de possibilidade reduzida. Esses setores de atuação referem-se tanto a produtos e serviços como a segmentos de mercado.

Portanto, a empresa deve armazenar todos os dados e informações referentes a seus propósitos atuais e futuros. Mais detalhes a respeito da missão e dos propósitos das empresas são apresentados na seção 4.1.

C. Estruturação e debate de cenários

Cenários representam situações, critérios e medidas para a preparação do futuro da empresa.

Esses cenários devem ser montados com base nos dados e informações fornecidos pelo sistema de informações estratégicas. Mais informações a respeito desse instrumento administrativo são apresentadas no livro *Estratégia empresarial e vantagem competitiva: como estabelecer, implementar e avaliar*, dos mesmos autor e editora.

Você pode desenvolver cenários que retratem determinado momento no futuro ou que detalhem a evolução e a sequência de eventos, desde o momento atual até determinado momento no futuro.

Por outro lado, existem cenários alternativos que, por definição, não são previsões do que deve ocorrer. Pelo contrário, por questionar premissas, devem explorar possibilidades alternativas do futuro, possibilidades essas inconsistentes entre si em algumas dimensões, mas compatíveis em outras.

Mais detalhes a respeito dos cenários são apresentados na seção 4.2.

D. *Estabelecimento da postura estratégica*

Outro aspecto que se deve considerar é a postura estratégica da empresa, ou seja, a maneira como a empresa posiciona-se diante de seu ambiente.

A postura estratégica proporciona um quadro-diagnóstico geral da empresa, resultante do confronto entre seus pontos fortes e fracos e que a qualifica quanto à sua capacidade de aproveitar oportunidades e de enfrentar ameaças externas ou não controláveis pela empresa.

Postura estratégica corresponde à maneira ou postura mais adequada para a empresa alcançar seus propósitos dentro da missão, respeitando sua situação interna e externa atual, estabelecida no diagnóstico estratégico.

Mais detalhes são apresentados na seção 4.3, quando você vai constatar que a finalidade básica da postura estratégica é facilitar o estabelecimento das estratégias, pela realidade da empresa, bem como a determinação das prioridades dos vários assuntos estratégicos da empresa, pela lista de fatores internos ou controláveis e externos ou não controláveis.

E. *Estabelecimento das macroestratégias e macropolíticas*

É na fase do delineamento da missão que você deve estabelecer as macroestratégias e as macropolíticas da empresa.

Macroestratégias correspondem às grandes ações ou caminhos que a empresa deverá adotar para melhor interagir, usufruir e gerar vantagens competitivas da empresa considerada no ambiente competitivo.

Macropolíticas correspondem às grandes orientações que servirão como base de sustentação para as decisões, de caráter geral, que a empresa deverá tomar para melhor interagir com o ambiente.

É importante que você faça uma revisão das macroestratégias e macropolíticas estabelecidas nessa fase da metodologia, visando a seu enquadramento, de acordo com a postura estratégica.

O estabelecimento de macroestratégias básicas, geralmente em número reduzido, bem como das alternativas, possibilitam ao executivo alterar o *rumo* da empresa de forma estruturada.

O conjunto das macroestratégias e das macropolíticas corresponde às grandes orientações estratégicas da empresa, facilitando o estabelecimento das estratégias e das políticas da referida empresa, sendo que mais detalhes são apresentados na seção 4.4.

2.1.3 Fase III – Instrumentos prescritivos e quantitativos

Nessa fase, as questões básicas são o estabelecimento de "onde se quer chegar" e de "como chegar na situação que se deseja". Para tanto, pode-se dividir essa fase em dois instrumentos perfeitamente interligados.

2.1.3.1 Instrumentos prescritivos

Os instrumentos prescritivos do processo de planejamento estratégico proporcionam a explicitação do que deve ser feito pela empresa para que se direcione ao alcance dos propósitos estabelecidos dentro de sua missão, de acordo com sua postura estratégica, respeitando as macropolíticas e os valores da empresa, bem como as ações estabelecidas pelas macroestratégias; e se direcionando para a visão estabelecida, ou seja, o que a empresa quer ser.

O tratamento dos instrumentos prescritivos pode ser realizado através de determinadas etapas, a saber:

A. *Estabelecimento de objetivos, desafios e metas*

Nessa etapa, você deve estabelecer, através de diferentes técnicas – cruzamento dos fatores externos e internos, interação com cenários, administração por objetivos etc. –, os seguintes aspectos:

- **Objetivo**: é o alvo ou situação que se pretende alcançar. Aqui se determina para onde a empresa deve dirigir seus esforços.

- **Objetivo funcional**: é o objetivo parcial, correlacionado às áreas funcionais, que deve ser atingido com a finalidade de se alcançar os objetivos da empresa.

- **Desafio**: é uma realização que deve ser continuadamente perseguida, perfeitamente quantificável, com responsável e prazo estabelecidos, que exige esforço extra e representa a modificação de uma situação, bem como contribui para ser alcançada uma situação desejável identificada pelos objetivos.

- **Meta**: corresponde aos passos ou etapas, perfeitamente quantificados e com prazos para alcançar os desafios e objetivos. As metas são decomposições dos objetivos ao longo do tempo (anos, semestres, meses).

Mais detalhes são apresentados no Capítulo 5.

B. *Estabelecimento de estratégias e políticas*

Nesta etapa, os aspectos a serem definidos, utilizando-se diferentes técnicas de análise, são:

- **Estratégia**: é a ação ou caminho mais adequado a ser executado para alcançar, preferencialmente de maneira inovadora e diferenciada, os objetivos, desafios e metas estabelecidos, no melhor posicionamento da empresa perante seu ambiente. É importante procurar subestabelecer estratégias alternativas para facilitar as alterações dos caminhos ou ações de acordo com as necessidades. As estratégias podem ser estabelecidas por área funcional da empresa. A partir das estratégias, devem ser desenvolvidos os projetos, os quais são consolidados através de planos de ação, quando envolvem diferentes áreas da empresa.

- **Política**: é a definição dos níveis de delegação, faixas de valores e/ou quantidades limites e de abrangência das estratégias e ações para a consecução dos objetivos. A política fornece parâmetros ou orientações para a tomada de decisões. Corresponde a toda base de sustentação para o planejamento estratégico. Normalmente, são estabelecidas por área funcional da empresa, embora se ressalte que a política é um parâmetro ou orientação para a tomada de decisões por toda a empresa.

Mais detalhes são apresentados nos Capítulos 6 e 7.

Com referência às diferentes técnicas de análise que o executivo pode utilizar para o estabelecimento de suas estratégias, consultar Capítulo 5 do livro *Estratégia empresarial e vantagem competitiva: como estabelecer, implementar e avaliar*, dos mesmos autor e editora.

Nesse momento você está em condições de estabelecer outro importante item do planejamento estratégico nas empresas:

- **Diretrizes**: é o conjunto estruturado e interativo dos objetivos, estratégias e políticas da empresa.

C. Estabelecimento dos projetos e planos de ação

Nessa etapa devem ser estabelecidos, a partir das estratégias e respeitando as políticas, os seguintes aspectos:

- **Projetos**: são trabalhos a serem realizados com responsabilidades de execução, resultados esperados com quantificação de benefícios e prazos para execução preestabelecidos, considerando os recursos humanos, financeiros, tecnológicos, materiais e de equipamentos, bem como as áreas da empresa envolvidas e necessárias ao seu desenvolvimento.
- **Programas**: são os conjuntos de projetos homogêneos quanto ao seu objetivo ou finalidade maior.
- **Planos de ação**: são os conjuntos das partes comuns dos diversos projetos quanto ao assunto que está sendo tratado (recursos humanos, tecnologia, logística, qualidade etc.).

Mais detalhes são apresentados no Capítulo 8.

Quando se consideram os instrumentos prescritivos, mais precisamente o estabelecimento de objetivos e estratégias, ocorre o momento mais adequado para a definição da estrutura organizacional da empresa, pois somente dessa maneira se pode criar uma estrutura privada de lacunas e de conflitos e contradições entre seus elementos, pois todos os profissionais estão com seus esforços direcionados para os objetivos estabelecidos.

Mais detalhes a respeito da interligação da estrutura organizacional e dos aspectos estratégicos podem ser verificados no livro *Estrutura organizacional: uma abordagem para resultados e competitividade*, dos mesmos autor e editora.

2.1.3.2 Instrumentos quantitativos

Consistem nas projeções econômico-financeiras do planejamento orçamentário, devidamente associadas à estrutura organizacional da empresa, necessárias ao desenvolvimento dos projetos, programas, planos de ação e atividades previstas.

Nessa etapa, deve-se analisar quais são os recursos necessários e quais as expectativas de retorno para se alcançar os objetivos, desafios e metas da empresa.

A consideração dos instrumentos quantitativos, representados basicamente pelo planejamento orçamentário, na metodologia de elaboração e implementação do planejamento estratégico, torna-se extremamente importante, pois você deve sempre fazer, de forma estruturada, a interligação do planejamento estratégico com os planejamentos operacionais.

No nível operacional, o planejamento básico a ser considerado no assunto em questão é o planejamento orçamentário, pois ele:

- tem como principal entrada de informações os projetos, os quais são decorrentes das estratégias anteriormente estabelecidas;
- consolida os aspectos de realizações da empresa, quanto a receitas, despesas e investimentos;
- normalmente, é uma realidade estabelecida em qualquer empresa; e
- está inserido no processo decisório do dia a dia da empresa.

Outros planejamentos operacionais que podem – e devem – ser desenvolvidos neste momento são o fluxo de caixa projetado e o balanço projetado, sendo que os seus períodos de tempo devem ser idênticos ao do planejamento estratégico na empresa considerada. Para detalhes quanto à interligação estruturada entre os diversos instrumentos administrativos das empresas, analisar o livro *A moderna administração integrada*, dos mesmos autor e editora.

Os detalhes da Fase III da metodologia de planejamento estratégico são apresentados nos Capítulos 5, 6, 7 e 8.

2.1.4 Fase IV – Controle e avaliação

Nessa fase, verifica-se "como a empresa está indo" para a situação desejada.

O controle pode ser definido, em termos simples, como a ação necessária para assegurar principalmente a realização dos objetivos, desafios, metas, estratégias, projetos e planos de ação estabelecidos.

Essa função, em sentido amplo, envolve processos de:

- estabelecimento e análise de indicadores de desempenho (que devem ser estruturados na Fase I – Diagnóstico Estratégico);
- avaliação de desempenho dos profissionais envolvidos no processo;
- comparação do desempenho real com os objetivos, desafios, metas, projetos e planos de ação estabelecidos;
- análise dos desvios dos objetivos, desafios, metas e projetos estabelecidos;
- tomada de ações corretivas provocadas pelas análises efetuadas;
- acompanhamento para avaliar a eficiência e a eficácia da ação de natureza corretiva; e
- adição de informações ao processo de planejamento, para desenvolver os ciclos futuros da atividade administrativa.

Nesta quarta fase devem-se considerar, entre outros aspectos, os critérios e parâmetros de controle e avaliação, dentro de uma situação adequada de custos *versus* benefícios.

É aconselhável que o controle e a avaliação sejam realizados passo a passo no desenvolvimento do planejamento estratégico, evitando que sejam efetuados apenas no final do processo estratégico na empresa considerada.

Outra sugestão é que o sistema de avaliação dos resultados da empresa esteja perfeitamente interligado com o sistema de avaliação de desempenho de seus profissionais, pois o primeiro depende diretamente do último.

Os detalhes da questão do controle e avaliação do planejamento estratégico são apresentados no Capítulo 9.

Como reforço ao entendimento do processo de planejamento estratégico nas empresas apresenta-se o Quadro 2.2.

Salienta-se que o processo de planejamento estratégico apresentado neste capítulo, e consolidado no Quadro 2.2, é apenas uma das maneiras que o planejamento estratégico pode ser desenvolvido e implementado nas empresas.

É sempre necessário que seja analisada a realidade de cada empresa, do seu modelo de gestão, dos seus negócios, produtos e serviços, bem como dos fatores do seu ambiente, para que a decisão a respeito da melhor metodologia de planejamento estratégico seja realmente a mais acertada.

Quadro 2.2   Processo de planejamento estratégico.

O processo inicia-se a partir da:

VISÃO E VALORES

Algumas vezes irrealista quanto aos "destinos" da empresa e submetida a uma avaliação racional e criteriosa das

OPORTUNIDADES		AMEAÇAS

Em termos de:

- mercados a explorar
- recursos a aproveitar

Que prejudicarão a empresa e suas oportunidades identificadas

Considerando a realidade da empresa e de seus

CONCORRENTES

com seus

PONTOS FORTES
PONTOS FRACOS
PONTOS NEUTROS

Tudo isso "dentro" do horizonte estabelecido para a

MISSÃO

E que deve conduzir à escolha de

PROPÓSITOS

A partir de detalhes de

CENÁRIOS

Respeitando a

POSTURA ESTRATÉGICA

Que possibilita o estabelecimento de

MACROESTRATÉGIAS
MACROPOLÍTICAS

Que orientarão a formalização de

OBJETIVOS GERAIS
OBJETIVOS FUNCIONAIS

Mais realistas que as expectativas e os desejos, como base para a formulação de

DESAFIOS e METAS

Quantificados, que permitirão o estabelecimento, em nível funcional, de

ESTRATÉGIAS e POLÍTICAS

Capazes de:

- tirar proveito dos pontos fortes e oportunidades; e
- evitar ou eliminar os pontos fracos e ameaças da empresa e que devem ser traduzidas em

PROJETOS e
PLANOS DE AÇÃO

Destinados a orientar a operacionalização do plano estratégico através do

ORÇAMENTO e outros
PLANEJAMENTOS DA EMPRESA

Resumo

Pelo que foi apresentado neste capítulo, o planejamento estratégico é o primeiro passo para a empresa consolidar o importante modelo da administração estratégica, na qual as questões organizacionais, de gestão e de desenvolvimento de pessoas, de liderança e de avaliação da empresa também se apresentam, de forma global, no contexto estratégico, sendo que detalhes dessa abordagem podem ser analisados no livro *Administração estratégica na prática*, dos mesmos autor e editora.

Este capítulo apresentou uma metodologia, devidamente testada, de elaboração e implementação de planejamento estratégico nas empresas.

Não se preocupou com a apresentação de detalhes das várias fases e itens componentes, mas simplesmente em proporcionar uma visualização geral da metodologia, uma vez que os detalhes são apresentados nos capítulos subsequentes.

Questões para debate

1. Pesquisar outras metodologias de elaboração e implementação do planejamento estratégico nas empresas, e identificar e analisar os pontos comuns e divergentes com a metodologia apresentada neste capítulo.

2. Com base na questão anterior, identificar e analisar as vantagens e desvantagens de cada metodologia.

3. Debater as conceituações das diversas partes e itens da metodologia de elaboração e implementação do planejamento estratégico nas empresas.

4. Aprofundar a questão da metodologia de elaboração e implementação do planejamento estratégico e delinear uma metodologia que melhor se adapte à realidade da empresa onde trabalha ou faculdade onde estuda.

5. Identificar as partes da metodologia de elaboração e implementação do planejamento estratégico para as quais você se sente mais competente para trabalhar. Justificar a resposta.

6. Explicar, com detalhes, as razões de o planejamento estratégico ter que ser desenvolvido e implementado com sustentação de uma metodologoia estruturada.

7. Elaborar e debater um plano de estudo para você se consolidar como um profissional conhecedor do importante assunto administrativo: *planejamento estratégico*.

> **Caso:**
> **Estabelecimento de alternativas para a metodologia de planejamento estratégico na Comercial, Importadora e Exportadora Meridional**

A Comercial, Importadora e Exportadora Meridional atua no segmento de bebidas e comidas finas, com lojas em três das principais capitais do País.

O faturamento, a participação de mercado e a lucratividade da Meridional estão crescendo, inclusive um pouco acima dos principais concorrentes, mas os dois proprietários, Srs. Nelson e Roberto, não estão satisfeitos e querem expandir mais seus negócios.

Para essa expansão eles visualizam as seguintes estratégias, as quais podem ser desenvolvidas de forma isolada ou conjunta:

- aumento do número de lojas, em outros bairros das mesmas cidades; e/ou
- aumento do número de lojas, entrando em outras cidades; e/ou
- aumento do *mix* atual de tipos de comidas e bebidas existentes; e/ou
- criação do sistema de *delivery* – entrega domiciliar – nas regiões de atuação, incluindo forte divulgação por catálogos e *telemarketing*.

Essas foram as ideias básicas que os Srs. Nelson e Roberto tiveram e debateram com você.

Também são aceitas outras hipóteses estratégicas, idealizadas por você, para o desenvolvimento dos trabalhos na Meridional.

Com base em todas as hipóteses identificadas, o próximo passo – que é de sua responsabilidade – corresponde ao estabelecimento de alternativas para a metodologia de planejamento estratégico da Meridional.

Essa situação ocorreu pelo fato de os proprietários concordarem que o instrumento administrativo básico para a Meridional é o planejamento estratégico; entretanto, o Sr. Nelson tem apresentado dúvidas quanto à melhor forma de desenvolver e implementar o referido processo.

O organograma resumido da Comercial, Importadora e Exportadora Meridional é apresentado a seguir:

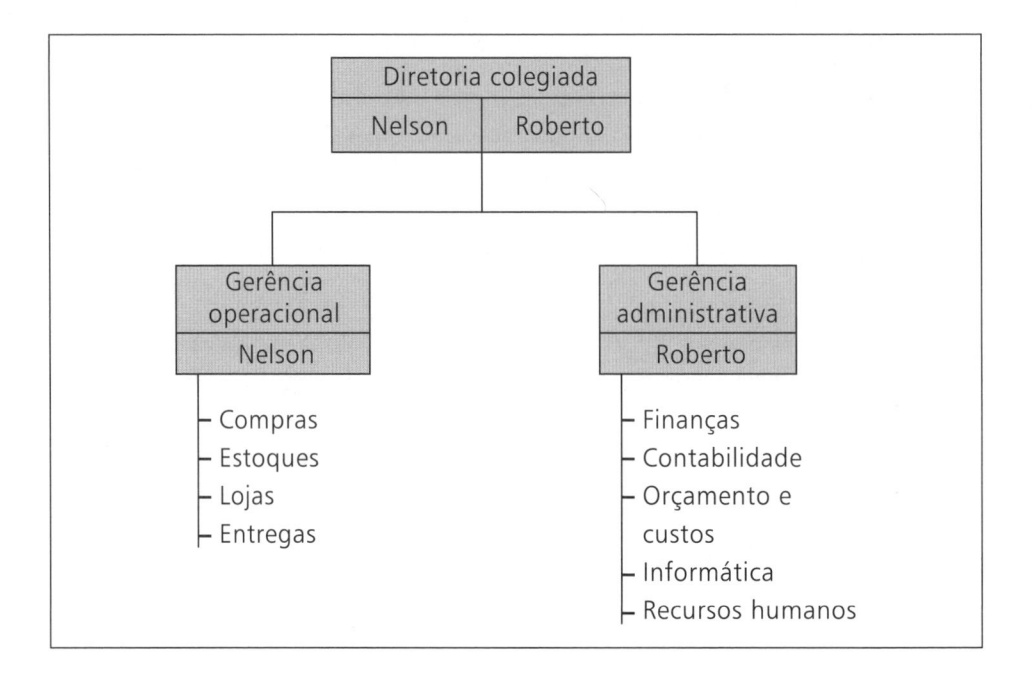

Considerando os aspectos apresentados nesse caso e, principalmente, outros que você julgar válido acrescentar, tendo em vista otimizar a análise e o debate, bem como consolidar um *toque pessoal*, você deve:

- esboçar, de forma geral, duas alternativas de metodologias para o desenvolvimento e implementação do planejamento estratégico na Meridional; e
- para uma alternativa, apresentar alguns detalhes para sua posterior operacionalização.

Salienta-se que uma das alternativas de metodologia a ser considerada é a que foi apresentada neste capítulo.

Portanto, são várias as complementações necessárias para o estudo do *caso*, o que obriga você a pensar, no limite de seu conhecimento, em todos os assuntos que um processo de planejamento estratégico deve conter.

Capítulo 3

Diagnóstico estratégico

"A realidade é como é, não como desejamos que ela fosse."
Maquiavel

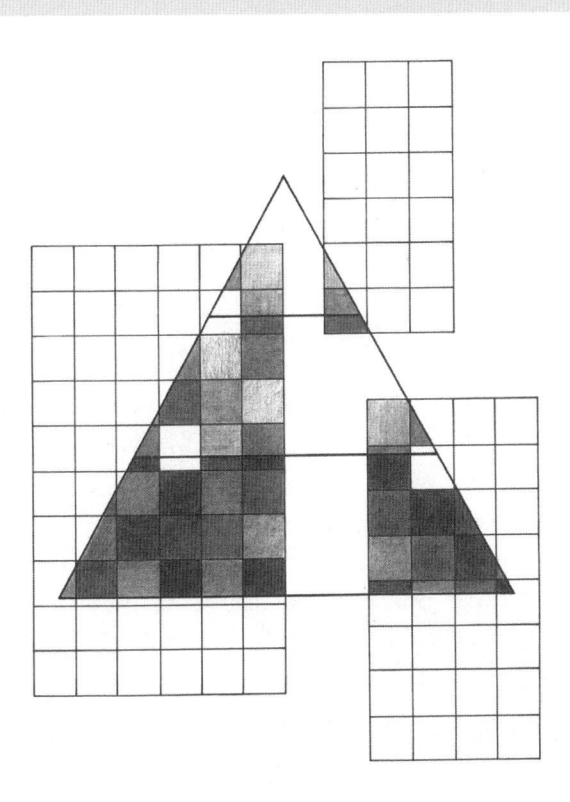

O diagnóstico estratégico corresponde à primeira fase do processo de planejamento estratégico e procura responder à pergunta básica "qual a real situação da empresa quanto aos seus aspectos internos e externos?", verificando o que a empresa tem de bom, de regular ou de ruim em seu processo administrativo.

Esse diagnóstico, auditoria de posição ou análise, deve ser efetuado da forma mais real possível, pois qualquer tomada de posição errada nessa fase prejudicará todo o resto do processo de desenvolvimento e implementação do planejamento estratégico na empresa.

Não existe, na maior parte das empresas, uma preocupação natural e contínua pelos problemas estratégicos. A alta administração, nesses casos, geralmente está envolvida com decisões de nível tático ou de nível operacional, ou seja, com o "aqui e agora".

Para essas empresas, que não estão preparadas para responder aos desafios estratégicos e que se recusam a antecipá-los, a tomada de consciência do problema, normalmente, é experimentada de forma traumática, como, por exemplo, drástica queda de vendas ou lucros, colapso de um produto ou serviço causado por um concorrente etc. Esse sinal ou estímulo inicial tanto pode ser decorrente de uma pressão interna quanto de uma influência externa à empresa.

Com a finalidade de evitar que o desafio estratégico surja num momento em que a empresa está despreparada para enfrentá-lo, a alta administração deve estar, permanentemente, alerta para identificar o estímulo inicial desse processo ou até mesmo provocá-lo em determinadas situações.

No atual ritmo de mudanças no ambiente empresarial, nenhuma empresa pode considerar-se imune às ameaças do ambiente, tais como a obsolescência de um produto ou a saturação do mercado. Por essa razão, todas as empresas devem fazer revisões periódicas de suas estratégias de produtos ou serviços *versus* segmentos de mercados e outras atividades dentro de um processo contínuo de identificação das ameaças e oportunidades externas e que, portanto, não são controladas pelas empresas.

A decisão de planejar decorre da percepção de que os eventos futuros poderão não estar de acordo com o desejável, se nada for feito. O ponto de partida para essa percepção é a vontade e a disponibilidade de realizar diagnósticos, análises, simulações e projeções da empresa. Portanto, é fundamental que a empresa tenha um otimizado sistema de informações externas e internas, bem como saiba utilizá-las, através de um processo decisório eficiente, eficaz e efetivo.

O diagnóstico estratégico deve ser interno e externo à empresa. Pode-se afirmar que as projeções completam o diagnóstico, uma vez que, combinando-se os dois, obtém-se a projeção-base, que corresponde a uma estimativa futura decorrente da situação atual.

Salienta-se que as projeções simplesmente proporcionam estimativas do futuro, enquanto, através do planejamento estratégico, a empresa procura, efetiva e deliberadamente, altera os estados futuros, principalmente quando se considera a realidade atual da empresa e de seus negócios, produtos e serviços.

O diagnóstico, que corresponde a uma análise estratégica, apresenta algumas premissas básicas, a saber:

- deve-se considerar o ambiente – externo e não controlável – e suas variáveis relevantes no qual está inserida a empresa;
- esse ambiente proporciona à empresa oportunidades que deverão ser usufruídas e ameaças que deverão ser evitadas;
- para enfrentar essa situação do ambiente externo, a empresa deverá ter pleno conhecimento de seus pontos fortes e fracos internos e controláveis; e
- esse processo de análise interna e externa deverá ser realista, integrado, sustentado, contínuo e acumulativo.

O diagnóstico estratégico deve ter enfoque no momento atual, bem como no próximo momento, no próximo desafio, a fim de constituir a dimensão crítica para o sucesso permanente da empresa analisada. Esse período de tempo a ser analisado deve corresponder ao horizonte até onde a empresa consegue visualizar quanto ao seu futuro; e esse horizonte de tempo vai aumentando à medida que a empresa conseguir se conhecer melhor através de suas análises estratégicas.

Você pode utilizar as técnicas de cenários – ver seção 4.2 – para estabelecer a situação futura da empresa e uma situação projetiva e prospectiva do diagnóstico estratégico realizado.

Um dos instrumentos administrativos que podem auxiliar o processo do diagnóstico estratégico é o *benchmarking*.

Benchmarking é um processo contínuo e interativo de investigação e análise das estratégias de sucesso das empresas líderes ou de referência e excelência administrativa, procurando conhecer, adaptar e aprimorar essas estratégias para a realidade da empresa considerada.

De maneira simplista, o *benchmarking* pode ser considerado o processo de copiar dos outros e fazer melhor.

3.1 Componentes do diagnóstico estratégico

A seguir, são apresentadas algumas das principais partes integrantes do diagnóstico estratégico nas empresas.

3.1.1 Visão da empresa

A visão da empresa pode ser conceituada das seguintes formas:

- clara e permanente demonstração, para a comunidade, da natureza e da essência da empresa em termos de seus propósitos, do escopo do negócio e da liderança competitiva para prover a estrutura que regula as relações entre a empresa e os principais interessados e para os objetivos gerais de desempenho da empresa (Hax e Majluf, 1984, p. 17);
- algo que se vislumbre para o futuro desejado da empresa (Quigley, 1993, p. 4);
- idealização de um futuro desejado para a empresa (Collins e Porras, 1993, p. 10); e
- articulação das aspirações de uma empresa a respeito de seu futuro (Hart, 1994, p. 38).

Neste livro, **visão** é conceituada como os limites que os proprietários e principais executivos da empresa conseguem enxergar dentro de um período de tempo mais longo e uma abordagem mais ampla. Nesse contexto, a visão proporciona o grande delineamento do planejamento estratégico a ser desenvolvido e implementado pela empresa. A visão representa o que a empresa quer ser em um futuro próximo ou distante, de acordo com o horizonte de tempo que os executivos da empresa conseguem visualizar com adequada competência estratégica.

Gardner (1961, p. 24) comentou o elevado senso de visão que os líderes das nações procuravam ter, tais como: paz com justiça, liberdade, dignidade individual e igualdade frente a lei.

Em 1989, estudo da Korn-Ferry International apresentou resultado de pesquisa junto a 1.500 altos executivos, e sua principal preocupação era o delineamento da visão da empresa. Ao longo do tempo, outras pesquisas reforçaram a importância do conhecimento – e utilização – da visão da empresa analisada.

Kanter (1977, p. 14) explicou que os líderes que oferecem uma visão clara, coerente e sustentada têm elevada base de poder para conduzir os destinos da empresa, sendo que essa colocação foi reforçada por Peters e Waterman (1991, p. 48). Entretanto, existe a necessidade de coerência entre o que a empresa se propõe fazer, e o que efetivamente faz.

Quigley (1993, p. 36) preocupou-se com a abordagem prática do delineamento, bem como com a aplicação da visão e dos valores – ver seção 3.1.2 – da empresa, que representam os aspectos gerais para que os principais executivos possam delinear as grandes questões estratégicas das empresas.

Essa abordagem considera:

- os grupos de trabalho interativos;
- a disseminação das questões estratégicas de maneira entendível por todos os profissionais envolvidos no processo;
- a correlação com uma missão compreensível por todos os profissionais da empresa (ver seção 4.1). Além da missão, podem-se acrescentar as estratégias – ver Capítulo 6 –, pois essas cuidam do "como" chegar à situação que a empresa quer ser em um futuro mais distante;
- a interligação com os quatro principais princípios administrativos – ética, inovação, liderança e capacitação –, bem como o planejamento estratégico interativo com um plano de ação simples e prático;
- possibilidade de mudanças rápidas por meio de estratégias alternativas; e
- capacidade para enxergar um futuro interessante para a empresa, o que, na prática, corresponde a uma visão empresarial inteligente.

Verifica-se que essa abordagem tem a premissa básica de que toda e qualquer estratégia deve estar precedida de uma visão.

A visão deve ser resultante do consenso e do bom senso de um grupo de líderes e não da vontade de uma pessoa.

Algumas *dicas* apresentadas por Quigley (1993, p. 41) para o adequado delineamento da visão empresarial são:

- estabeleça sua visão de forma tão clara quanto o objetivo de lucro;
- defina e respeite os direitos das pessoas;
- certifique-se de que a visão e os valores direcionam-se aos focos básicos, ou seja, aos clientes – são os mais importantes –, funcionários e fornecedores;
- incremente sua participação de mercado e sua lucratividade pelo aumento da percepção pelos clientes de seus produtos e serviços, em relação aos de seus concorrentes; e
- desenvolva uma cultura de atuação para resultados em sua empresa.

Embora existam vários estudos que afirmem a importância do adequado estabelecimento da visão da empresa em um processo de planejamento estratégico, na prática não se observa essa situação quando alguns proprietários e executivos das empresas chegam a afirmar que isso é *conversa filosófica* e que não apresenta resultados efetivos para as empresas.

Se você tiver alguma dúvida a respeito dessas considerações, pode perguntar a si próprio:

- Existe um rumo claro para a atuação da empresa?
- Todos os principais executivos conseguem responder – de forma única e igual – ao que a empresa quer ser em um futuro breve ou distante?
- O enunciado dessa visão da empresa é compreendido e assimilado por todos os profissionais da empresa? Eles conseguem escrever a frase da visão da empresa sem consultas?
- Essa frase da visão da empresa é utilizada em suas decisões estratégicas, principalmente quanto ao foco básico que se pretende alcançar e com esforço unificado de todos os envolvidos?
- Existe coerência entre a visão das pessoas e a visão da empresa?

Se você tiver dificuldade de responder a essas perguntas, a sua empresa está completamente *fora de foco* e, portanto, não existe nenhum delineamento estratégico.

Verifica-se que o estabelecimento da visão da empresa envolve questões racionais, mas também questões emocionais, e algumas das perguntas que se deve fazer no seu estabelecimento podem ser:

- O que queremos ser?
- Qual a força que nos impulsiona para essa nova situação?
- Quais são nossos valores básicos?
- O que sabemos fazer de melhor e nos diferencia perante as empresas concorrentes?
- Quais são as barreiras que podem surgir nesse processo evolutivo e de mudanças?
- Quais as expectativas do mercado que estaremos atendendo?
- Como conseguiremos a plena adesão de todos os funcionários, executivos e proprietários da empresa nesse processo evolutivo?

A partir das respostas a essas questões você poderá estabelecer as barreiras potenciais para o desenvolvimento da visão da empresa, permitindo uma análise interativa entre "o que se quer ser" e a realidade da empresa analisada.

Verifica-se que a visão é de elevada importância para o estabelecimento dos itens seguintes, principalmente da missão e das estratégias.

 **Para você pensar**: elabore uma frase resumida que idealize a visão da empresa onde você trabalha ou instituição onde estuda, ou seja, o que elas pretendem ser em um futuro breve ou mais distante.

E, depois, debater com colegas.

3.1.2 Valores da empresa

Foi verificado que **valores** representam o conjunto dos princípios, crenças e questões éticas fundamentais de uma empresa, bem como fornecem sustentação para todas as suas principais decisões.

Pode-se afirmar que os valores se tornam mais importantes para a empresa quando a alta administração – e principalmente os acionistas – se envolve, profissional e motivacionalmente, com as questões do modelo de gestão da empresa.

Modelo de gestão é o processo estruturado, interativo e consolidado de desenvolver e operacionalizar as atividades – estratégicas, táticas e operacionais – de planejamento, organização, direção, gestão de pessoas e avaliação dos resultados, visando ao crescimento e ao desenvolvimento sustentado da empresa.

A prática tem demonstrado que o debate e a consolidação de fortes e sustentados valores são de elevada importância para a maior qualidade do processo e dos resultados do planejamento estratégico nas empresas.

É interessante utilizar, de forma ampla e intensa, o debate das frases da visão e dos valores da empresa para *despertar* o pensamento estratégico dos executivos e demais profissionais da empresa.

Pensamento estratégico é a postura do executivo voltada para a otimização interativa da empresa com o ambiente – externo e não controlável – em *tempo real*.

De uma maneira simplificada, corresponde ao executivo ler o jornal do dia e conseguir identificar e operacionalizar imediatamente, na realidade da empresa, as consequências de algumas notícias que podem influenciar a sua empresa.

As frases da visão e dos valores da empresa servem também – e muito bem – para consolidar o *slogan* comercial e de atratividade da empresa perante seus diversos públicos: clientes, fornecedores, comunidade, governos, funcionários.

Os valores da empresa devem ter forte interação com as questões éticas e morais da empresa, sendo que algumas empresas utilizam esses valores para sustentar o seu código de ética. E, se esses valores forem efetivamente verdadeiros, servem, também, de sustentação da vantagem competitiva da empresa.

A principal interação e influência dos valores ocorre sobre as macropolíticas – ver seção 4.4 – e políticas – ver Capítulo 7 – da empresa.

Para você pensar: escrever algumas frases que representem valores para a empresa onde trabalha ou instituição onde estuda.

E, depois, debater com colegas.

3.1.3 Análise externa e interna da empresa

O diagnóstico estratégico, em seu processo de análise externa e interna, apresenta determinados componentes que são apresentados a seguir:

- **Pontos fortes**: são as variáveis internas e controláveis que propiciam uma condição favorável para a empresa, em relação ao seu ambiente, onde estão as variáveis externas e não controláveis, representadas pelas oportunidades e ameaças.

- **Pontos fracos**: são as variáveis internas e controláveis que provocam uma situação desfavorável para a empresa, em relação ao seu ambiente.

- **Oportunidades**: são as variáveis externas e não controláveis pela empresa que podem criar condições favoráveis a ela, desde que a mesma tenha condições e/ou interesse de usufruí-las enquanto perdura a referida situação.

- **Ameaças**: são as variáveis externas e não controláveis pela empresa que podem criar condições desfavoráveis para a mesma.

Os pontos fortes e fracos compõem a análise interna da empresa, enquanto as oportunidades e ameaças compõem sua análise externa.

Os pontos fortes e fracos representam as variáveis controláveis, enquanto as oportunidades e as ameaças representam as variáveis não controláveis pela empresa. Fica evidente que o problema maior são as variáveis sobre as quais não se tem controle, mas nunca se pode menosprezar as variáveis controláveis.

Após o estabelecimento dos pontos fracos – internos – e das ameaças – externas – devem-se estabelecer as questões críticas, que representam aspectos controláveis com maior ou menor dificuldade.

Naturalmente, os pontos fracos representam aspectos controláveis e, caso você não saiba, de momento, como resolver o problema, deverá envidar todos os esforços para identificar a solução, sem o que esse ponto fraco poderá criar sérios problemas para a empresa; inclusive, de maneira cada vez mais intensa. Mas esse esforço deve ser controlado, pois, muitas vezes, a empresa gasta todo o seu tempo em acertar um ponto fraco e se esquece de usufruir e de tornar os seus pontos fortes mais fortes ainda, o que pode ser altamente interessante para o melhor resultado global da empresa.

Com referência às ameaças, essas podem apresentar, sob determinados aspectos, alguma forma de ação crítica. Por exemplo, a inflação é uma ameaça, mas não uma questão crítica, pois a empresa não pode fazer nada a esse respeito. Entretanto, o relacionamento da empresa com seu concorrente pode ser uma ameaça, bem como uma questão crítica; e sobre esse fator – relacionamento com os concorrentes – a empresa pode atuar.

Numa análise interna, nem sempre se consegue classificar algum fator como ponto forte ou fraco, principalmente por falta de informações mais adequadas.

Diante dessa situação e para não *forçar* uma avaliação colocando determinado fator como ponto fraco ou ponto forte, podem-se estabelecer os **pontos neutros**, que são as variáveis internas e controláveis que foram identificadas, mas que, no momento, não existem condições de estabelecer se estão proporcionando uma condição que pode ser favorável ou desfavorável para a empresa; e, tão logo se tenham as informações necessárias para a tomada de decisão adequada, coloca-se esse fator como ponto forte ou fraco. Isso é muito importante porque o tratamento errado de determinado fator pode prejudicar todo o processo decisório e estratégico da empresa.

Para a execução do diagnóstico estratégico, é necessário ter acesso a uma série de informações, estar preparado para fazê-lo, saber quais informações são desejadas, quais as informações pertinentes e como obtê-las.

Essas fontes de informações podem ser:

- internas à empresa; e
- externas à empresa.

O conjunto das informações externas e internas à empresa forma seu sistema de informações global. Naturalmente, desse total você deverá saber extrair as informações gerenciais que, realmente, a empresa precisa para ser eficaz em seu processo decisório.

Essa situação pode ser visualizada na Figura 3.1.

Mais detalhes são apresentados no livro *Sistemas de informações gerenciais: estratégicas, táticas e operacionais*, dos mesmos autor e editora.

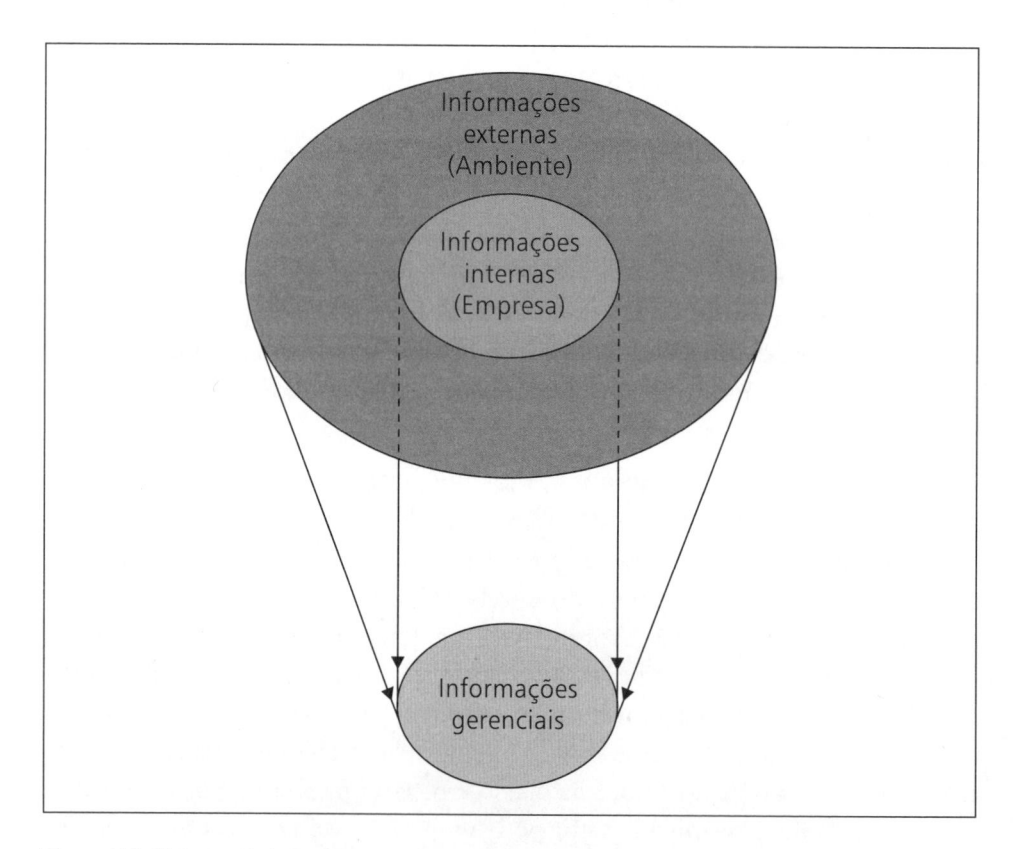

Figura 3.1 Sistemas de informações em uma empresa.

Antes da apresentação dos detalhes da análise externa e interna da empresa, é necessário enfatizar que, embora a finalidade básica do diagnóstico estratégico seja apresentar uma *fotografia* da empresa e de seu ambiente em determinado momento, é importante que o coordenador do planejamento estratégico já incentive, nessa fase, a análise com dados e situações desejadas no futuro, pois, normalmente, é difícil e frustrante trabalhar apenas com a análise crítica da situação e deixar de lado as expectativas e ações que a equipe participante considera que a empresa deve adotar para otimizar sua situação futura.

Essas contribuições da equipe participante no planejamento estratégico deverão ser mais bem trabalhadas nas fases seguintes do processo.

Você deve ter adequado equilíbrio de conhecimento entre os fatores internos e externos. Isso porque não adianta se preocupar com fatores controláveis, ou seja, com aqueles sobre os quais você pode ter determinada ação, e esquecer os não controláveis ou externos à empresa.

A situação oposta também não é interessante, pois nesse caso você estaria voltado aos aspectos externos à empresa e poderia até chegar a identificar e avaliar, adequadamente, seus fatores externos, mas não teria o conhecimento necessário da capacidade e dos recursos da empresa para adotar qualquer solução estratégica.

3.1.3.1 Análise externa da empresa

A análise externa tem por finalidade estudar a relação existente entre a empresa e seu ambiente em termos de oportunidades e de ameaças, bem como a sua atual posição produtos *versus* mercados, e, prospectiva, quanto à sua posição produtos *versus* mercados desejada no futuro.

Você deve identificar os componentes relevantes do ambiente e, em seguida, analisá-los quanto à situação de oportunidades ou ameaças para a empresa.

Verificou-se, na seção 2.1.1, que o ambiente da empresa pode ser dividido em ambiente indireto, ou macroambiente ou ambiente conceitual, bem como em ambiente direto ou ambiente operacional; sendo que, neste último, a empresa tem maior conhecimento e domínio a respeito de seu comportamento, atuação e nível de influência sobre a empresa analisada.

O ambiente empresarial não é um conjunto estável, uniforme e disciplinado, mas um conjunto bastante dinâmico em que atua, constantemente, grande quantidade de forças de diferentes dimensões e naturezas, em direções diferentes, e que muda a cada momento, pelo fato de cada uma dessas forças interferir, influenciar e interagir com as demais forças do ambiente.

O ambiente pode oferecer para a empresa oportunidades e ameaças; e, nesse contexto, as empresas devem procurar aproveitar as oportunidades, bem como procurar amortecer ou absorver as ameaças ou, simplesmente, adaptar-se a elas.

Essa resposta empresarial às diversas forças ambientais realimenta o processo de forma positiva ou negativa, fazendo com que a empresa identifique e aprenda a comportar-se diante de uma multiplicidade de forças ambientais diferentes, de modo que saiba aproveitar o embalo das forças favoráveis e evite o impacto das forças desfavoráveis, para manter sua sobrevivência e crescimento.

É necessário interligar os fatores externos e internos à empresa, pois é evidente essa ação de interligação e influência entre todos os fatores. Entretanto, do ponto de vista prático, é interessante fazer essa consolidação depois de concretizadas as análises dos fatores externos e internos de maneira isolada.

Deve-se considerar que as oportunidades certas serão escolhidas se:

- o foco residir na maximização de oportunidades e não na minimização das ameaças e de riscos;
- todas as principais oportunidades forem analisadas conjunta e sistematicamente;
- forem identificadas, analisadas e compreendidas quais oportunidades se adaptam às atividades básicas da empresa;
- forem identificadas as oportunidades que podem contribuir para o desenvolvimento de novos negócios, produtos e serviços pela empresa; e
- houver equilíbrio entre oportunidades imediatas e de longo prazo.

Conforme mencionado na seção 2.1.1, Kotler (1980, p. 77) procura distinguir oportunidades ambientais e oportunidades empresariais. Ele lembra que existe uma série de oportunidades ambientais que podem não ser viáveis de se tornar oportunidades empresariais.

Na realidade, as possibilidades da empresa são estabelecidas pelo conjunto de suas oportunidades.

Toda empresa é parte integrante de seu ambiente. Isso porque, enquanto os níveis mais baixos da empresa – nível operacional – estão correlacionados com seus aspectos internos, a tarefa dos níveis mais elevados – nível estratégico – é estudar e mapear as oportunidades e ameaças que o ambiente impõe à empresa.

Assim, o conhecimento efetivo sobre o ambiente é fundamental para o processo estratégico, no sentido de se obter a adequada compatibilidade entre a empresa e as forças externas que afetam, direta ou indiretamente, seus propósitos, objetivos, desafios, metas, estratégias, políticas, estrutura, recursos, planos, programas, projetos, processos etc.

A análise ambiental ou externa corresponde ao estudo dos diversos fatores e forças do ambiente, às relações entre eles ao longo do tempo e seus efeitos ou potenciais efeitos sobre a empresa, sendo baseada nas percepções das áreas em que as decisões estratégicas da empresa deverão ser tomadas.

A análise ambiental é, geralmente, usada sob dois enfoques:

- para resolver algum problema imediato que exija alguma decisão estratégica e, nesse caso, a interação entre a empresa e o ambiente é em *tempo real*; e
- para identificar futuras oportunidades ou ameaças que ainda não foram percebidas claramente pela empresa. Neste caso, correlacionar com o estudo dos cenários (ver seção 4.2).

Você pode buscar a informação do ambiente empresarial, de maneira direta ou indireta, por duas fontes:

- fontes primárias, através de pesquisas realizadas pela empresa diretamente no ambiente; e
- fontes secundárias, sendo que, nesse caso, a empresa obtém as informações do ambiente por agências governamentais – IBGE etc. –, Universidades, Bolsa de Valores, sociedades de classe etc.

Naturalmente, o nível de detalhamento e de profundidade de cada uma dessas pesquisas vai depender, basicamente, das necessidades da empresa.

Diante disso, uma empresa pode decidir por razoável macroestudo do ambiente, enquanto, em outros casos, pode haver necessidade de dividir o ambiente em segmentos e efetuar exaustivos e profundos estudos sobre cada uma dessas partes com posterior interligação e análise geral.

Entretanto, você não terá muita facilidade para efetuar a análise ambiental e, entre as dificuldades mais comuns, podem-se relacionar as apresentadas por Schein (1969, p. 118-9):

a) É quase sempre muito difícil estabelecer fronteiras adequadas em qualquer empresa e determinar, razoavelmente, seu tamanho, uma vez que muitas empresas possuem filiais, agências externas, depósitos descentralizados, meios de transporte próprios, departamentos de pesquisa, clientes, representantes autônomos etc., o que gera uma dúvida crucial: quando ela deixa de ser empresa para ser parte da sociedade?

b) As empresas, geralmente, têm vários propósitos ou funções: algumas funções são primárias (como produzir e vender), enquanto outras são secundárias (como proporcionar segurança aos empregados e oportunidades de crescimento). Paralelamente, algumas funções são manifestas e claras (como a contabilidade convencional), enquanto outras são latentes e implícitas (como a contabilidade social).

c) As empresas incluem dentro de si certas representações do ambiente, pois os empregados não são apenas membros da empresa que os emprega, mas também membros da sociedade e de outras organizações, como sindicatos, igrejas, grupos de consumidores, associações de classe etc. Através dos papéis extrínsecos desempenhados nas outras organizações, as pessoas carregam dentro de si certas exigências, expectativas e normas culturais que passam a influenciar as empresas onde atuam.

d) A natureza do ambiente muda com muita velocidade, conduzindo ao rápido desenvolvimento da tecnologia, às mudanças na economia, à expansão de mercado pelo mundo inteiro, às alterações políticas e sociais. Os meios ambientais caracterizados pelas rápidas mudanças e turbulências exigem das empresas impressionante capacidade de resposta e de adaptação.

Portanto, pode-se concluir que a incerteza é uma realidade do dia a dia do executivo, mas não é causa de desânimo, pois, como afirma Thompson (1976, p. 189), o simples fato de conhecer os elementos ambientais relevantes já diminui a incerteza de uma empresa.

O impacto de uma oportunidade ou ameaça pode ser muito forte para a expectativa de uma empresa, conforme mostrado na Figura 3.2:

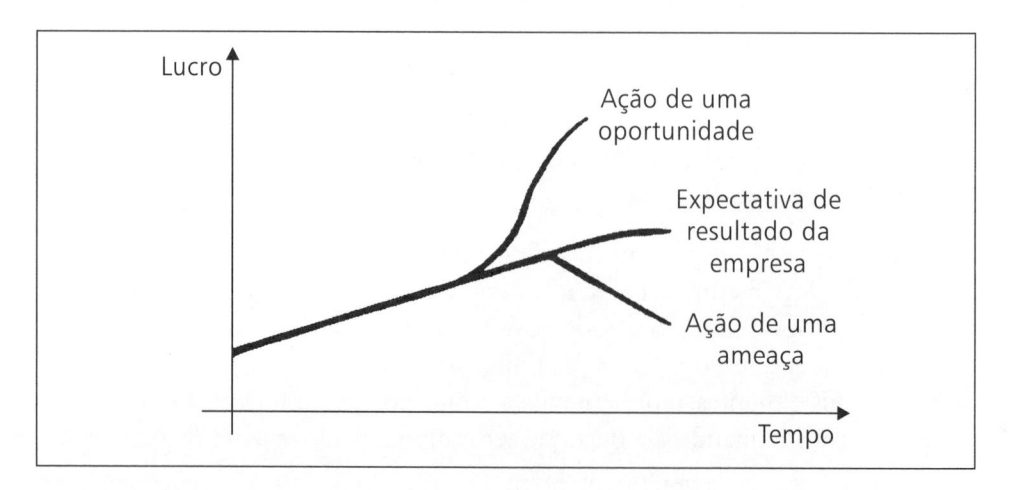

Figura 3.2 Impacto das oportunidades e das ameaças nas expectativas da empresa.

Portanto, uma oportunidade devidamente usufruída pode proporcionar aumento dos lucros da empresa, enquanto uma ameaça não administrada pode acarretar diminuição nos lucros previstos, ou mesmo prejuízos para a empresa.

As oportunidades e ameaças ambientais podem ser classificadas conforme apresentado no Quadro 3.1:

Quadro 3.1 Classificação das oportunidades e ameaças ambientais.

Oportunidades	Ameaças
• Naturais • De evolução • Sinérgicas • De inovação	• Naturais • Aceitáveis • Inaceitáveis

Oportunidades naturais são as incorporadas à natureza da empresa. Por exemplo, uma oportunidade natural pode corresponder à oportunidade empresarial da indústria de computadores. Nesse caso, a empresa simplesmente deve verificar se os seus recursos e competências adaptam-se aos requisitos da oportunidade natural.

Oportunidades de evolução são proporcionadas à empresa através da formação e consolidação gradativa de condições e circunstâncias que tendem a concretizar uma vantagem competitiva definida e concreta. Nesse caso, o que vai distinguir uma empresa com ações estratégicas de outra empresa, que não se preocupa com as questões estratégicas, é sua faculdade de perceber, com a necessária sensibilidade e antecedência, o surgimento das condições necessárias à geração das oportunidades. É o caso de algumas grandes empresas brasileiras que estão construindo usinas de energia elétrica para enfrentar possíveis "apagões" que prejudiquem o desenvolvimento da economia.

Oportunidades sinérgicas proporcionam situações complementares e adicionais para a empresa. Normalmente, provocam modificações na estrutura organizacional e exigem novo foco de conhecimento; e a sua utilização pela empresa sempre provoca uma situação de risco considerável. A utilização de oportunidades dentro de um processo de verticalização da empresa pode ser um exemplo.

Oportunidades de inovação, normalmente, modificam as características econômicas fundamentais e a capacidade da empresa, requerem grandes esforços, elevada capacitação profissional, dispêndios em pesquisa e desenvolvimento e/ou grandes investimentos em tecnologia de ponta, apresentam grande nível de risco para a empresa, bem como são capazes de criar uma nova indústria ou setor da economia, em vez de apenas um produto adicional. Como exemplo, pode-se ter uma empresa desenvolvendo oportunidades no setor de robotização.

Ameaças naturais são as incorporadas à natureza da empresa. Como exemplo, pode-se citar o risco empresarial da indústria eletrônica pela própria evolução tecnológica do setor.

Ameaças aceitáveis são as que a empresa permite aceitar, sendo importante analisar até que ponto a situação é aceitável. Um exemplo é a ameaça que uma empresa pode sofrer ao entrar no mercado com um produto já existente, conhecido e aceito pelos consumidores.

Ameaças inaceitáveis são as que a empresa não se permite aceitar em virtude de sua incapacidade para explorar uma situação de êxito quando essa ameaça existir. Como exemplo, pode-se mencionar o capital de terceiros em determinadas situações para a empresa, pois ela pode apresentar dificuldades para retornar os investimentos aos credores.

Como complemento ao estudo dos tipos de oportunidade e ameaça ambiental devem-se considerar os tipos de risco que a empresa enfrenta em sua interação com o ambiente.

Zaccarelli (1980, p. 35) considera três tipos de risco:

- riscos referentes à compatibilidade atual entre a empresa e o seu ambiente, considerando a necessidade de a empresa transformar-se acompanhando a evolução do ambiente, pois, caso contrário, apresentará compatibilidade decrescente até ficar incompatível com seu ambiente;
- riscos referentes à evolução futura do ambiente empresarial, considerando a situação de se conseguir detectar qual o direcionamento das mudanças ou evolução que irá ocorrer no ambiente e qual sua intensidade. Isso porque, quando uma empresa assume riscos na suposição de que determinada evolução irá ocorrer, nesse momento está correndo o risco de que essa evolução não ocorra, ou ocorra antes ou depois do momento esperado; e
- riscos referentes à avaliação do poder da empresa para alterar o ambiente empresarial, evidenciando a capacidade da empresa em vencer as resistências do ambiente e tornando bem-sucedida uma inovação.

Outro aspecto que se deve verificar é que, na escolha do tipo de negócio, é importante considerar o cálculo de risco provável que incidirá sobre o empreendimento, que deve ser entendido como aquele que o empresário pode suportar; é aconselhável procurar obter a rentabilidade máxima dentro do limite de risco avaliado como suportável pela estrutura disponível.

Existe estreita correlação entre o risco e a rentabilidade, pois, geralmente, quanto maior o risco do negócio, maior a rentabilidade, e, quando diminui o risco, a rentabilidade obtida no empreendimento também decai, pela simples razão de que os negócios com pouco risco são muito procurados, ocorrendo grande concorrência, o que, consequentemente, faz diminuir a margem de lucro. Os negócios perigosos, ao contrário, são pouco procurados e, por isso mesmo, sofrem menos a pressão da concorrência.

Nesse ponto, é válida a apresentação de alguns aspectos inerentes ao estabelecimento da análise externa.

De acordo com Ansoff (1977, p. 127), a análise externa é a análise das oportunidades de produtos e mercados disponíveis à empresa fora de seu conjunto corrente das linhas de produtos ou serviços *versus* segmentos de mercados, decorrendo daí a decisão final de diversificar ou não os negócios da empresa.

Nesse caso, são enumeradas todas as oportunidades; sendo que cada uma é testada em termos da sua contribuição para a empresa, e escolhe-se um grupo das melhores oportunidades para a formação de uma carteira de projetos de diversificação.

Esse raciocínio mais complexo inerente ao processo de diversificação de negócios pode ser extrapolado para toda e qualquer situação estratégica de interação entre a empresa e as oportunidades e ameaças do ambiente empresarial.

Como base de sustentação e para maior facilidade de realização do diagnóstico estratégico, devem ser identificados fatores ou focos de análise, considerando assuntos da empresa e de seu ambiente.

Fator ou foco de análise é o assunto básico a ser considerado em todo o processo de planejamento estratégico da empresa.

Para o estabelecimento das oportunidades e ameaças da empresa, você deve analisar uma série de fatores, entre os quais são citados:

I – Quanto às informações que você utilizará, podem-se analisar os seguintes aspectos:

    a) Quanto ao processo de integração:

        • para a análise vertical, verificam-se:

- quais são as barreiras à integração vertical em cada uma das fases de produção que levam ao produto final da empresa?
- quais são e qual o nível de capacitação dos concorrentes em cada fase de produção que levam ao produto final da empresa?
- qual o nível de especialização dos fatores de produção que entram no processo de integração vertical?
- quais são as vantagens da integração vertical para a empresa?
- para a análise horizontal, podem-se observar:
  - como a integração horizontal afetará a tecnologia da empresa?
  - quais os riscos de mercado provenientes dessa integração?
  - quais os problemas administrativos no processo atual? Os executivos e demais profissionais vão atuar de forma favorável ou desfavorável?

b) Quanto à tecnologia, alguns aspectos que você deve considerar são:
- quais as alterações tecnológicas possíveis?
- quais as entidades de pesquisa, institutos e universidades que estão ou poderão estar envolvidos?
- quais os programas de pesquisa?
- quais são as maiores economias de escala que podem ocorrer?
- o processo é função dos equipamentos utilizados ou exige muitos gerentes de operações com conhecimentos específicos?
- o usuário cria ou compra aperfeiçoamentos para cada equipamento?
- quão críticas para o processo são as qualificações dos profissionais envolvidos no referido processo?
- quão longa é a vida útil dos equipamentos utilizados?
- quais são os custos de capital para a empresa entrar no mercado?

c) Quanto ao governo, podem-se analisar:
- a legislação pertinente;
- a identificação e análise dos órgãos que legitimam as leis e as ações do governo;
- os planos governamentais e seus objetivos; e
- a política econômica e financeira.

d) Quanto ao sistema financeiro, podem-se analisar:

- os tipos de instituição financeira;
- a quantidade dessas instituições;
- a forma de atuação de cada tipo de instituição;
- os tipos de operações financeiras por instituição; e
- as condições das operações, tais como prazos de carências, de amortização, taxas de juros, garantias exigidas, reciprocidade e linhas especiais de crédito.

e) Quanto aos sindicatos, podem-se considerar:

- os objetivos dos sindicatos;
- a estrutura dos sindicatos;
- o número básico de participantes por sindicato;
- o poder dos sindicatos;
- o comportamento em acordos trabalhistas que ocorreram no passado; e
- a integração entre diferentes sindicatos.

f) Quanto à comunidade, podem-se considerar:

- a população – como mercado de mão de obra –, se está aumentando ou diminuindo;
- os valores sociais – padrões de comportamento –, culturais e espirituais; e
- a infraestrutura existente, quanto à educação, saúde etc.

II – Quanto à identificação e análise dos principais ramos de negócios do ambiente no qual a empresa se situa, deve-se considerar o mercado interno, o mercado externo, seus fornecedores e clientes, os seus concorrentes, bem como as várias peculiaridades de cada mercado.

a) Quanto aos clientes, podem-se considerar:

- quem são e se estão aumentando ou diminuindo;
- onde estão localizados;
- como podem ser alcançados, ou seja, qual é a estrutura de distribuição dos produtos e serviços;
- qual a renda pessoal;
- qual a renda disponível;

- como compram;
- como se comportam;
- quais são suas tendências;
- quais seus padrões de qualidade;
- quais os compradores-chave; e
- quais os usuários finais.

b) Quanto à definição e às peculiaridades do mercado, podem-se considerar:

- qual a competição que existe por outros produtos, decorrentes de outras indústrias;
- qual a segmentação de mercado;
- qual o nível de padronização do produto e se existe potencial para diferenciação do produto;
- qual a importância do serviço ou manutenção ou outras funções de operação na competição;
- quais são os nichos mais atrativos no mercado e quão bem protegidos estão (por região geográfica, por nível de serviço, por canal de distribuição etc.); e
- qual a velocidade de mudança no produto e de onde se origina.

c) Quanto aos aspectos básicos da indústria ou setor no qual a empresa está situada, podem-se considerar:

- tamanho;
- tendências e perspectivas;
- tipos de produto e serviço;
- causas de crescimento e possíveis consequências;
- necessidades básicas identificadas; e
- oportunidades de que a empresa poderá usufruir.

Uma preocupação primordial na análise em que a empresa resolveu atuar é a lucratividade do ramo. Para Porter (1980, p. 66), existem quatro conjuntos de fatores que influenciam a lucratividade das empresas em uma indústria ou setor, a saber:

i – *Rivalidade entre os concorrentes*: essa rivalidade pode ocorrer em preço, propaganda, serviços ao consumidor, utilização do produto, sofisticação técnica.

ii – *Rivalidade com produtos substitutos*: nesse caso, o preço, a qualidade e o grau de substituição limitam os preços e, em consequência, os lucros.

iii – *Poder de barganha dos compradores e fornecedores*: quanto maior o poder de barganha dos compradores, maior a probabilidade de redução de preço. Quanto maior o poder de barganha dos fornecedores, maior a probabilidade de acréscimos nos custos. Quanto maior o poder de barganha dos compradores e fornecedores, menores serão os lucros da empresa.

iv – *Entrada de novos concorrentes e saída de atuais*: isso porque o número de empresas atuantes em um mercado tem correlação com o nível de atratividade existente nesse mercado.

d) Quanto aos concorrentes podem-se analisar:

- quantos e quais são;
- qual a tecnologia básica que cada concorrente utiliza;
- qual a participação de cada concorrente no mercado;
- qual a vantagem competitiva de cada concorrente frente a nossa empresa;
- qual seu faturamento, volume de vendas, lucro e tendências;
- qual o tipo e nível de promoção dos concorrentes, verificando o orçamento global, o orçamento de publicidade e o orçamento de pesquisa de mercado;
- qual o tipo e nível da força de vendas dos concorrentes, verificando o processo e os critérios de seleção, treinamento, supervisão, salários e prêmios, capacitação, desempenho, bem como o nível de motivação e reputação de seus vendedores, promotores e distribuidores; e
- qual sua linha de produtos e serviços, analisando seus tipos, vendas e participação no mercado, preços, qualidades e as respectivas tendências.

e) Quanto aos fornecedores, alguns dos aspectos a serem analisados são:

- quem são;

- quantos são;
- onde estão localizados;
- qual a oferta total;
- seus preços de venda;
- seus prazos de venda e de entrega; e
- a qualidade de seus produtos e serviços.

Naturalmente, essa relação apresentada é parcial e, portanto, deve-se ter amplo processo de identificação dos fatores e variáveis que podem proporcionar oportunidades ou ameaças para as empresas, influenciando os seus resultados finais.

3.1.3.2 Análise interna da empresa

Além da análise externa da empresa, o diagnóstico estratégico também apresenta a análise interna.

A análise interna tem por finalidade colocar em evidência as qualidades e deficiências da empresa que está sendo analisada, ou seja, os pontos fortes e fracos da empresa devem ser determinados, principalmente, diante da atual posição de seus produtos ou serviços *versus* segmentos de mercados.

Essa análise deve considerar, como perspectiva para comparação, as outras empresas de seu setor de atuação, sejam elas concorrentes diretas ou apenas concorrentes potenciais. Esse procedimento consolida a abordagem estratégica e relativa da análise, ou seja, a comparação é entre a nossa empresa – controlável – e os nossos concorrentes, que são externos e não controláveis.

Na realidade, conforme já verificado na seção 2.1.1, além dos pontos fortes e fracos da empresa, devem-se considerar, também, os pontos neutros, que são aqueles que, em determinado momento ou situação, por falta de um critério ou parâmetro de avaliação, não estão sendo considerados nem como qualidades, nem como deficiências da empresa. Como o planejamento é um processo dinâmico, esses pontos neutros vão sendo enquadrados como pontos fortes ou pontos fracos ao longo do tempo, de acordo com a melhoria do sistema de informações estratégicas da empresa.

Considerando aspectos já abordados anteriormente, a determinação de pontos neutros é muito importante por duas razões:

a) O planejamento estratégico é um sistema que considera toda a empresa; e, como tal, deve considerar todos os seus componentes e partes – subsistemas – visando formar o todo unitário. Portanto, não se podem deixar de fora partes do sistema-empresa; e, às vezes, temos dificuldades de saber se determinado fator, variável, componente ou item é um ponto forte ou ponto fraco da empresa.

b) O aspecto do período de tempo do planejamento. E, quanto a esse assunto, já se verificou que é uma consequência da consideração e alocação de todas as variáveis, componentes e itens que compõem esse processo de planejamento. Portanto, mais uma vez fica realçado o aspecto de não se poder desconsiderar algum aspecto do planejamento estratégico.

Na Figura 3.3 observa-se o impacto que os pontos fortes e fracos podem provocar nas expectativas da empresa ao longo do tempo.

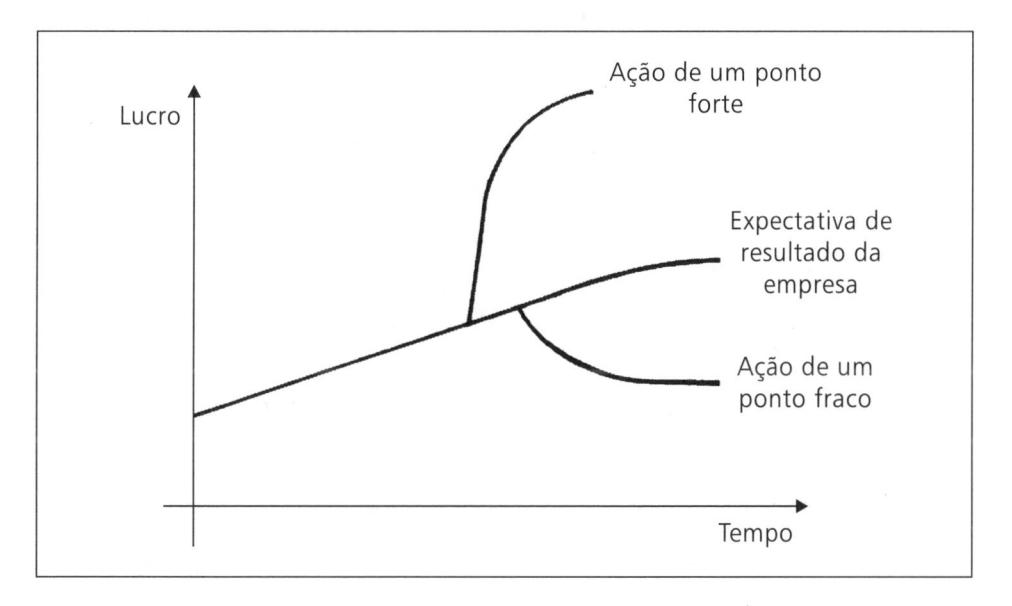

Figura 3.3 Impacto dos pontos fortes e dos pontos fracos nas expectativas da empresa.

Para o estabelecimento dos pontos fortes, fracos e neutros da empresa, você deve analisar uma série de aspectos, entre os quais podem ser citados:

- funções a serem analisadas e desempenhadas pelas diversas áreas da empresa;
- aspectos organizacionais;
- abrangência dos processos estratégicos, administrativos e operacionais;

- níveis de controle e avaliação;
- critérios de avaliação; e
- obtenção das informações.

A seguir, são apresentadas considerações gerais a respeito desses seis aspectos:

A. *Quanto às funções administrativas a serem analisadas*

Nesse caso, podem-se considerar, para facilitar a análise interna, as grandes funções de uma empresa, ou seja, marketing, finanças, produção e recursos humanos, evidenciando-se que essas quatro funções – e outras – devem ser adequadas à realidade da empresa considerada.

I – *FUNÇÃO MARKETING*

Você pode considerar, para efeito de análise, os seguintes aspectos, entre outros:

a) Quanto ao sistema de distribuição:
- forma de atuação dos vendedores da empresa;
- seus distribuidores e representantes;
- sua quantidade e correspondente capacidade de escoamento dos canais de distribuição;
- sistema de transporte e as responsabilidades inerentes;
- processo de estabelecimento de preços e suas consequências; e
- suas políticas de distribuição, com as vantagens, desvantagens e peculiaridades.

b) Quanto aos produtos e serviços atuais da empresa:
- sua marca;
- descrição básica dos produtos e dos serviços;
- aspectos de embalagem e despachos, com especificações;
- participação de mercado, separado por produto ou serviço, por período, por área, considerando os dados por unidades, em valores monetários e em percentagens;
- suas vantagens básicas, analisando qualidade, preço, promoção e outros aspectos necessários; e
- suas desvantagens, considerando qualidade, preço, promoção e outros aspectos necessários.

c) Quanto à pesquisa de mercado, que representa um dos aspectos mais relevantes para o processo decisório estratégico, pode-se considerar:

- dados gerais de mercado, verificando a organização da pesquisa e seus resultados, em função de fatos, sua análise, interpretação e recomendações;

- apresentação à alta administração e a correspondente influência nas vendas e no lucro;

- opinião dos clientes e dos canais de distribuição sobre a empresa, seus produtos e serviços, pessoal, políticas e concorrência;

- análise das tendências de mercado considerando o mercado global, os produtos de sucesso, as diferenças na qualidade e nos preços dos produtos;

- fontes de sugestões sobre o produto analisado e o seu segmento de mercado, consolidados através de pesquisas, distribuidores, vendedores e clientes. A pesquisa de mercado deve consolidar as razões para um novo produto existir, sendo que essas razões podem ser para aproveitar tendências do mercado, para completar uma linha de produtos, para usar disponibilidades na linha de produção ou para aumentar o lucro;

- aspectos da sazonalidade e do modismo do produto; e

- potenciais da área do mercado, bem como as vendas previstas por produto, região, zona, período e o correspondente potencial de compra.

d) Quanto à equipe de venda:

- sua quantidade e localização;

- especificação de suas tarefas;

- quais as fontes de recrutamento e os processos de seleção e de treinamento;

- como são estabelecidas as quotas de vendas;

- como são desenvolvidos e controlados seus planos de trabalho;

- quais os auxílios e ajudas de custo que recebem;

- quais as informações que recebem e fornecem; e

- quais os critérios de avaliação quanto aos resultados apresentados.

e) Quanto aos novos produtos e serviços:

- como são idealizados;
- como são selecionados;
- como são lançados; e
- como são avaliados.

f) Quanto à promoção e à propaganda:

- orçamento por produto ou serviço, período e veículo (mídia);
- processo de pesquisa;
- alternativas de veículos (mídia): revistas, catálogos, mala direta, rádio, jornal, televisão, *shows* etc.;
- critérios para escolha da veiculação: custo, frequência, alcance, periodicidade, audiência etc.;
- formas de elaboração do texto;
- critérios de escolha e a forma de atuação das agências de promoção e de propaganda; e
- maneira de coordenar todo o processo.

g) Quanto às políticas mercadológicas:

- estabelecimento de preços;
- descontos por quantidade;
- devolução de mercadorias;
- escolha de revendedores e de distribuidores; e
- pagamentos de comissões.

h) Quanto à organização da área de marketing:

- tipo de departamentalização;
- estruturação e qualidade do processo decisório;
- distribuição das tarefas e responsabilidades;
- trabalhos em equipes, principalmente as multidisciplinares;
- capacitação dos profissionais de marketing; e
- interação com as outras áreas ou unidades organizacionais da empresa.

II – FUNÇÃO FINANÇAS

Nesse caso, podem-se ter dois grandes tipos de análise, que em muito facilitam o processo decisório nas empresas:

II.1. Análise dos índices financeiros

Os dados e informações necessários são tirados dos balancetes e balanços e comparados na própria empresa, verificando alguns exercícios antecedentes, bem como outras empresas que apresentam alguma similaridade (tamanho, ramo de atuação etc.).

Os índices podem ser classificados de acordo com os tipos de medidas aos quais se propõem em um contexto estratégico, tático e operacional.

Nesse caso, você pode trabalhar com alguns índices, conforme os apresentados a seguir:

a) Índices para medidas de lucratividade, tais como:

i) LUCRO LÍQUIDO/PATRIMÔNIO LÍQUIDO

O patrimônio líquido corresponde ao capital próprio, ou seja, ao capital dos proprietários do negócio, e é obtido pela subtração, sem os intangíveis, do exigível total do valor do ativo total. O índice é obtido dividindo-se os lucros, depois dos impostos, pelo patrimônio líquido (sem os intangíveis). Esse índice é, usualmente, considerado como expressão da lucratividade da empresa e como medida de capacidade de sua equipe executiva para obter um bom retorno do investimento.

ii) LUCRO LÍQUIDO/VENDAS LÍQUIDAS

As vendas líquidas são obtidas subtraindo-se do faturamento total – ou vendas brutas – as devoluções, descontos, bonificações etc. O índice mede a margem líquida da empresa. Como o lucro líquido aplicado é o calculado depois do imposto de renda, esse índice indica quanto a empresa ganhou com as vendas realizadas.

iii) LUCRO LÍQUIDO/CAPITAL DE GIRO LÍQUIDO

O capital de giro corresponde ao excedente do ativo corrente (realizável a curto prazo) sobre o passivo corrente (exigível a curto prazo). Esse excedente permite o financiamento do estoque, das contas a receber e da atividade operacional da empresa. O índice serve para medir a lucratividade da empresa sobre os recursos que a mesma utiliza em um período de tempo preestabelecido.

iv) RETORNO SOBRE OS ATIVOS EMPREGADOS (ROAE)

Esse índice é de elevada importância para o processo decisório dos executivos das empresas, correspondendo ao resultado da multiplicação da margem líquida (lucro líquido/vendas líquidas) pelo giro do ativo (vendas líquidas/ativos empregados).

O índice serve para análise da efetiva contribuição de cada um dos produtos, serviços ou negócios para o resultado global da empresa.

b) Índices para medidas de liquidez, tais como:

i) REALIZÁVEL A CURTO PRAZO/EXIGÍVEL A CURTO PRAZO

O realizável a curto prazo – ativo corrente – é a soma dos valores que a empresa possui disponível em curto prazo, normalmente de um ano. O exigível a curto prazo – passivo corrente – é representado pelo total de débitos a pagar dentro do período de um ano.

O índice serve para medir a liquidez ou solvência da empresa, sendo, normalmente, denominado índice de liquidez; retirando-se do realizável os estoques de mercadorias, passa a ser denominado índice de liquidez seca.

ii) ATIVO IMOBILIZADO (FIXO)/PATRIMÔNIO LÍQUIDO

Os ativos fixos correspondem aos terrenos, prédios, instalações, móveis e equipamentos em valor contábil, menos a depreciação acumulada, mais a correção monetária, se for o caso.

Esse índice mede a política de imobilização da empresa, a qual aumenta o ponto de equilíbrio da empresa pela elevação dos custos correlacionados com os ativos fixos – depreciação, seguros, impostos, manutenção, luz e força etc. – e pode trazer problemas se as vendas caírem. Ela também pode reduzir os fundos disponíveis para capital de giro.

iii) ESTOQUE/CAPITAL DE GIRO LÍQUIDO

O índice é uma medida de liquidez e de equilíbrio na política de estoques.

Os estoques são os que constam dos registros contábeis. As políticas utilizadas para cálculo desse valor podem ser Lifo, Fifo ou Custo Médio, respeitando-se as possíveis restrições da legislação do Imposto de Renda – pessoa jurídica.

Se os estoques excederem o capital de giro líquido, o que a empresa terá de pagar em curto prazo será maior do que o que ela tem disponível e para receber; portanto, uma opção é liquidar parte de seu estoque para atender aos seus compromissos.

c) Índices de análise de dívidas, tais como:

i) EXIGÍVEL A LONGO PRAZO/CAPITAL DE GIRO LÍQUIDO

O índice serve para medir a imobilização e a capacidade de a empresa liquidar débitos a longo prazo com o capital de giro. O exigível a longo prazo é formado pelas obrigações com vencimento além de um ano.

Você deve notar que valores maiores podem indicar que uma parcela exagerada dos recursos da empresa está imobilizada em ativos fixos.

ii) EXIGÍVEL A CURTO PRAZO/ESTOQUES

Corresponde também a um índice de liquidez, pois mede a dependência da empresa na venda de seus estoques para pagar dívidas.

d) Índices de medidas de alavancagem, tais como:

i) EXIGÍVEL TOTAL/PATRIMÔNIO LÍQUIDO

Corresponde à medida básica de alavancagem, pois mede a representatividade do capital de terceiros na realidade operacional da empresa.

ii) EXIGÍVEL A CURTO PRAZO/PATRIMÔNIO LÍQUIDO

É aplicado o mesmo conceito do índice anterior; entretanto, como é de curto prazo, deve ter valores inferiores.

e) Índices de medidas de giro financeiro, tais como:

i) VENDAS LÍQUIDAS/PATRIMÔNIO LÍQUIDO

Esse índice procura medir a rotação do capital investido, pois avalia se os executivos investiram, adequadamente, no volume de vendas, ou seja, se a empresa está super ou subnegociando.

ii) VENDAS LÍQUIDAS/CAPITAL DE GIRO LÍQUIDO

Esse índice mede a rotação do capital de giro e a margem de fundos disponíveis para a operação considerada.

iii) VENDAS LÍQUIDAS/ESTOQUES

Corresponde à análise das vendas líquidas anuais em relação aos estoques apresentados no balanço. Esse índice não mede a rotatividade real, mas apenas uma relação do nível de estoques para vendas. Algumas empresas utilizam esse índice junto com a relação que analisa o custo das mercadorias vendidas/estoques.

iv) PERÍODO DE COBRANÇA

Indica o período médio de cobrança de títulos da empresa. Deve-se lembrar que os recursos que estão lançados nas contas a receber estão indisponíveis; e que o período de cobrança médio é um bom guia para avaliar a eficácia das funções do crédito e cobrança, bem como estar atento para as condições e prazos de pagamento estabelecidos para as vendas.

II.2 – *Análise do sistema de planejamento e controle financeiro e do sistema de registro e de análise contábil*

Para concretizar essa análise, é necessário estar atento para, entre outros, os seguintes aspectos:

- as funções, decisões e ações financeiras;
- a empresa como um todo, considerada como um sistema;
- a estrutura da área financeira;
- os orçamentos;
- os relatórios e demonstrativos contábeis e financeiros;
- os sistemas de controles internos;
- as projeções de lucro baseadas no balanço projetado;
- as políticas financeiras; e
- os fluxos de caixa.

III – *FUNÇÃO PRODUÇÃO*

Para efetuar a análise interna da empresa referente a essa função, é necessário considerar alguns aspectos:

a) Quanto à instalação industrial:
  - qual a localização da empresa e suas vantagens decorrentes dessa situação?
  - facilita a consolidação de uma boa logística?

- qual o tamanho?
- qual o grau de proteção contra greves, sabotagens, incêndios etc.?
- corresponde a um local agradável de se trabalhar?
- qual o nível de conservação dos prédios e maquinários?

b) Quanto aos equipamentos e instalações:
- qual o nível de utilização?
- são utilizados de forma adequada?
- são modernos e atualizados, bem como estão em boas condições?
- como está sendo aplicado o programa de manutenção preventiva?
- como está a manutenção corretiva?
- qual o nível de gastos em manutenção?
- como estão as medidas de segurança no trabalho?

c) Quanto ao processo produtivo:
- qual o índice de produtividade?
- qual o nível de utilização da capacidade instalada?
- qual a situação do arranjo físico ou *layout*?
- quais os incentivos de produção utilizados?

d) Quanto à programação e controle da produção:
- qual a eficácia do sistema PCP – Programação e Controle de Produção – aplicado?
- qual a média no cumprimento de prazos de entrega dos produtos aos compradores?
- qual o nível de interação entre as áreas de marketing e de produção?

e) Quanto à qualidade:
- qual o nível de qualidade apresentado?
- qual o nível de devolução de produtos e serviços?
- qual o nível de atendimento aos clientes quando da devolução ou reclamação dos produtos e serviços?
- os processos de qualidade estão certificados?
- como é o processo de evolução da qualidade?

f) Quanto ao sistema de custos industriais:

- quais os critérios de apropriação?
- quais os critérios de divulgação e de análise?
- quais as tendências apresentadas?
- qual o nível de controle e avaliação de resultados?

g) Quanto à pesquisa e ao desenvolvimento (P&D):

- qual a importância que a alta administração proporciona para P&D?
- qual o percentual do faturamento alocado em P&D?
- quais os critérios utilizados para a área de P&D?
- quais os resultados efetivos proporcionados por P&D?

h) Quanto aos suprimentos:

- qual a percentagem dos custos dos materiais comprados em relação ao produto fabricado?
- qual o valor das compras por período?
- quais os critérios de seleção dos fornecedores?
- a compra é centralizada ou descentralizada?
- quais os critérios para controle de inventários?
- quais os níveis de rotação de estoques?
- quais os tipos e critérios de controle? São eficazes?

i) Quanto à organização da fábrica:

- qual a situação da estrutura organizacional e seus componentes?
- qual a situação das normas e procedimentos?
- qual a situação dos tempos e métodos de trabalho?

IV – *FUNÇÃO RECURSOS HUMANOS*

Alguns dos aspectos que você pode considerar para sua análise interna na empresa são:

- quais as atitudes e o grau de importância da alta administração quanto ao assunto *fator humano* na empresa?
- qual a eficácia dos programas de recrutamento, seleção e admissão de funcionários? E dos programas de treinamento e promoção?
- a empresa é sindicalizada?

- qual o índice de rotatividade dos funcionários?
- qual o moral e a produtividade dos funcionários?
- qual o índice de absenteísmo?
- qual o nível e tipo de reivindicações dos empregados?
- como está o quadro de carreira e o plano de cargos e salários?
- como é o plano de benefícios?
- existem substitutos adequados para todos os cargos-chave?
- qual o clima organizacional?
- existe um processo estruturado de administração do conhecimento?

B. *Quanto aos aspectos organizacionais da empresa a serem analisados*

Nesse segundo grande aspecto a ser considerado para o estabelecimento da análise interna da empresa podem-se analisar:

- estilo administrativo;
- modelo de governança, podendo ampliar para o sistema ESG, incluindo as questões ambientais e sociais;
- estrutura organizacional (incluindo seus componentes, condicionantes, níveis de influência e de abrangência);
- principais políticas;
- capacitação e habilidades da alta administração;
- sistemas de informações operacionais, gerenciais e estratégicas;
- normas e procedimentos operacionais;
- sistemas de planejamentos (estratégico, tático e operacional);
- conhecimentos, atitudes e comportamento das chefias;
- acordos com sindicatos;
- instalações industriais;
- capacitação e habilidades dos executivos e demais funcionários;
- ideias de novos produtos e serviços;
- rede de distribuição dos produtos e serviços;
- capacitação e habilidades da equipe de vendas;
- *portfólio* de produtos e serviços;
- controle de qualidade;
- conhecimento das necessidades dos clientes; e
- domínio do mercado consumidor.

Observa-se que alguns assuntos se repetem em outros grupos, pelo aspecto interativo entre os diversos assuntos empresariais.

C. *Quanto à abrangência dos processos*

Para esse terceiro item a ser considerado no estabelecimento da análise interna, podem-se examinar:

- a empresa como um todo, considerada um sistema;
- as áreas funcionais da empresa;
- as unidades organizacionais;
- as equipes de profissionais realizando tarefas multidisciplinares; e
- os profissionais da empresa, realizando tarefas individualmente.

D. *Quanto aos níveis de controle e avaliação do sistema pelos executivos da empresa*

Nesse caso, é necessário verificar se o controle efetuado está em um dos seguintes níveis:

- controla a eficiência? e/ou
- controla a eficácia? e/ou
- controla a efetividade?

E. *Quanto aos critérios que a empresa utiliza para avaliar se um assunto analisado é forte, fraco ou neutro*

Nesse caso, podem-se considerar, entre outros aspectos:

- base histórica da empresa;
- opiniões pessoais;
- opiniões de consultores e de executivos da empresa;
- análise em literatura; e
- análise orçamentária.

F. *Quanto à maneira de a empresa obter as informações necessárias para a análise interna*

Nesse sexto grande aspecto a ser considerado para o estabelecimento da análise interna da empresa, você pode utilizar, entre outros aspectos:

- observação pessoal;
- conversas pessoais;
- questionários;
- experiência e prática;
- documentação do sistema;
- reuniões;
- funcionários;
- documentos publicados, periódicos, livros e revistas;
- membros dos conselhos (administrativo, fiscal, deliberativo e consultivo);
- consultores; e
- indicadores econômicos e financeiros.

Para se divertir: elencar um conjunto estruturado de fatores ou focos de análise externa e interna para a empresa onde trabalha ou instituição onde estuda.
E depois debater com colegas.

3.1.4 Integração dos vários fatores considerados na análise interna e externa da empresa

Naturalmente, os vários fatores ou assuntos considerados e analisados no diagnóstico estratégico devem estar integrados dentro dos princípios do enfoque sistêmico.

Como exemplo para o lançamento de um novo modelo de microcomputador, a empresa deverá estar preparada para responder a algumas perguntas:

a) Do departamento de marketing:

- existe mercado para esse novo produto?
- qual o tamanho do mercado para esse produto?
- quais são as características básicas que esse produto deve ter?
- qual o nível da concorrência?
- que faixa de mercado pretende e pode atingir?
- qual deverá ser o preço básico de venda?
- de quais canais pode dispor para efetuar a distribuição?

- • qual o custo do processo de distribuição?
- • como será lançado o produto?
- • qual será o custo da promoção do produto?

b) Do departamento de produção:

- • existe capacidade para produzir o produto? Na quantidade solicitada?
- • qual o custo da produção?
- • pode-se produzir na qualidade solicitada?

c) Dos departamentos de produção e de recursos humanos:

- • existem profissionais capacitados para essa produção?

d) Dos departamentos de marketing e de recursos humanos:

- • existem profissionais capacitados para a venda do novo modelo de microcomputador?

e) Dos departamentos de marketing e de finanças:

- • qual o volume de vendas que recompõe o investimento inicial nesse produto? Em que prazo?

f) Dos departamentos de produção e de finanças e pela alta administração:

- • o resultado esperado do produto justifica o investimento necessário?

Esse jogo de perguntas serve para ilustrar a efetiva integração dos vários fatores e unidades organizacionais no processo de diagnóstico estratégico nas empresas.

E, finalmente, deve-se salientar que toda essa análise deverá ser efetuada, na medida do possível, considerando-se, também, a realidade de cada um dos principais concorrentes.

3.1.5 Análise dos concorrentes e estabelecimento das vantagens competitivas

A prática tem demonstrado que, na análise dos concorrentes, é válido que a empresa "elabore" o plano estratégico de cada um de seus principais concorrentes da forma mais detalhada possível.

No desenvolvimento desse trabalho, verifica-se o nível de conhecimento que se possui de cada concorrente e, quanto menor o nível de conhecimento do concorrente, maior o risco estratégico perante as estratégias desse concorrente; e, vice-versa, quanto maior o nível de conhecimento, menor o risco estratégico.

Entretanto, essa análise pressupõe otimizado sistema de informações estratégicas a respeito da atuação passada e presente dos principais concorrentes. Com base na análise, projeções e simulações desses dados e informações, é possível o delineamento inicial da atuação futura desses concorrentes.

Todo esse trabalho deve levar ao estabelecimento da vantagem competitiva de nossa empresa e do pressuposto da vantagem competitiva de cada um de nossos principais concorrentes.

Vantagem competitiva é a identificação estruturada dos produtos ou serviços e dos mercados para os quais a empresa tem diferencial de atuação. Corresponde àquele *algo mais* que faz os clientes comprarem os produtos e serviços de determinada empresa em detrimento de outras.

A vantagem competitiva deve ser real (reconhecida pelo mercado), sustentada (existência de pontos fortes que lhe proporcionam validade) e duradoura (manutenção ao longo de um período de tempo, proporcionando uma *personalidade* para a empresa).

Outros aspectos a respeito da vantagem competitiva são apresentados na seção 4.3.3.

3.1.6 Formulários a serem utilizados no diagnóstico estratégico

Para a consolidação do diagnóstico estratégico da empresa, você deverá utilizar alguns formulários.

Como reforço ao entendimento desse assunto são apresentados os formulários para cada uma das etapas da metodologia de elaboração e implementação do planejamento estratégico, conforme abordado no Capítulo 2, para a empresa PLANOS – Planejamento, Organização e Sistemas. Portanto, esse aspecto se repetirá nos capítulos subsequentes.

a) *Formulário:*

- Diagnóstico estratégico – Conteúdo dos fatores (Figura 3.4).

Finalidades:

- Identificar os fatores internos – controláveis – e externos – não controláveis – a serem considerados, seus principais componentes – subfatores – e a explicitação de seu conteúdo.
- Possibilitar o agrupamento, bem como a decomposição de fatores, de acordo com a maior facilidade de análise pelo nível de informações existentes.

Planos	Diagnóstico estratégico – Conteúdo dos fatores –		Data __/__/__	Nº
Fator:				
Subfatores		Conteúdo		

Figura 3.4 Formulário de diagnóstico estratégico – conteúdo dos fatores.

b) *Formulário*:

- Diagnóstico estratégico – Folha de identificação e análise de fatores (Figura 3.5).

Finalidades:

- Possibilitar a avaliação dos fatores, bem como a explicitação das justificativas dessa avaliação.
- Sugerir ações visando melhorar a situação atual, bem como prolongar o período de tempo da situação favorável.
- Sugerir ações visando minimizar, para a empresa, os efeitos dos aspectos negativos dos fatores considerados.
- Identificar e avaliar as implicações ou consequências da operacionalização das ações sugeridas.

Obs.: Significativa parte das frases de "ações" devem se transformar em "estratégias" (ver Capítulo 6), consolidando um exemplo de elevada interação entre as fases e etapas da metodologia de planejamento estratégico apresentada neste livro. Você pode identificar outros exemplos ao longo dos Capítulos 3 a 9.

Planos	Diagnóstico estratégico – Folha de identificação e análise de fatores –						Data __/__/__			N°
N° de ordem	Fator	Avaliação do fator	Justifica-tivas	Ações sugeridas	Implica-ções	Avaliação da implicação		Justifi-cativas
		O	A	FO	FR	N				O	A	FO	FR	N	

Figura 3.5 Formulário de diagnóstico estratégico – folha de identificação e análise de fatores.

Legenda:

O: Oportunidade

A: Ameaça

FO: Ponto Forte

FR: Ponto Fraco

N: Ponto Neutro

c) *Formulário*:

- Identificação dos pontos fortes e fracos dos concorrentes (Figura 3.6).

Finalidades:

- Identificar, para o grupo de empresas concorrentes na indústria ou setor de atuação, qual a situação apresentada para um conjunto de fatores, tais como: localização industrial, equipe de vendas, distribuição, promoção, qualidade dos produtos, estilo de administração, desenvolvimento administrativo, atuação perante os clientes, imagem etc.

- Analisar, para cada um dos concorrentes identificados, quais os resultados efetivamente apresentados (melhoria ou piora no *ranking* de empresas, quantidade de lançamento de produtos etc.) e a qualidade do diagnóstico estratégico efetuado (ponto forte ou ponto fraco).

Planos	Identificação dos pontos fortes e fracos dos concorrentes													Data _/_/_		N°	
Fatores conside-rados	Concorrente 1		Concorrente 2		Concorrente 3		Concorrente 4									Geral	
	Ponto forte	Ponto fraco	Ponto forte	Ponto fraco	Ponto forte	Ponto fraco	Ponto forte	Ponto fraco								Ponto forte	Ponto fraco

Figura 3.6 Formulário de identificação dos pontos fortes e fracos dos concorrentes.

d) *Formulário*:

- Identificação das oportunidades e ameaças dos concorrentes (Figura 3.7).

Finalidades:

- Identificar, para o grupo de empresas concorrentes na indústria ou setor de atuação, qual a situação apresentada para um conjunto de fatores, tais como: fornecedores, consumidores, política governamental, sindicatos, sistema financeiro etc.

- Analisar, para cada um dos concorrentes identificados, quais os resultados efetivamente apresentados e a análise realizada (oportunidade ou ameaça).

Planos	Identificação das oportunidades e ameaças dos concorrentes													Data _/_/_		N°	
Fatores conside-rados	Concorrente 1		Concorrente 2		Concorrente 3		Concorrente 4									Geral	
	Opor-tuni-dade	Amea-ça	Opor-tuni-dade	Amea-ça	Opor-tuni-dade	Amea-ça	Opor-tuni-dade	Amea-ça								Opor-tuni-dade	Amea-ça

Figura 3.7 Formulário de identificação das oportunidades e ameaças dos concorrentes.

e) *Formulário*:

- Estabelecimento de oportunidades e ameaças (Figura 3.8).

Finalidades:

- Estabelecer, para diversas características conjunturais, quais as tendências prováveis, possibilitando identificar se essa nova situação poderá representar uma ameaça ou uma oportunidade para a empresa. Através dessa situação, a empresa procura, de forma estruturada, antecipar-se à ação dos fatores externos identificados e analisados.
- Fazer a interligação com os cenários analisados (ver seção 4.2).

Planos	Estabelecimento de oportunidades e ameaças			Data __/__/__	Nº
Características conjunturais (econômicas/sociais/legais/ demográficas)	Tendências	Classificação		Justificativas	
		Ameaça	Oportunidade		

Figura 3.8 Formulário de estabelecimento de oportunidades e ameaças.

f) *Formulário*:

- Avaliação da prioridade dos fatores (Figura 3.9).

Finalidades:

- Estabelecer a avaliação, de acordo com os critérios de gravidade, urgência e tendência, do grau de prioridade dos diversos fatores internos e externos à empresa, analisados na fase do diagnóstico estratégico.
- Considera-se gravidade tudo aquilo que afeta, profundamente, o resultado da empresa. Sua avaliação decorre do nível de dano ou prejuízo que pode decorrer dessa avaliação.
- Considera-se urgência a pressão de tempo que a empresa sofre ou sente para adequar a influência do fator considerado. Sua avaliação decorre do tempo que se dispõe para atacar a situação provocada pelo fator considerado e que é preciso para resolvê-la.

- Considera-se tendência o padrão de desenvolvimento da situação, com base na influência do fator considerado. Sua avaliação decorre da estimativa de como a situação se comportará, não sendo aplicado muito esforço e/ou recursos no fator considerado.

Nota: Mais detalhes sobre o sistema GUT – Gravidade/Urgência/Tendência – são apresentados no capítulo seguinte (seção 4.3 – Postura estratégica da empresa). A antecipação da apresentação do GUT é para ficar evidente que você pode trabalhar esse assunto no diagnóstico estratégico ou na missão da empresa (Capítulo 4). Essa flexibilidade ocorre em vários itens do processo de planejamento estratégico, mas lembrando que se deve tomar cuidado com essa situação para não se perder a lógica decisória.

Planos	Avaliação da prioridade dos fatores			Data __/__/__	Nº
Fator	Avaliação			Nº de pontos	Prioridade do fator
	Gravidade	Urgência	Tendência		

Figura 3.9 Formulário de avaliação da prioridade dos fatores.

Resumo

Neste capítulo foram apresentados os aspectos básicos do diagnóstico estratégico da empresa, correspondendo à primeira fase do processo de elaboração e implementação do planejamento estratégico. Verificou-se que essa fase, por si só, já proporciona a você informações básicas para começar a usufruir das vantagens do planejamento estratégico em sua empresa.

É muito importante que o desenvolvimento do diagnóstico estratégico consolide as opiniões e pontos de vista dos diversos executivos da empresa, gerando uma situação de concretização de ideias comuns e aceitas pela empresa, pois somente dessa forma existirá uma concentração de esforços e recursos para resultados otimizados a serem alcançados por toda a empresa.

O tratamento adequado dos pontos fortes, fracos e neutros da empresa, bem como das oportunidades e ameaças ambientais, proporciona uma situação para você ter uma *fotografia* geral da empresa e seu ambiente, bem como começar a estabelecer onde a empresa deverá chegar e como essa nova posição será alcançada.

Naturalmente, toda essa análise deve ser efetuada respeitando as grandes orientações estratégicas delineadas pela visão e pelos valores da empresa.

Questões para debate

1. Explicar como pode ser realizado o diagnóstico estratégico em uma empresa.

2. Explicar como você pode fazer a interligação entre os vários itens considerados no diagnóstico estratégico de uma empresa.

3. Elencar, com prioridades, um conjunto de fatores ou focos de análise internos – controláveis – e externos – não controláveis – para uma empresa de seu conhecimento.

4. Com base na empresa onde você trabalha, ou faculdade onde você estuda, fazer um diagnóstico estratégico ou auditoria de posição conforme apresentado neste capítulo.

5. Com base em outras referências bibliográficas, estabelecer uma análise comparativa entre diferentes maneiras de realizar um diagnóstico estratégico nas empresas.

6. Identificar as dificuldades que você teve nas cinco questões anteriores e elaborar um plano de estudo, pois esse conhecimento é básico para desenvolver as próximas fases do processo de planejamento estratégico.

Exercício: Estabelecimento da visão

Estabelecer a frase que representa a visão da empresa em que você trabalha ou da faculdade onde você estuda e, também, os fatores críticos de sustentação da referida frase estabelecida, com as devidas justificativas.

Planos	Frase da visão	Data __/__/__	Nº
Visão:			

Fatores críticos de sustentação	
Fatores	Justificativas

Exercício: Fatores e subfatores do diagnóstico estratégico

Identificar o conjunto de fatores ou assuntos internos – controláveis – e externos – não controláveis – que você julga necessário para realizar o diagnóstico estratégico da empresa em que você trabalha ou faculdade onde você estuda.

Planos	Fatores e subfatores internos e externos	Data __/__/__	Nº
Fatores e subfatores internos (controláveis)		Fatores e subfatores externos (não controláveis)	

 **Caso:**
Análise estratégica da Indústria e Comércio Novo México Ltda. para a identificação de oportunidades de mercado

A Indústria e Comércio Novo México Ltda. é uma empresa familiar que atua no segmento de autopeças, fabricando e comercializando máquinas de levantar vidros de forma mecânica, elétrica, bem como sensorizada para veículos mais luxuosos.

A Novo México pertence a duas famílias – Monteiro e Aranha – com igualdade de participação acionária desde sua origem, há 30 anos.

Durante esse período de tempo, a Novo México passou por bons e maus momentos, mas a forma de atuação dos familiares que ocupavam cargos executivos na empresa proporcionou condições – com maior ou menor dificuldade – de suplantar as situações inadequadas.

Entretanto, o atual contexto do mercado de autopeças no Brasil – e no Mercosul –, em que as empresas multinacionais estão operando de maneira cada vez mais forte, levou os membros das duas famílias proprietárias da Indústria e Comércio Novo México Ltda. a se prepararem para a identificação e análise de oportunidades de mercado.

A hipótese de venda da Novo México foi descartada, tendo em vista que as duas famílias acreditam, por tudo que já fizeram e conseguiram anteriormente, que não é impossível reverter a atual situação desagradável.

As únicas premissas que as famílias Monteiro e Aranha colocaram para a análise das oportunidades de mercado é que:

- essas oportunidades estivessem no segmento de autopeças;
- o ciclo de vida dos produtos e serviços correlacionados a essas oportunidades identificadas estivesse na fase de crescimento ou, no máximo, no início da fase de maturação; e
- a Novo México tivesse condições de obter e aplicar todas as tecnologias vitais para o adequado desenvolvimento, fabricação e comercialização dos produtos correlacionados a essas novas oportunidades de mercado.

Salienta-se que a forma de obtenção da tecnologia poderia ser por compra, parceria ou pagamento de licenciamento (*royalty*).

O organograma atual resumido da Indústria e Comércio Novo México Ltda. é apresentado a seguir:

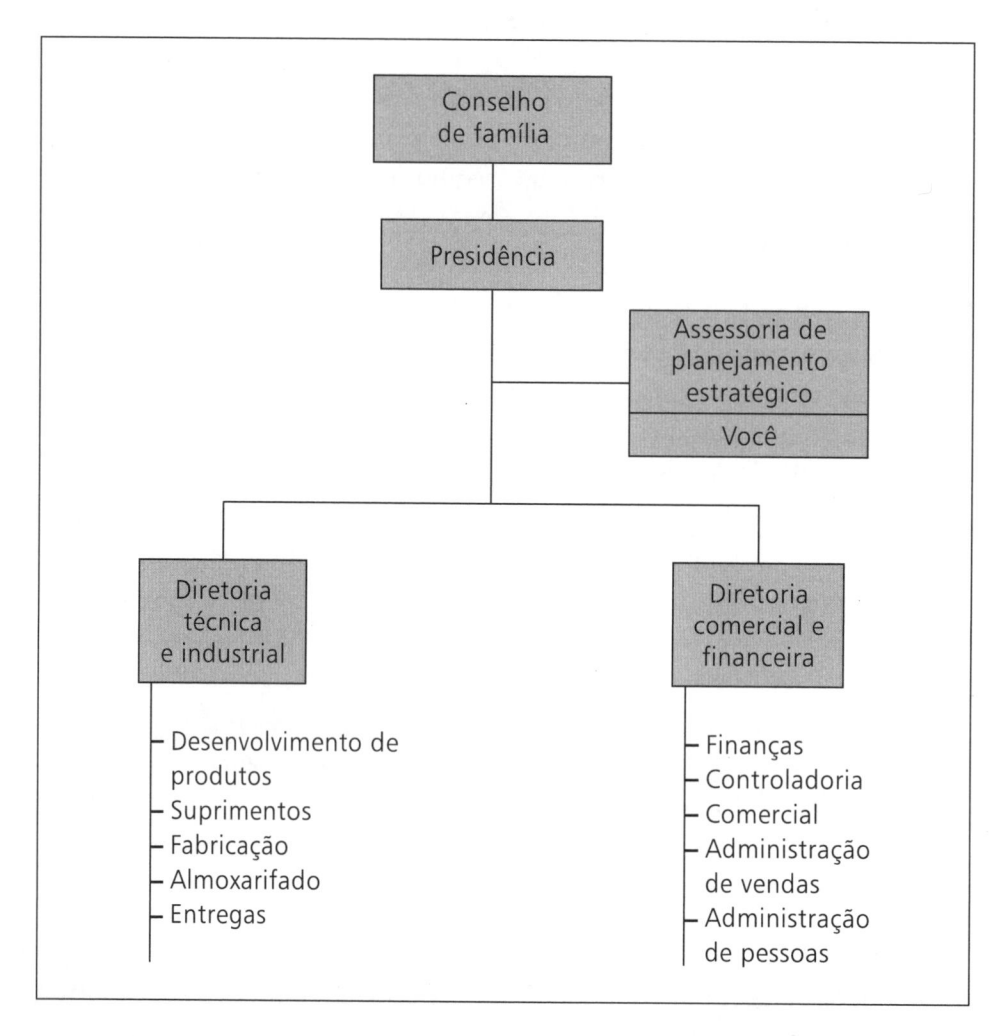

Os executivos das famílias Monteiro e Aranha são muito fáceis de se trabalhar em conjunto, tanto que proporcionaram para você, desde que os trabalhos desenvolvam-se de forma sustentada e adequada, toda a liberdade de ação.

O nível de qualidade das informações de mercado pode ser considerado bom, quer seja dos produtos e serviços atuais, quer seja do mercado de autopeças em sua totalidade. Inclusive um dos membros das famílias ocupa elevado cargo na instituição representativa do setor de autopeças no segmento automobilístico da economia brasileira.

Para a realização dos trabalhos, você deve:

a) Identificar todas as premissas a serem respeitadas no estudo, tendo em vista direcionar o plano de trabalho.

b) Identificar dois ramos do setor de autopeças em que você procuraria identificar as oportunidades. Explicar como será feita a identificação.

c) Identificar os produtos e serviços dentro desses ramos. Explicar como será feita a identificação.

d) Explicar como será feita a incorporação desses novos produtos e serviços resultantes das oportunidades identificadas no processo de planejamento estratégico da Novo México.

Verifica-se, neste *caso* a ser analisado, que exige uma proposta de solução preferencialmente adequada, o volume de informações é baixo, o que obriga você a efetuar todas as complementações e, portanto, forçando-o a consolidar o contexto do planejamento estratégico para a Indústria e Comércio Novo México Ltda.

Para facilitar o desenvolvimento do *caso*, você deve efetuar todas as complementações necessárias, de acordo com o seu nível de conhecimento; ou seja, não ocorrerá uma situação de inviabilidade dos trabalhos pelo nível de dificuldade apresentado no *caso*.

Capítulo 4

Missão da empresa

"Qual é o nosso negócio?... A questão é que tão raramente perguntamos –
ao menos de forma clara e direta – e tão raramente dedicamos um
estudo e uma reflexão adequados que são, talvez, a mais importante
causa do fracasso dos negócios."

Peter Drucker

Neste capítulo são apresentados os aspectos básicos da Fase II da metodologia de elaboração e implementação do planejamento estratégico nas empresas.

Essa fase do processo de elaboração e implementação do planejamento estratégico é de elevada criatividade, em que os executivos e demais profissionais das empresas têm que explicitar seu pensamento estratégico.

A prática tem demonstrado que as empresas que não têm executivos e profissionais com pensamento estratégico apresentam elevado nível de dificuldade nessa Fase II da metodologia de elaboração e implementação do planejamento estratégico.

4.1 Missão e propósitos da empresa

Missão é a razão de ser da empresa. Nesse ponto, procura-se determinar qual o negócio da empresa, por que ela existe, ou, ainda, em que tipos de atividades a empresa deverá concentrar-se no futuro. Aqui, procura-se responder às perguntas básicas:

- "Aonde se quer chegar com a empresa?"
- "Quais necessidades e expectativas do mercado que a empresa pretende atender?"

A primeira pergunta deve ser utilizada quando a empresa trabalha, de forma conjunta e interativa, a visão – ver seção 3.1.1 – e a missão da empresa, sendo essa uma situação que você deve evitar, pois não é aconselhável, na prática, sobrepor dois itens da metodologia de desenvolvimento e implementação do planejamento estratégico, pois cada item tem o seu significado e a sua finalidade.

A segunda pergunta é a ideal para se iniciar os debates no processo de estabelecimento da missão da empresa.

Missão é uma forma de se traduzir determinado sistema de valores e crenças em termos de negócios e áreas básicas de atuação, considerando as tradições e filosofias administrativas da empresa.

O estabelecimento da missão tem como ponto de partida a análise e a interpretação de algumas questões, como:

- qual a razão de ser da empresa?
- qual a natureza do(s) negócio(s) da empresa?
- quais são os tipos de atividades em que a empresa deve concentrar seus esforços no futuro?
- o que a empresa vende e pretende vender ao mercado? É agilidade? É conhecimento? É diferenciação? É inovação?
- quais os fatores de influência nessas vendas?
- qual o diferencial de conhecimento necessário para essas vendas?
- quais os mercados-alvo, os clientes, os produtos e os serviços?
- qual o diferencial competitivo da empresa? E o de cada um dos principais concorrentes?
- qual a região de atuação da empresa?
- qual a imagem que a empresa faz de si própria e pela qual quer ser reconhecida? Qual a imagem que o mercado tem da empresa?
- quais as necessidades sociais que pretende atender?
- quais as principais crenças e valores da empresa? (Correlacionar com a seção 3.1.2.)

Verifica-se que essas questões são bem genéricas e facilitam o delineamento dos principais assuntos a serem considerados no estabelecimento da missão ou razão de ser da empresa.

Quando a alta administração de uma empresa responde a essas perguntas provoca a seguinte situação:

- a definição das áreas de atuação prioritárias, em que devem ser aplicados os recursos disponíveis; e
- o consenso de uma opinião de que os esforços e os recursos dirigidos aos alvos estabelecidos no horizonte da missão serão bem-sucedidos.

Isso fica de fácil entendimento na análise da situação de uma empresa fabricante de microcomputadores que tenha como missão "vender microcomputadores para as empresas", enquanto outra empresa, do mesmo ramo, tenha a missão de "atender às necessidades das empresas na facilitação do processo decisório". Verifica-se que a primeira empresa simplesmente identifica seu ramo básico de atividade – vender microcomputadores – e a segunda vai muito além, qualificando a natureza de seus propósitos básicos.

É importante lembrar que a alteração da missão da empresa pode provocar consequências positivas ou negativas em toda sua estrutura organizacional; e, em alguns casos, até no modelo de gestão da empresa.

A missão da empresa exerce a função orientadora e delimitadora da ação empresarial, e isso dentro de um período de tempo normalmente longo, em que ficam comprometidos valores, crenças, expectativas, conceitos e recursos.

No sentido figurado, a missão empresarial estabelece "qual vai ser o jogo", e "em que campo vai ser jogado". Com referência às "regras do jogo", essas serão estabelecidas na fase seguinte, ou seja, quando do estabelecimento dos instrumentos prescritivos do planejamento estratégico.

Na realidade, a missão da empresa representa um *horizonte* no qual a empresa decide atuar e vai, realmente, entrar em cada um dos negócios que aparecem nesse horizonte, desde que seja viável sobre os vários aspectos considerados, conforme apresentado na Figura 4.1:

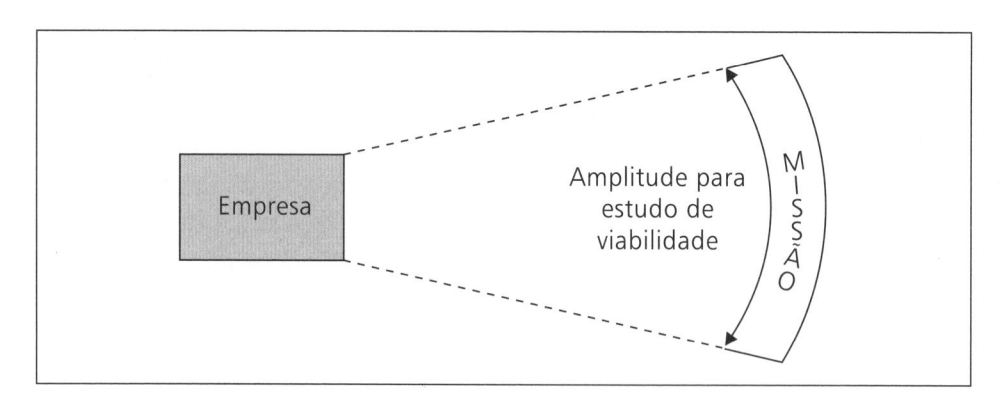

Figura 4.1 Missão da empresa.

Esses negócios identificados no horizonte, uma vez considerados viáveis e interessantes para a empresa, passam a ser denominados propósitos da empresa (Figura 4.2).

Propósitos são compromissos que a empresa se impõe no sentido de cumprir sua missão. Representam grandes áreas de atuação selecionadas no contexto da missão estabelecida. Correspondem à explicitação de posições ou áreas de atuação planejadas para toda a empresa, devidamente aceitas por seus acionistas e executivos como desejáveis e possíveis.

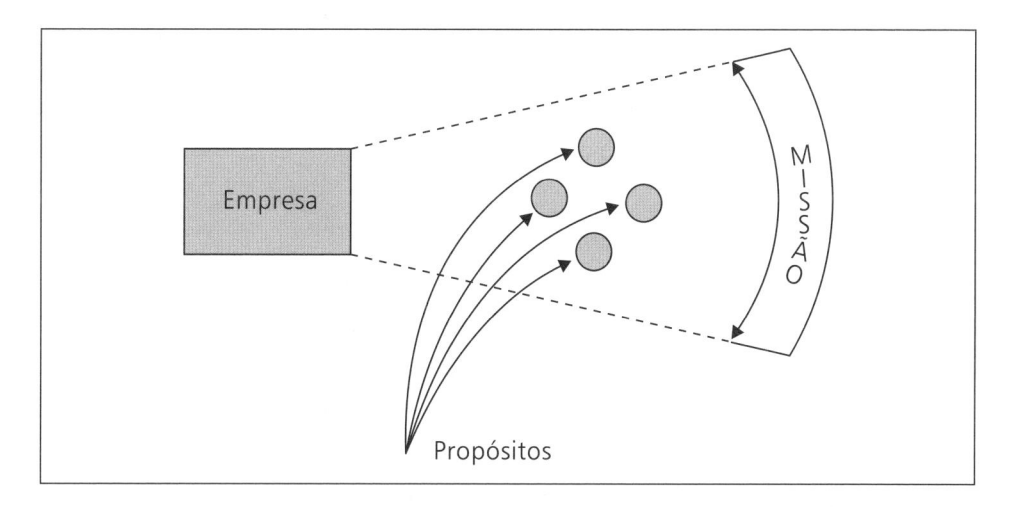

Figura 4.2 Missão e propósitos da empresa.

A identificação dos propósitos torna-se interessante à medida que a missão é um negócio extremamente amplo e dificilmente será alcançada em sua totalidade.

A empresa bem-sucedida tem uma visão do que pretende ser, conforme apresentado na seção 3.1.1; e essa visão trabalhada quanto aos seus propósitos e ao seu modelo de gestão constitui a missão que fornece à empresa seu impulso e seu direcionamento estratégico.

A missão pode ser descrita em termos simples: "Qual é o negócio da empresa?". Todas as empresas fazem alguma coisa, embora essa *coisa* possa ser diversa para cada caso.

Para facilitar o entendimento, pode-se comparar a determinação da missão de uma empresa à utilização de uma bússola (definição de missão) pela qual se orienta um navio (empresa).

A missão deve ser entendida como uma identificação a ser seguida, mas nunca algo específico a ser alcançado.

A bússola vai permitir que o navio faça sua viagem de maneira planejada.

O navio pode precisar desviar a rota para fugir de uma tempestade, diminuir a marcha num nevoeiro ou, mesmo, parar diante de um terrível furacão. A empresa pode precisar desviar seu rumo provocado por ameaças ambientais, diminuir seu ritmo de avanço a um resultado devido a determinados pontos fracos, ou mesmo parar de atuar num mercado, em virtude de uma ação – representando uma ameaça – do mercado consumidor.

O navio pode ter de parar num novo porto para vender sua carga no meio do percurso ou, mesmo, por causa de defeito em suas máquinas. A empresa pode usufruir de oportunidades que aparecem inesperadamente ou, ainda, apresentar um problema grave em alguma área funcional (produção, recursos humanos, finanças, marketing).

O navio, apesar de todos os problemas e sucessos, acaba navegando dentro do mar ou oceano estabelecido e atracando no porto de destino. A empresa, com todas suas oportunidades e ameaças ambientais, bem como sua situação interna – com seus pontos fortes e fracos –, tem um campo de atuação definido, representado por sua missão, assim como por setores de atuação atuais ou potenciais, representados pelos propósitos.

A definição da missão da empresa é importante porque é nesse ponto que se procura descrever as habilidades essenciais da empresa. Essas habilidades são, tipicamente, mais amplas do que as dimensões genéricas dos produtos ou serviços da empresa. E não se pode esquecer que, inclusive, as habilidades secundárias são críticas, pois afetam o que a empresa pode vender e a quem.

Uma explanação dessa situação foi feita por Levitt (1960, p. 24), que descreveu essa questão de definição, ou seja, como alcançar a essência da missão da empresa em vez de suas manifestações superficiais. Ele explica que as empresas de cinema estão no negócio de diversões, não apenas produzem filmes; ferrovias estão no negócio de transportes; empresas de computadores estão no negócio de tratamento de informações. Nesse ponto, fica claro que as definições mais amplas têm real impacto sobre o comportamento dos executivos e as estratégias das empresas e, consequentemente, sobre os resultados delas.

Na prática, uma ideia é partir de definições bem amplas da missão e ir focando o assunto até se alcançar uma situação considerada ideal para a realidade atual e a situação futura desejada para a empresa.

A definição da missão da empresa é o ponto inicial para as macroestratégias e macropolíticas a serem estabelecidas – ver seção 4.4 –, bem como fornece a direção na qual a empresa vai implementá-las e determina os limites dentro dos quais será escolhida a postura estratégica relevante (ver seção 4.3).

Por isso a definição da missão deve satisfazer a critérios racionais e sensatos, que devem ser:

- suficientemente empreendedores para terem impacto sobre o modelo de gestão e a atuação estratégica da empresa;

- mais focados no sentido da satisfação das necessidades e expectativas dos clientes do que nas características dos produtos ou serviços oferecidos ao mercado;
- capazes de refletir as habilidades e competências essenciais da empresa;
- entendíveis por todos os profissionais envolvidos nas questões estratégicas da empresa;
- realistas, mas desafiadores para consolidar novas situações para a empresa;
- flexíveis, dentro de determinados parâmetros preestabelecidos; e
- motivadores para a ação e a criatividade das pessoas.

Já foi verificado que a missão da empresa deve ser definida em termos amplos, tal como deve satisfazer a alguma necessidade do ambiente externo, e não ser colocada em termos de oferecer algum produto ou serviço. O mais adequado é a empresa encarar sua missão genericamente quanto à necessidade a ser atendida, tal como a missão da IBM é "satisfazer às necessidades de resolução de problemas de negócios de forma inovadora".

A missão da empresa pode ser traduzida em áreas específicas de empenho, que correspondem aos seus propósitos. Por exemplo, a missão da BIC é "produzir e comercializar produtos descartáveis", e essa situação propiciou a ela entrar em linhas de produtos distintos, tais como canetas, isqueiros, graxas de sapatos e calcinhas, normalmente com alto grau de sucesso.

A missão que estabelece uma satisfação genérica do ambiente, sem indicar os produtos e/ou serviços, pode chamar-se *missão aberta*. A missão que indica o produto ou serviço em que a empresa atua é chamada *missão fechada*.

Não existe uma situação perfeitamente estabelecida sobre qual tipo de missão a empresa deva trabalhar, embora seja válido que trabalhe, sempre que possível, com a *missão aberta*, pois essa propicia amplitude maior de análise estratégica e de atuação empresarial. Fica evidente que, utilizando o conceito de *missão fechada*, os propósitos perdem sua validade, pois estarão explicitados na própria missão.

Definir a missão da empresa pode ser simples e complexo ao mesmo tempo. É, realmente, correto dizer que a IBM fabrica e vende computadores, a Volkswagen fabrica e vende veículos e a Kibon fabrica e vende sorvetes. Essas empresas, efetivamente, fabricam e vendem esses produtos, mas o consumidor adquire mais do que o resultado físico. A IBM vende uma reputação mundial de serviços, tem credibilidade ilimitada junto aos compradores industriais e é vista como um padrão na indústria. Há inúmeros fabricantes de computadores, mas sempre será difícil para outra empresa obter a faixa de mercado e a imagem completa da IBM. A mesma consideração pode ser extrapolada para empresas menores.

Para consolidar o conceito de missão das empresas pode-se lembrar do clássico exemplo das duas grandes empresas de transporte marítimo, das quais uma foi à falência e a outra tornou-se a maior e melhor de todos os tempos. Ambas sentiram o impacto que o desenvolvimento da aviação comercial iria trazer aos seus negócios. Suas decisões, no entanto, foram opostas. Sobreviveu e cresceu aquela que definiu sua missão de forma inteligente: "Nós não transportamos passageiros por mar... quem quiser apenas 'transporte' preferirá o avião, quaisquer que sejam as mudanças, decisões e estratégias que estabeleçamos daqui para a frente... provavelmente, estaremos certos se redefinirmos as coisas pela base... por uma nova filosofia de negócio, cujas consequências sejam sentidas por todos; precisamos redefinir a missão de nossa empresa, não apenas tomar decisões precipitadas e sem um critério básico. Vamos partir da ideia de que nossa missão é outra: transporte, hotelaria, entretenimento e turismo associados". E essa empresa cresceu de maneira fantástica.

É esse conceito de missão que permitirá, por exemplo, a uma ferrovia – trens – ganhar dinheiro com oleodutos; a uma empresa fabricante de tintas – pintura – ganhar dinheiro com papel de parede; a uma empresa de alimentos ganhar dinheiro com sementes; a uma empresa farmacêutica – medicamentos – ganhar dinheiro com produtos de higiene pessoal.

No estabelecimento da missão de uma empresa, alguns cuidados devem ser tomados pelos executivos das empresas:

- não, simplesmente, explicitar o que estão fazendo, pois tais definições não cumprem sua finalidade básica, ou seja, a de provocar decisões de mudanças;

- não correlacionar, diretamente, com os produtos e serviços oferecidos, pois reduz, em muito, a amplitude da missão da empresa. Portanto, deve-se evitar trabalhar com a *missão fechada*;

- não procurar definições curtas e objetivas em excesso, pois esse aspecto pode prejudicar sua clareza e entendimento. Não estabelecer, também, definições longas, que podem prejudicar sua assimilação; e

- não estabelecer uma frase definitiva para a missão da empresa, pois essa não está isenta das mudanças no tempo e nas circunstâncias internas e externas à empresa. A finalidade não é apenas definir a missão, mas também tornar-se capacitado a defini-la e redefini-la sempre que for necessário, dentro de um processo contínuo de observação e pensamento. Portanto, o importante é que se "tenha sempre" uma definição, e não ter uma definição "para sempre".

A seguir são apresentadas algumas frases, definidas como missão pelas empresas em um dado momento, com a simples finalidade de mostrar que a missão pode ser estabelecida de diferentes formas, sendo mais importante a forma como foi estabelecida e, principalmente, como está sendo incorporada pela empresa.

Esses exemplos de missão, sendo que algumas frases são interagentes com a visão das empresas – ver seção 3.1.1 –, são:

- Escoteiros dos Estados Unidos: ajudar um jovem a alcançar seu potencial máximo;
- Ford: ser a empresa líder mundial no fornecimento de serviços e produtos automobilísticos;
- Hewlett-Packard: oferecer contribuições técnicas para o progresso e o bem-estar da humanidade;
- Merck Sharp & Dhome: preservar e melhorar a vida humana;
- Nike: experimentar a emoção da competição, da vitória e de vencer os adversários;
- Sony: experimentar a satisfação de progredir e aplicar a tecnologia em benefício da população;
- Wal-Mart: dar às pessoas simples a oportunidade de comprar as mesmas coisas que as pessoas ricas; e
- Walt Disney: fazer as pessoas felizes.

Pelos exemplos citados sabe-se que algumas empresas tiveram problemas em seus negócios, e as suas missões deveriam ser revistas.

Como exemplo de dinamismo da missão pode-se citar o caso da IBM, que apresentou, de maneira resumida, a seguinte evolução:

- início da década de 50: "computadores";
- final da década de 50: "processamento de dados";
- início da década de 60: "manipulação de informações";
- final da década de 60: "solução de problemas";
- início da década de 70: "minimização de riscos";

- final da década de 70: "desenvolvimento de alternativas";
- início dos anos 80: "otimização dos negócios";
- início da década de 90: "desenvolvimento de novos negócios das empresas";
- final da década de 90: "satisfazer às necessidades de resolução de problemas de negócios de forma inovadora"; e
- nesta década?

A criatividade dos executivos tem grande influência no estabelecimento da missão da empresa. A criatividade é um dos aspectos de suma importância no executivo que também é empreendedor, pois esse é o indivíduo que procura alterar o futuro da empresa na evolução em seu ambiente.

As pessoas criativas, ou seja, com alta emergência de ideias, com boa censura de suas próprias ideias em relação à realidade, persistentes em renovarem suas ideias através de reciclagens, que têm boa orientação quanto aos fatores internos e externos e possuidoras de diretrizes adequadas, criam condições para o estabelecimento das mais adequadas e possíveis missões empresariais.

Essa criatividade pode gerar determinadas missões que sejam julgadas, em determinado momento, estratosféricas ou visionárias. Um exemplo dessa situação é citado por Kappel (1960, p. 17) a respeito da missão da AT&T: "O grande sonho estabelecido sem equívocos, uma rede mundial de telefones que sirva a todos, de maneira considerada barata, rápida e boa". Observa-se que essa missão não é nem fantasia de desejos e nem simples especulação, mas uma "afirmação muito clara de que a AT&T fará algo".

Na prática, essa frase da AT&T pode estar associada à visão da empresa, pois a preocupação básica é de estabelecer "o que a empresa quer ser" (ver seção 3.1.1).

De qualquer forma, tem-se observado essa situação de interação entre visão e missão das empresas, com o que o autor deste livro tem restrições, pois a finalidade de cada um dos termos – visão e missão – é diferente, embora complementares.

A seguir Kappel, (1960, p. 19) relaciona três condições que, em sua opinião, ajudariam o estabelecimento da missão da empresa de maneira certa, na hora certa:

- sentido de qualidade de toda a empresa;
- liberdade para se cometerem alguns erros; e
- reconhecimento da pressão exercida pelos fatores externos ou não controláveis pela empresa.

Um aspecto a ser considerado é o estabelecimento da missão de um grupo de empresas. Nesse caso devem-se separar as empresas que apresentam homogeneidade quanto às suas áreas de atuação, como ramo financeiro – instituições financeiras –, ramo agrícola, ramo químico etc.; e as missões devem ser estabelecidas para cada ramo de atuação.

No passo seguinte deve-se estabelecer a missão para cada empresa do ramo de negócio. Nesse ponto procura-se a sinergia positiva através da sobreposição de algumas partes das missões, tanto das empresas quanto dos ramos de negócios.

Esse aspecto pode ser visualizado na Figura 4.3:

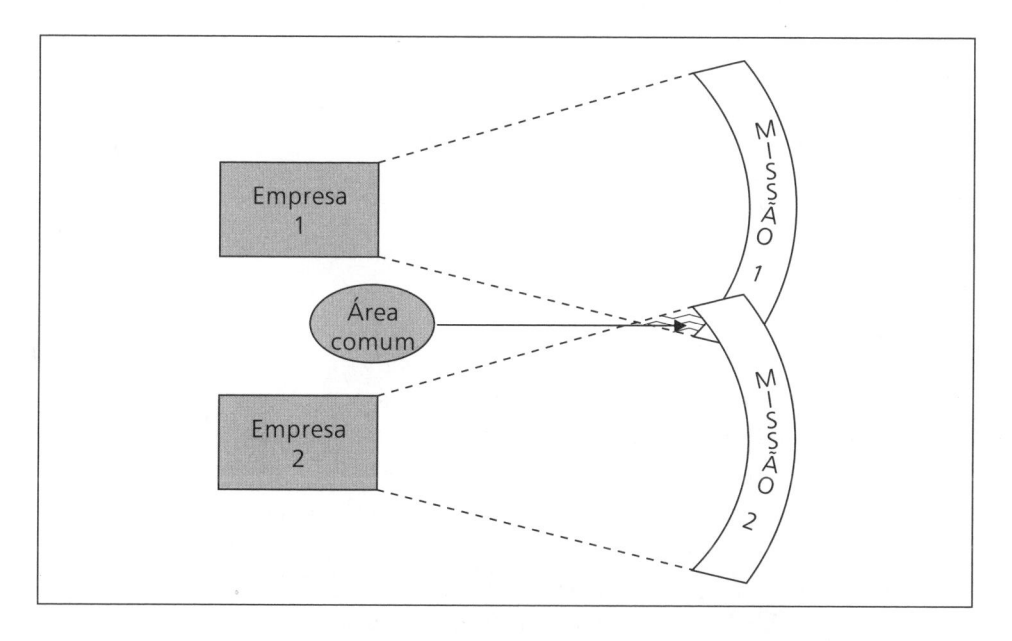

Figura 4.3 Sobreposição de missões das empresas.

Com referência aos propósitos da empresa, esses podem ser os atuais, bem como os potenciais, para os quais a empresa tem um possível interesse.

Nessa situação os propósitos potenciais procuram criar uma situação de "faz de conta que a empresa está atuando nesse setor" e, para tanto, desenvolve, em um nível adequado da relação custos *versus* benefícios, um sistema de informações da situação produtos *versus* mercados a mais adequada possível, de tal maneira que, no momento em que a empresa decidir *entrar* nesse propósito, faça-o da maneira mais estruturada possível. E você deve saber que essa *entrada* corresponde a uma efetiva decisão estratégica, que pode alterar os rumos da empresa.

Para você pensar: estabeleça a sua missão e os seus principais propósitos como estudante e, também, como profissional de empresa. E, depois, debata com colegas para verificar se eles o visualizam assim.

4.2 Cenários

A elaboração dos cenários estratégicos é a culminação de um processo que deve considerar todos os executivos-chaves da empresa que, normalmente, são envolvidos no planejamento estratégico. Isso porque, além do benefício de maior riqueza de ideias, informações e visões sobre o futuro que um processo participativo proporciona, sua finalidade principal é estimular maior interesse e aceitação dos cenários como importantes para o processo de planejamento estratégico das empresas, pois esses representam as análises estruturadas para a preparação do futuro – ideal! – da empresa.

Dentro do processo de os executivos das empresas conceberem o futuro como resultado da interação entre tendências e eventos, os cenários são composições consistentes entre projeções variadas de tendências históricas e as postulações de eventos específicos.

A consistência entre tendências e eventos correlatos, embora parcialmente sujeita a análises históricas, é essencialmente subjetiva, o que exige um processo de revisão relativamente intenso dos cenários para evitar erros mais grosseiros, e também conferir maior adequação dos cenários aos estudos estratégicos.

Você deve considerar que, à medida que o ambiente fica mais turbulento, os cenários tornam-se mais importantes para o processo decisório estratégico.

Os cenários podem ser analisados em suas situações de mais provável, de otimista e de pessimista. Para cada variável identificada e analisada deve-se estabelecer a capacidade de interpretação, bem como o tempo de reação. Alguns exemplos dessas variáveis para análise são: inflação, taxa de juros, energia, competitividade, PIB, tecnologia, costumes, legislação, sindicatos, eleições, crescimento demográfico, alimentação, saúde e globalização.

Naturalmente, esses aspectos estão correlacionados às diferentes técnicas de desenvolvimento de cenários estratégicos, tais como dedução, indução, lógica intuitiva, análise de tendência de impacto, análise do impacto cruzado, Delphi, Battelle, Schoemaker, entre outras.

A elaboração dos cenários pode ter como fundamentação:

- o pensamento estratégico com a idealização de situações futuras possíveis que, não necessariamente, tenham alguma interligação com o presente e o passado;

- o estabelecimento de base de dados socioeconômicos e de infraestrutura;
- debates com o setor empresarial e estreita interação com a comunidade técnico-científica;
- uma abordagem sistemática e multidisciplinar; e
- uma metodologia estruturada e especialmente desenvolvida para o debate e estabelecimento de cenários.

Com referência às metodologias ou formas básicas de desenvolvimento de cenários, você pode considerar duas situações principais:

- a abordagem projetiva; e
- a abordagem prospectiva.

De maneira geral, pode-se considerar que, nos dias atuais e de forma crescente, dada a aceleração das mudanças, você defronta-se com a situação de que a abordagem projetiva mostra-se, na maior parte das vezes, insuficiente para direcionar, adequadamente, a ação da empresa no futuro.

Por outro lado, a abordagem prospectiva, criando futuros desejáveis e viáveis, bem como estruturando as estratégias a partir do presente, tem-se mostrado como ferramenta útil para suprir, eficientemente, esse aspecto do planejamento estratégico.

Sem enfocar todos os aspectos das duas abordagens pode-se considerar que a abordagem projetiva caracteriza-se, basicamente, por:

- restringir-se a fatores e variáveis quantitativos, objetivos e conhecidos;
- explicar o futuro pelo passado;
- considerar o futuro único e certo (ver Figura 4.4); e
- utilizar-se de modelos deterministas e quantitativos.

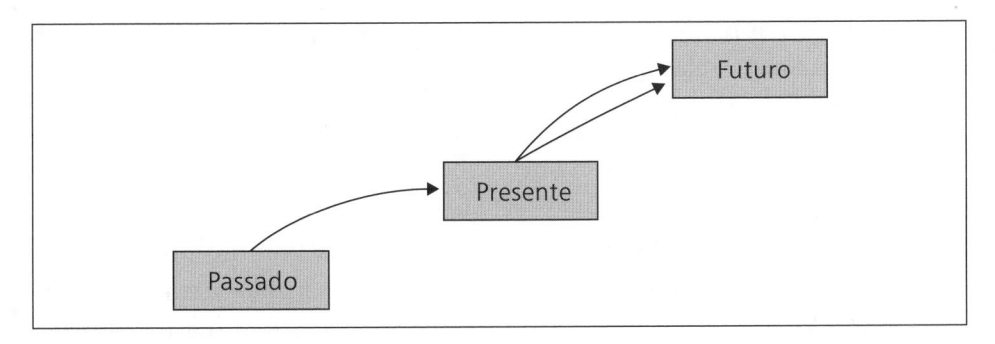

Figura 4.4 Abordagem projetiva de cenários.

A abordagem prospectiva, por outro lado, caracteriza-se por levar em consideração outros aspectos, tais como:

- visão global;
- variações qualitativas, quantificáveis ou não, subjetivas ou não, conhecidas ou não;
- ocorrência de futuro múltiplo e incerto (ver Figura 4.5);
- o futuro atuando como determinante da ação presente; e
- uma análise intencional, em que você pode utilizar variáveis de opinião – julgamentos, pareceres, probabilidades subjetivas etc. – analisadas por métodos do tipo da análise estrutural, Delphi, impactos cruzados etc.

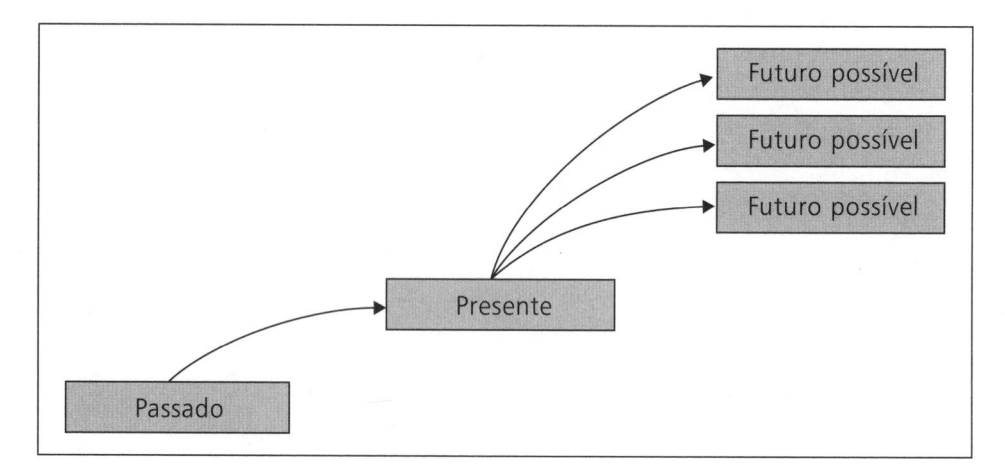

Figura 4.5 Abordagem prospectiva de cenários.

No desenvolvimento dos cenários, você pode considerar alguns módulos de ação interatuantes, a saber:

- Módulo tecnológico: Aborda as principais tendências tecnológicas, os potenciais de desenvolvimento de novas aplicações e as respectivas capacitações necessárias.
- Módulo político-econômico: Estuda as projeções dos objetivos e da realidade da macro e da microeconomia, traduzidas nas pressões externas e internas, direta e/ou indiretamente agindo sobre o setor de atuação da empresa.

- Módulo produtos e serviços: Analisa as tendências do conjunto de produtos e serviços oferecidos no que se refere aos seus múltiplos aspectos de capacitação em infraestrutura e de operação.
- Módulo propósitos atuais e potenciais: Estuda a situação futura dos vários segmentos em que a empresa atua e/ou existe a possibilidade de algum dia vir a atuar.
- Módulo sociocultural: Estuda as evoluções do quadro social e cultural, principalmente quanto aos valores que apresentam maior interação com os outros módulos.

Os cenários estratégicos inerentes à abordagem prospectiva enquadram-se no esquema dos cenários de valores ou normativos. Portanto, no delineamento dos cenários estratégicos, você deve considerar os cenários de valores, cuja característica é serem normativos, visando estabelecer alternativas desejáveis. Salienta-se que esses cenários não são representações futuras de tendências atuais, mesmo que contenham elementos que estejam presentes na sociedade contemporânea.

Os cenários de valores tratam de aspirações da sociedade, bem como de valores sociais segundo diferentes modelos de desenvolvimento. Pelo fato de serem cenários de valores, seus aspectos básicos podem ser considerados válidos, mesmo com defasagem de alguns anos em sua análise.

Na prática, o ideal é que os cenários de valores tenham alguma interação com os valores da empresa (ver seção 3.1.2).

A seguir são apresentados, como exemplos genéricos, três cenários de valores que podem enquadrar-se nos esquemas anteriormente apresentados. Os três cenários são denominados de "ecodesenvolvimento", "crescimento econômico" e "modernização". Em cada um deles desenvolvem-se as principais características de um modelo de desenvolvimento econômico e social fundamentado em princípios e valores sociais próprios.

A impossibilidade de prever mudanças macrossociais inibe, normalmente, qualquer resultado conclusivo ou seguro sobre a probabilidade deste ou daquele valor ser o principal e predominante da sociedade no futuro.

Na montagem dos três cenários procura-se o estabelecimento de valores bastante distintos, que tenham consequências diferenciadas uns dos outros, de modo a enfatizar as implicações diversas na evolução dos segmentos de atuação considerados na análise.

Os aspectos básicos que cada um dos três cenários pode considerar como válidos podem ser:

a) Quanto ao cenário de ecodesenvolvimento:

- ênfase no desenvolvimento do país contando com suas próprias forças e recursos internos;
- busca de integração social e econômica de todas as camadas da população;
- predominância dos valores sociais e culturais, tais como a igualdade do nível de bem-estar da coletividade; e
- produtos e serviços da empresa que visam atender às necessidades básicas dos segmentos sociais menos privilegiados devem ser vistos como importantes questões voltadas para melhorar as condições de vida da população, estendendo-se ao maior número possível de cidadãos.

b) Quanto ao cenário de crescimento econômico:

- desenvolvimento do país através do rápido crescimento econômico;
- ênfase na busca do estilo e nível de vida dos países desenvolvidos; e
- produtos e serviços oferecidos pela empresa orientados ao aprimoramento do sistema produtivo e às aplicações com maior eficiência econômica.

c) Quanto ao cenário de modernização:

- desenvolvimento do país através de uma sociedade produtiva e criativa voltada para o aprimoramento e evolução das pessoas;
- valores básicos como eficiência, criatividade e diversidade; e
- a empresa e seus fatores ambientais procuram gerar e disseminar conhecimentos ao maior número de agentes sociais e econômicos.

Salienta-se que mais detalhes a respeito dos cenários estratégicos, inclusive de suas técnicas auxiliares, podem ser analisados no livro *Estratégia empresarial e vantagem competitiva: como estabelecer, implementar e avaliar*, dos mesmos autor e editora.

 **Para você pensar:** estabeleça alguns cenários que você visualiza para a sua vida profissional. E, depois, identifique algumas estratégias que podem ajudar você nesse processo evolutivo.

4.3 Postura estratégica da empresa

A postura estratégica da empresa é estabelecida por uma escolha consciente de uma das alternativas de caminho e ação para cumprir sua missão. Objetiva orientar o estabelecimento de todas as estratégias e políticas, principalmente as de médio e longo prazos necessárias para a empresa, a partir do momento em que se decidiu por determinada missão.

O estabelecimento da postura estratégica da empresa é limitado por três aspectos:

- a missão da empresa;
- a relação – positiva ou negativa – entre as oportunidades e ameaças que a empresa enfrenta no momento específico da escolha; e
- a relação – positiva ou negativa – entre os pontos fortes e fracos que ela possui para fazer frente às oportunidades e ameaças do ambiente. Nessa situação devem-se, também, especificar os recursos de que a empresa dispõe para tirar proveito das oportunidades ambientais.

Entretanto, existe outro aspecto que pode influenciar a postura da empresa: o elemento psicológico, que envolve valores, atitudes, motivações e anseios dos proprietários, bem como dos executivos que têm o poder de decisão na empresa. A esse respeito, a postura estratégica pode estar interativa com os valores da empresa (ver seção 3.1.2).

Para fazer frente à situação apresentada, a empresa pode escolher – ou estar em – uma das posturas estratégicas:

- sobrevivência;
- manutenção;
- crescimento; e
- desenvolvimento.

Na realidade, a escolha pode ser uma combinação dessas posturas, efetivando--se de acordo com as necessidades da empresa.

O estabelecimento da postura estratégica pode ser verificado através do Quadro 4.1:

Quadro 4.1 Posturas estratégicas das empresas.

			Análise interna	
			---	---
			Predominância de:	
			Pontos fracos	Pontos fortes
Análise externa	Predominância de:	Ameaças	Sobrevivência	Manutenção
		Oportunidades	Crescimento	Desenvolvimento

Entretanto, a identificação da predominância de pontos fortes, pontos fracos, oportunidades e ameaças da empresa não pode ser feita de maneira despretensiosa, por meio de simples soma aritmética, mas pelo estabelecimento de critérios estruturados para essa identificação.

Kepner e Tregoe (1978, p. 20) desenvolveram uma metodologia para fixação de prioridade de fatores que pode ser utilizada, com as devidas adaptações, para o estabelecimento da predominância interna de pontos fortes ou fracos e da predominância externa em termos de oportunidades ou ameaças.

Essa metodologia, denominada GUT – Gravidade/Urgência/Tendência –, considera, de forma resumida, os aspectos apresentados a seguir.

Gravidade é tudo aquilo que afeta, profundamente, a essência, o objetivo ou resultado da empresa, da unidade organizacional ou da pessoa. Sua avaliação decorre do nível de dano ou prejuízo que pode advir dessa situação; para tanto, são feitas as seguintes perguntas básicas, com a correspondente escala de pontos:

Perguntas	Escala
O dano é extremamente importante?	5
O dano é muito importante?	4
O dano é importante?	3
O dano é relativamente importante?	2
O dano é pouco importante?	1

Urgência é o resultado da pressão do tempo que a empresa sofre ou sente. Sua avaliação decorre do tempo que se dispõe para atacar a situação ou para resolver a situação provocada pelo fator considerado; para tanto, são feitas as seguintes perguntas básicas, com a correspondente escala de pontos:

Perguntas	Escala
Tenho de tomar uma ação bastante urgente?	5
Tenho de tomar uma ação urgente?	4
Tenho de tomar uma ação relativamente urgente?	3
Posso aguardar?	2
Não há pressa?	1

Tendência é o padrão de desenvolvimento da situação, sendo que sua avaliação está correlacionada ao estado que a situação apresentará, caso você não aloque esforços e recursos extras; para tanto, deve-se responder às seguintes perguntas, com a correspondente escala de pontos:

Perguntas	Escala
Se mantiver a mesma forma e intensidade de atuação, a situação vai piorar (crescer) muito?	5
Se mantiver a mesma forma e intensidade de atuação, a situação vai piorar (crescer)?	4
Se mantiver a mesma forma e intensidade de atuação, a situação vai permanecer?	3
Se mantiver a mesma forma e intensidade de atuação, a situação vai melhorar (desaparecer)?	2
Se mantiver a mesma forma e intensidade de atuação, a situação vai melhorar (desaparecer) completamente?	1

 **Para se divertir**: Aplicar a metodologia GUT para as suas principais atividades pessoais.

Verificou-se que os propósitos empresariais representam compromissos ou setores de atuação, atuais ou potenciais, que a empresa se impõe no sentido de atender a sua missão.

Adequando aos conceitos de Ansoff (1977, p. 91) pode-se afirmar que esses propósitos devem ser especificados a partir de quatro componentes:

- O binômio produtos *versus* mercados, que vai restringir a empresa ao ramo e aos mercados em que ela atua; e esse binômio reduz a amplitude da análise ambiental a segmentos de mercados e, consequentemente, a produtos e serviços bem delimitados.

- O vetor de crescimento, que basicamente permite identificar se a empresa está movendo-se dentro da indústria ou setor de atuação (expansão) ou através das fronteiras da indústria ou setor onde está localizada (diversificação). Portanto, indica a direção para a qual a empresa está movendo-se com relação a sua atual postura estratégica, no contexto da relação produtos ou serviços *versus* segmentos de mercados.

- A vantagem competitiva, que possibilita identificar os produtos e os mercados para os quais a empresa está realmente capacitada para atuar de maneira diferenciada com relação aos seus concorrentes. O processo de determinação da vantagem competitiva pode ser feito de dentro para fora (quais as vantagens que a empresa apresenta para operar numa relação produtos *versus* mercados), ou de fora para dentro (quais são os produtos e mercados para os quais a empresa tem condições únicas de competição). A vantagem competitiva procura isolar as características de oportunidades únicas dentro do campo definido pelo âmbito produtos *versus* mercados e pelo vetor de crescimento. Ela procura identificar propriedades particulares da relação produtos *versus* mercados individuais que darão à empresa forte posição competitiva.

- A sinergia, que possibilita estabelecer a habilidade e a capacidade de a empresa fazer adequado investimento num produto ou mercado. Naturalmente, deve ser considerada a sinergia positiva, a qual ocorrerá em determinadas ações de crescimento através da expansão e/ou da diversificação. A sinergia pode ser considerada como uma medida da capacidade da empresa de lançar, com sucesso, um novo produto ou serviço.

Os componentes considerados estabelecem a trajetória da relação produtos *versus* mercados da empresa em seu ambiente, por meio dos seguintes aspectos:

- o binômio produtos ou serviços *versus* segmentos de mercado determina o âmbito da busca;
- o vetor de crescimento fixa os direcionamentos estratégicos dentro desse âmbito;
- a vantagem competitiva estabelece as características das atuações e dos lançamentos individuais de produtos e serviços pelas empresas; e
- a sinergia define as qualificações requeridas e necessárias para o êxito dos novos negócios da empresa.

A esses quatro componentes desenvolvidos pelo referido autor pode-se incluir um quinto componente representado pelo risco envolvido.

O risco estabelece o nível da problemática em que você está atuando em determinado momento e situação. Na seção 3.1.3.1 foram apresentados os tipos básicos de riscos nas empresas.

A seguir são apresentados aspectos complementares dos diversos assuntos integrantes da análise da postura estratégica das empresas.

4.3.1 Relação produtos *versus* mercados

Quando se considera no processo de planejamento estratégico a relação produtos ou serviços *versus* segmentos de mercado podem-se utilizar alguns métodos que auxiliam os executivos das empresas:

A. *Unidade estratégica de negócio*

Nesse caso, a área ou produto ou segmento de mercado da empresa deve ser considerado como um centro de resultado, razoavelmente autônomo; deve ter seu próprio executivo responsável, o qual deve ser, antes de tudo, responsável pela operação global e pela saúde de um negócio específico.

Para fazer frente a essa situação, o administrador do negócio fica responsável, por exemplo, pela produção, pesquisa e desenvolvimento, pelo suprimento e marketing do negócio considerado.

Mais detalhes a respeito desse assunto são apresentados no livro *Holding, administração corporativa e unidade estratégica de negócio,* dos mesmos autor e editora.

B. *Análise do* portfólio *dos produtos e serviços*

Nesse caso, você correlaciona, através de gráfico bidimensional, uma medida de participação de mercado, em um dos eixos, e o crescimento da indústria ou setor de atuação em outro, para avaliar o fluxo de caixa esperado por produto ou serviço ou unidade de negócio.

A participação de mercado está correlacionada com a lucratividade, sendo que o crescimento da indústria ou setor é um indicador de recursos financeiros requeridos para investimentos em instalação, equipamentos e capital de giro necessários à empresa.

Os gráficos de *portfólio* podem ser usados para:

- auxiliar a empresa na fixação de um negócio ou de um propósito atual ou potencial dentro da missão estabelecida;
- acompanhar a evolução dos propósitos, ao longo do tempo;
- explorar o balanceamento global dos recursos financeiros em um *portfólio*; e
- avaliar os *portfólios* dos concorrentes dentro da indústria ou setor considerado.

C. *Análise da atratividade do mercado*

Nesse caso, você deve avaliar:

- o nível de atratividade de um mercado; e
- a posição de determinado propósito ou negócio ou produto ou serviço dentro do mercado considerado.

O resultado dessas avaliações, quando colocado em gráfico bidimensional, ajuda você a determinar a atratividade geral relativa das diferentes unidades estratégicas de negócios ou dos propósitos ou dos produtos ou dos serviços, do ponto de vista de um investimento a ser realizado pela empresa.

D. PIMS – Profit Impact of Market Strategy

Através do PIMS, o executivo pode relacionar ampla lista de variáveis estratégicas, como participação de mercado, qualidade do produto, integração vertical, bem como variáveis situacionais, como taxa de crescimento de mercado, estágio de desenvolvimento da indústria ou setor, intensidade de capital, lucratividade e fluxo de caixa apresentado pela empresa.

O PIMS procura estabelecer com quais fatores ou variáveis o executivo deve preocupar-se quando está efetuando o planejamento estratégico, bem como quais estratégias seriam melhores para a empresa e em que condições de mercado.

Essas técnicas para estudo da relação produtos *versus* mercados apresentadas nos itens B, C e D, bem como outras técnicas de análise estratégica, são apresentadas no Capítulo 5 do livro *Estratégia empresarial e vantagem competitiva: como estabelecer, implementar e avaliar*, dos mesmos autor e editora.

4.3.2 Vetor de crescimento

Ansoff (1977, p. 92) analisou os componentes do vetor de crescimento conforme apresentado no Quadro 4.2 (salienta-se a adaptação de determinados termos para melhor adequação à terminologia básica deste livro).

Quadro 4.2 Componentes do vetor de crescimento.

Produtos e seus usos e necessidades	Produtos atuais	Novos produtos
Usos atuais	Penetração no mercado	Desenvolvimento de produto
Novos usos	Desenvolvimento de mercado	Diversificação

Tem-se, portanto, a seguinte situação:

• Penetração no mercado: corresponde à expansão que visa ampliar a porcentagem de participação para o binômio produtos *versus* mercados atuais.

- Desenvolvimento de mercado: é a expansão que decorre da descoberta de novos usos e novas necessidades para o produto que a empresa possui.

- Desenvolvimento de produto: é a expansão cujo objetivo é introduzir no mercado novos produtos com a finalidade de substituir os que existem – porque ficaram obsoletos, por exemplo –, mas que executam as mesmas finalidades.

- Diversificação: neste caso os produtos, bem como seus usos e necessidades, são novos para a empresa.

Os componentes do vetor de crescimento permitem estabelecer a direção do crescimento da empresa de maneira precisa.

4.3.3 Vantagem competitiva

A situação em que a empresa, normalmente, está inserida é competitiva e atua sobre a indústria – conjunto de empresas do mesmo ramo e numa situação competitiva – de maneira efetiva.

Essa é uma das principais razões da necessidade de cada uma das empresas, dentro de uma indústria ou setor, estar atenta ao ambiente, que pode ser visualizado como um conjunto de partes perfeitamente interligadas conforme apresentado na Figura 4.6.

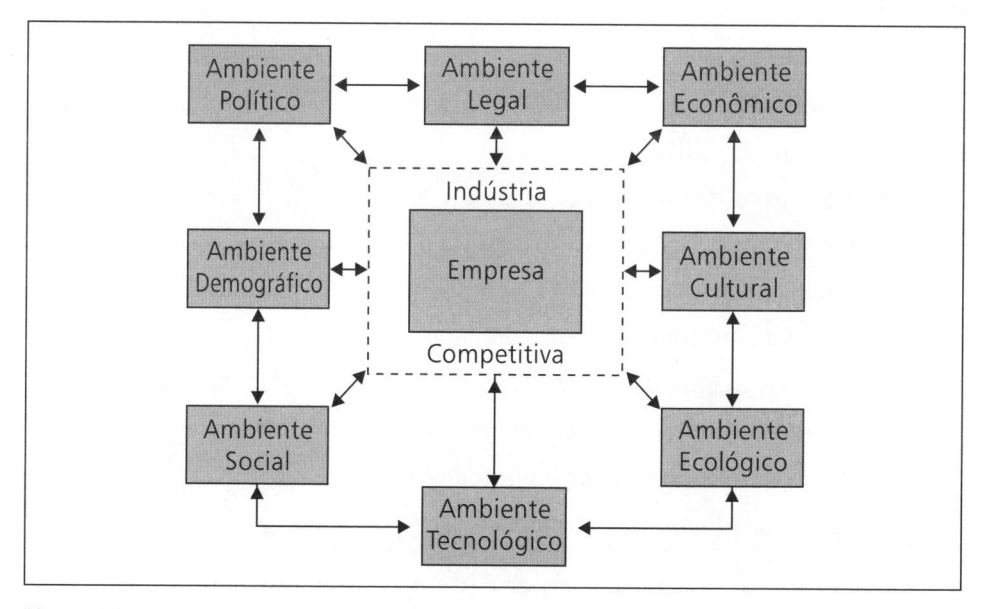

Figura 4.6 Empresa e a indústria competitiva.

Essas partes identificadas facilitam o estabelecimento de oportunidades e ameaças no ambiente da empresa, bem como o delineamento de cenários para que a análise compreenda, também, a possível situação futura que a empresa vai enfrentar.

Fica evidente que o rumo mais adequado para a futura estratégia empresarial será aquele em que a empresa possa distinguir-se, favoravelmente, de suas concorrentes (ver seção 3.1.5). Portanto, se uma empresa quiser ser eficaz no mercado, ela deve ter significativa vantagem competitiva.

A vantagem competitiva de uma empresa pode ser resultado do ambiente onde ela opera, da situação geral da empresa, bem como da postura de atuação de sua alta administração.

A empresa pode ter uma vantagem competitiva correlacionada ao seu ambiente quando, entre outros aspectos:

- não tem concorrentes muito fortes;
- não tem problemas de suprimento de recursos financeiros, humanos, tecnológicos, bem como de materiais e equipamentos;
- tem acesso à tecnologia inovadora; e
- tem boa imagem institucional.

A situação geral da empresa pode proporcionar vantagem competitiva quando, entre outros aspectos, apresentar:

- alta tecnologia que possibilite redução de custos, simplicidade do processo produtivo e preços competitivos dos produtos ou serviços;
- alta liquidez financeira;
- baixo grau de endividamento;
- alto nível de capacitação da equipe profissional;
- adequado sistema de informações gerenciais;
- boa imagem dos produtos e serviços;
- boa relação com os mercados, tanto o comprador como o fornecedor;
- adequada situação da capacidade instalada;
- alto poder de entrada nos segmentos de mercado; e
- agilidade e flexibilidade interna.

Quanto à postura de atuação da alta administração, essa pode facilitar uma situação de vantagem competitiva para a empresa quando, entre outros aspectos:

- aceita e sabe administrar o risco;
- tem sentido de oportunidade, desenvolvendo os negócios atuais e identificando novos negócios;
- sabe o que, realmente, deseja para a empresa;
- sabe estabelecer objetivos e metas, bem como orientar os seus alcances;
- sabe formular e operacionalizar estratégias criativas e inovadoras;
- sabe estabelecer e fazer cumprir as políticas da empresa;
- está com a visão voltada para o mercado;
- sabe liderar;
- sabe criar situações motivadoras de trabalho;
- está aberta à inovação e à criatividade;
- tem adequada atuação de *lobby*;
- administra, adequadamente, os projetos e os recursos; e
- controla e avalia de forma rígida, compreensível, imparcial, simples e constante.

Naturalmente, a lista não é completa e nem poderia ser, pois a vantagem competitiva é muito circunstancial e depende de empresa para empresa, bem como muda no tempo. O importante é estar ciente de que a vantagem competitiva é, sempre, identificada pela empresa em comparação aos seus concorrentes.

Vários detalhes a respeito desse assunto são apresentados no livro *Estratégia empresarial e vantagem competitiva: como estabelecer, implementar e avaliar*, dos mesmos autor e editora.

 **Para você pensar**: estabelecer qual é a sua vantagem competitiva como estudante ou profissional.
E analisar a sua resposta dentro de dois anos.

4.3.4 Sinergia

Sinergia corresponde a uma ação coordenada entre vários elementos que compõem um sistema, de modo que a soma das partes se torne maior do que o efeito obtido, isoladamente, através de cada elemento.

A sinergia pode estar em duas situações:

- positiva, que corresponde à situação adequada da sinergia, conforme acima definido; e
- negativa, quando, embora exista uma ação conjunta de vários elementos de um sistema, a soma das partes é menor que o efeito obtido, isoladamente, através de cada elemento.

A sinergia pode assumir algumas formas numa empresa:

A. *Sinergia administrativa*

Está associada à capacidade interna da empresa em termos de produção, sistema de informações etc.

Nesse caso deve-se verificar se uma expansão ou diversificação pretendida pela empresa é compatível, principalmente, com sua capacitação interna representada pelos recursos humanos e pelo modelo de gestão.

B. *Sinergia nos investimentos*

É uma situação típica de economia de escala, pois é muito comum o caso em que o investimento contribui para melhor uso dos equipamentos (como eliminação de gargalos), melhor uso das facilidades (espaço nas fábricas e/ou armazéns), dos procedimentos (como comprar em maiores volumes com maiores descontos) etc.

C. *Sinergia mercadológica*

Nesse caso considera-se o uso da capacidade mercadológica como vendas, distribuição, esforço promocional, propaganda etc.

D. *Sinergia operacional*

Esse tipo pode decorrer da existência de economia de escala correlacionada à experiência e tecnologia inerentes ao processo produtivo e aos produtos e serviços da empresa.

E. *Sinergia de risco*

Nesse caso a empresa procura efeitos sinérgicos, cujo resultado final é um risco menor, em uma situação administrativa melhor definida.

F. *Sinergia de flexibilidade*

A maior flexibilidade interna pode ser o resultado de um processo sinérgico, tendo em vista maior estabilidade diante do ambiente.

O conceito de sinergia tem elevada importância para o processo de planejamento estratégico, pois permite o estabelecimento de melhor base conceitual para a análise no processo decisório, principalmente na decisão quanto aos investimentos a serem realizados.

Para você pensar um pouco mais: explicar como você pretende conseguir um efeito sinérgico –positivo, logicamente! – entre as suas atividades como estudante e como profissional de empresa.

4.3.5 Risco empresarial

Risco é o estado de conhecimento em que são conhecidas as situações futuras que possam surgir e suas respectivas probabilidades de ocorrência.

A incerteza é caracterizada pelo fato de não serem conhecidos os estados futuros que possam sobrevir, bem como suas probabilidades de ocorrência.

A situação de incerteza absoluta, que corresponde ao desconhecimento completo sobre os futuros cursos de ação, bem como suas probabilidades de ocorrência, não é de muita validade na análise de negócios, pois deve-se procurar trazer as situações de incerteza às situações de riscos, e essas às situações de certeza, se possível.

Apesar de a situação de certeza ser difícil de ser encontrada na realidade empresarial, o planejador não deve desprezá-la de maneira simples.

O risco representa um dos aspectos mais fortes na ação estratégica das empresas e, portanto, você deve procurar estruturar toda uma situação para tentar *administrar o risco* ao longo de seu desenvolvimento.

Outros aspectos sobre os riscos nas empresas foram apresentados na seção 3.1.3.1.

4.3.6 Avaliação da postura estratégica

Para avaliação da postura estratégica da empresa, você deve considerar:

a) Os parâmetros para medir o desempenho da empresa, como:

- a taxa histórica e atual de crescimento em termos de volume de vendas, capital de giro, imobilizado e número de funcionários;
- a participação histórica e atual no mercado em termos de produtos e serviços, valores e volumes;
- o nível histórico e atual de lucratividade;
- o nível histórico e atual de rentabilidade dos projetos da empresa; e
- a capacidade histórica e atual de sobrevivência da empresa.

b) Os critérios para classificar a atuação da empresa, sendo que essa classificação pode estar num *continuum* ou em termos diretos de bom, regular e ruim, por exemplo.

É importante que esses critérios sejam válidos para analisar o que a alta administração da empresa queira avaliar. E, quanto mais específico e realista você for ao estabelecer padrões de desempenho, melhor será a situação para avaliar, de maneira eficiente, eficaz e efetiva, esse desempenho.

c) Os pesos relativos que você deve estabelecer para os vários parâmetros. Como resultado desse processo, você pode efetuar o julgamento geral da postura estratégica da empresa.

Os pesos podem ser estabelecidos em função de:

- tamanho da empresa;
- taxa de crescimento da empresa;
- participação no mercado atual e tendência futura;
- rentabilidade atual e tendência futura;
- lucratividade atual e tendência futura;
- capacidade de sobrevivência;
- capacidade de desenvolvimento; e
- objetivos dos proprietários e principais executivos da empresa.

Cada um desses aspectos poderá ser comparado com:

- a atuação atual e passada da empresa;
- a atuação atual e passada dos concorrentes; e
- os objetivos, desafios e metas estabelecidos para a empresa.

4.4 Macroestratégias e macropolíticas

Após você ter estabelecido a visão, os valores, o diagnóstico estratégico, a missão, os propósitos, os cenários e a postura estratégica com seus vários aspectos, deve identificar e operacionalizar as macroestratégias e as macropolíticas da empresa.

Macroestratégias correspondem às grandes ações e caminhos que a empresa vai adotar, visando atuar nos propósitos atuais e futuros identificados dentro da missão, tendo como *motor de arranque* sua postura estratégica.

Macropolíticas correspondem às grandes orientações que toda a empresa deve respeitar e que irão facilitar e agilizar seu processo decisório e suas ações estratégicas.

E agora, uma questão atual e de elevada importância para a qualidade e o nível de impacto das macroestratégias e macropolíticas da empresa onde você trabalha: aloque, nesse momento, todos os assuntos inerentes ao sistema ESG, envolvendo as questões ambientais, sociais e de governança de sua empresa pois, dependendo da abordagem, da amplitude, da força e do respeito a essas três questões, a empresa poderá dar uma alavancagem em sua vantagem competitiva de forma plenamente sustentada por todos os assuntos abordados neste livro – visão, valores, missão, propósitos, postura estratégica, objetivos, estratégias, políticas, projetos etc. – e com otimizada disseminação perante todos os seus públicos, tanto internos como externos.

Nesse momento, vale uma dica para a adequada qualidade de seus trabalhos:

i) As questões ambientais estão relativamente bem estruturadas por metodologias e técnicas administrativas e seus critérios e parâmetros de avaliação estão em constante debate por alguns públicos da empresa, mas como esse processo está em evolução, a empresa que "sair na frente" e de forma inquestionável nessa questão terá, seguramente, interessantes resultados em seus negócios, produtos e serviços, a curto, médio e longo prazos.

ii) As questões sociais são mais "sutis" e questionadas em alguns casos, sendo que seus princípios e valores sofrem debates, com maior ou menor sustentação, por diferentes grupos.

Nesse contexto, como algumas dessas questões não estão plenamente estruturadas, uma ideia é a empresa realizar amplo debate e estabelecer "qual é a sua" frente às questões sociais – as quais são de elevadas complexidade e abrangência e, até, de algum "achismo" – e desenvolver um plano bem estruturado para que as referidas questões passem a fazer parte de sua cultura organizacional, ou seja, o seu conjunto estruturado dos valores, crenças, normas e hábitos compartilhados, de forma interativa, por todos os profissionais que atuam, de forma direta ou indireta, nas diversas atividades da empresa.

Na prática, se isso ocorrer com qualidade, as questões sociais – e, também, as questões ambientais e de governança – estarão em um processo continuo e sustentando de evolução qualitativa perante os diversos públicos da empresa. Portanto, comece esse processo agora!

iii) As questões de governança, pelo menos teoricamente, são mais fáceis de serem trabalhadas pois o modelo básico de governança corporativa da empresa está bem estruturado e disseminado no mercado e, portanto, é só uma questão de "querer fazer", o que, nem sempre, é praticado pelas empresas.

Deve-se lembrar que governança corporativa é o estilo administrativo e o modelo de administração de uma empresa que, a partir da otimização das interações entre acionistas e quotistas, conselhos – de administração, fiscal, deliberativo, consultivo –, auditorias – externa e interna – e diretoria executiva, proporciona a adequada sustentação para o aumento da atratividade da empresa no mercado – financeiro e comercial – e, consequentemente, incremento no valor da empresa, redução do nível de risco e maior efetividade da empresa ao longo do tempo. E, se você quiser conhecer detalhes desse importante instrumento administrativo das empresas pode analisar o livro *Governança corporativa na prática*, dos mesmos autor e editora, onde terá a oportunidade de verificar as formas ideais de sua estruturação e atuação, bem como seus princípios e práticas disciplinados pelos órgãos competentes para tal.

DESAFIO
Comece a estruturar um sistema ESG para a empresa onde trabalha ou faculdade onde estuda, realizando amplo debate com seus colegas. Esse será um importante passo para a sua evolução como profissional de empresas.

4.5 Formulários a serem utilizados no estabelecimento da missão, postura estratégica, macroestratégias e macropolíticas

A seguir são apresentados exemplos de alguns formulários que podem ser utilizados no desenvolvimento da Fase II da metodologia de elaboração e implementação do planejamento estratégico nas empresas.

a) *Formulário*:

- Estabelecimento da missão e dos propósitos (Figura 4.7).

Finalidades:

- Identificar a missão ou razão de ser da empresa.
- Identificar e justificar os propósitos da empresa, que correspondem à explicitação dos setores de atuação dentro da missão nos quais a empresa já atua ou está analisando a possibilidade de atuar.

Planos	Estabelecimento da missão e dos propósitos	Data __/__/__	Nº
A missão da empresa é:			
Propósitos		Justificativas	

Figura 4.7 Formulário de estabelecimento da missão e dos propósitos da empresa.

b) *Formulário*:

- Estabelecimento da postura estratégica (Figura 4.8).

Finalidades:

- Estabelecer a postura estratégica básica da empresa, identificada a partir da predominância dos fatores internos e externos, bem como do critério de avaliação dos fatores.
- Estabelecer as posturas estratégicas suplementares que a empresa poderá adotar, de acordo com a evolução da postura básica.

Planos	Estabelecimento da postura estratégica	Data __/__/__	Nº
Básica		Justificativas	
Suplementares		Justificativas	

Figura 4.8 Formulário de estabelecimento da postura estratégica da empresa.

Salienta-se que a base de análise para o estabelecimento da postura estratégica, utilizando o sistema GUT – Gravidade/Urgência/Tendência –, foi apresentada na Figura 3.9 (ver seção 3.1.6).

c) *Formulário*:

- Estabelecimento de macroestratégias e macropolíticas (Figura 4.9).

Finalidades:

- Estabelecer as macroestratégias da empresa de acordo com a postura estratégica básica estabelecida, considerando, também, as posturas estratégicas suplementares, tendo em vista a possível alteração na composição de predominâncias de fatores internos e externos da empresa.
- Idem para as macropolíticas.
- Identificar as interações com os componentes do sistema ESG.

Planos	Estabelecimento de macroestratégias e macropolíticas	Data __/__/__	Nº
Macroestratégias	Justificativas	Interações com ESG	
Macropolíticas	Justificativas	Interações com ESG	

Figura 4.9 Formulário de estabelecimento de macroestratégias e macropolíticas da empresa.

Resumo

Nesse capítulo foram apresentados os aspectos básicos da Fase II da metodologia da elaboração e implementação do planejamento estratégico, representada pela missão, pelos propósitos, pelos cenários, pela postura estratégica, pelas macroestratégias e pelas macropolíticas.

Essa é a fase que exige elevado nível de criatividade e de visão estratégica de você, pois vai delinear os grandes *rumos* da empresa.

Questões para debate

1. Com base na empresa em que você trabalha, ou tem algum nível de conhecimento, identificar possíveis missão, propósitos, postura estratégica, macroestratégias e macropolíticas. Justificar cada uma das propostas.

2. Discutir outra maneira de estabelecer graus de importância ou prioridade, em substituição ao sistema GUT – Gravidade/Urgência/Tendência – apresentado.

3. Com base em outras referências bibliográficas, identificar e debater outras técnicas de análise de cenários. Estabelecer as principais vantagens e precauções no uso das diferentes técnicas identificadas.

4. Debater os aspectos básicos a serem considerados na análise e no estabelecimento das vantagens competitivas de uma empresa e de seus principais concorrentes.

5. Analisar e debater as suas facilidades e dificuldades quanto às quatro questões anteriores e, depois, alocar em seu plano de carreira para o seu adequado desenvolvimento e consolidação como profissional de planejamento estratégico. Considerar nessas análises e debates também as questões apresentadas no texto do capítulo.

Exercício: Estabelecimento da missão e dos propósitos

Estabelecer a missão e os propósitos – atuais e potenciais – da empresa onde você trabalha ou da faculdade onde você estuda.

Planos	Estabelecimento da missão e dos propósitos	Data __/__/__	Nº
Missão:			
Propósitos:			
Atuais	Justificativas	Potenciais	Justificativas

Exercício: Estabelecimento de cenários

Estabelecer, para debate com seus colegas, os cenários nas situações de mais provável, otimista e pessimista para três elementos de análise de seu maior conhecimento (política, eleições, economia, tecnologia, telefonia, energia, sistema financeiro, indústria automobilística etc.).

Planos	Estabelecimento de cenários		Data __/__/__	Nº
Elementos	Cenários			
	Provável	Otimista	Pessimista	

No desenvolvimento deste exercício você não precisa se preocupar com o estabelecimento do período de tempo da validade de cada cenário.

Mas, se você tiver condições, deve apresentar as justificativas – sempre mais de uma – para cada um dos cenários que você estabelecer.

E, se possível, apresentar comentários a respeito dos fatores de influência de cada cenário apresentado.

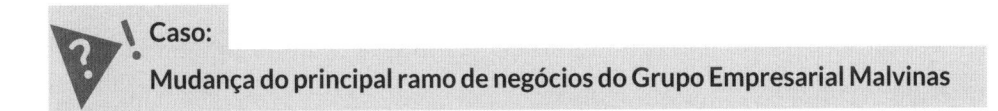

Caso:

Mudança do principal ramo de negócios do Grupo Empresarial Malvinas

O Grupo Empresarial Malvinas foi fundado há 30 anos e desenvolveu seus negócios no ramo de engenharia e construções. Atualmente, a situação geral da Malvinas tem apresentado alguns problemas.

A administração do Grupo Empresarial Malvinas é profissionalizada, e o organograma representativo de suas principais atividades é apresentado a seguir:

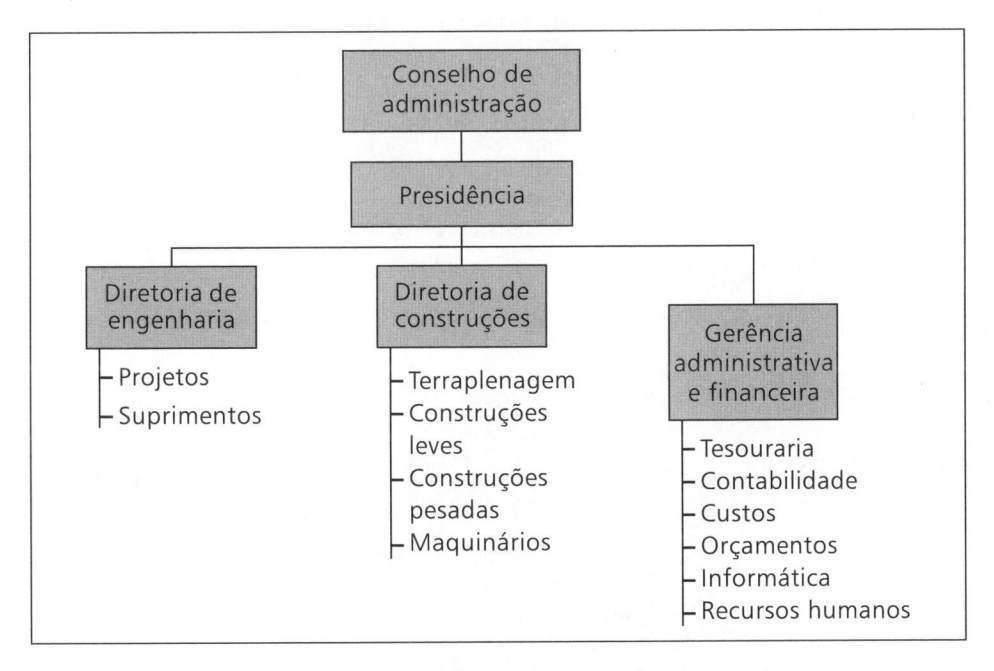

O Grupo Empresarial Malvinas é constituído por três empresas:

- Construções e Comércio Alvorada, responsável pelo segmento de construções pesadas e pelos serviços de terraplenagem, bem como pela administração dos maquinários;

- Engenharia, Construções e Comércio Capital, responsável pelo segmento de construções leves e de projetos; e

• Nova América Serviços Administrativos, responsável pelos serviços de apoio administrativo e financeiro aos diversos negócios do Grupo Empresarial Malvinas.

Nos últimos quatro anos, a Diretoria Executiva do Grupo Empresarial Malvinas observou que:

• o segmento de projetos de engenharia teve forte evolução, e a Engenharia, Construções e Comércio Capital está crescendo muito nesses serviços, inclusive com elevadas rentabilidades nos projetos elaborados; e

• o segmento de construções, principalmente as pesadas, está com sérias dificuldades em decorrência de dois aspectos básicos: redução da quantidade de concorrências e licitações realizadas pelos governos federal, estadual e municipal, bem como problemas de pagamentos das contas de obras públicas.

Nesse contexto, a Diretoria Executiva da Malvinas está pensando em realizar um plano de trabalho que envolve duas questões:

a) A possível mudança da estrutura organizacional, consolidando uma situação de unidades estratégicas de negócios e de administração corporativa, conforme apresentado a seguir, de forma resumida:

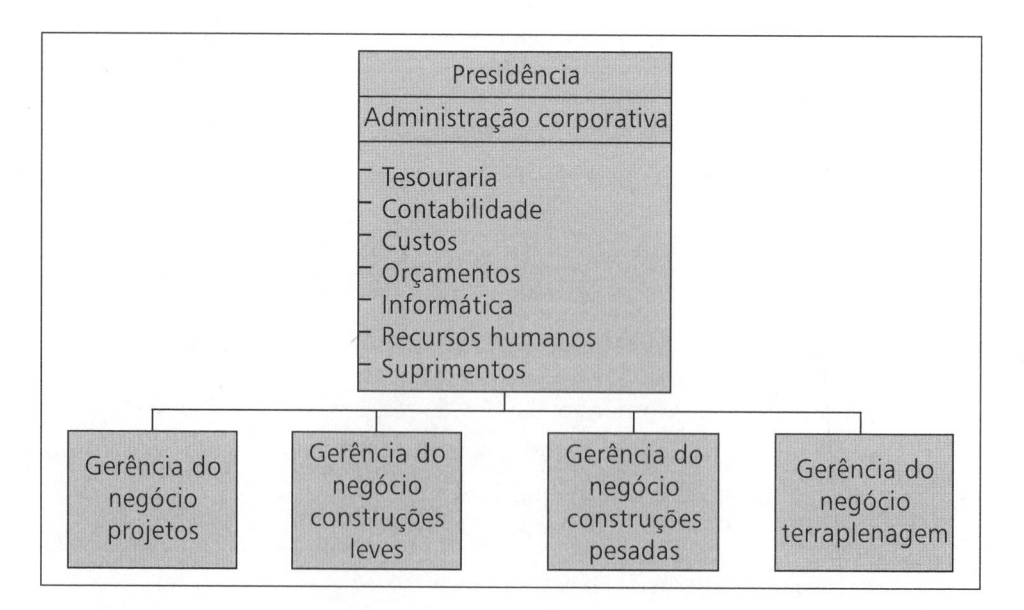

b) A consolidação dos negócios mais rentáveis – independentemente do nível de representatividade no faturamento geral atual –, na filosofia de se direcionar para os melhores resultados.

O quadro resumido das representatividades atuais no faturamento e margens financeiras dos negócios, bem como de expectativas futuras para dois anos, é apresentado a seguir:

Negócios	Participações atuais		Expectativas de participação (2 anos)	
	Faturamento	Margem	Faturamento	Margem
Projetos	25	40	40	45
Construções leves	20	20	20	20
Construções pesadas	35	15	20	10
Terraplenagem	20	25	20	25

Diante dessas informações gerais, e de outras que você julgue válido acrescentar ao caso, solicita-se:

- identificação de uma frase para a visão atual e futura;
- idem para três valores para o grupo empresarial;
- idem para a missão atual e futura;
- idem para a identificação dos propósitos atuais e futuros;
- identificação de cenários resumidos que considerem o contexto mais provável, uma situação otimista e uma situação pessimista;
- idem para a vantagem competitiva de cada um dos quatro negócios identificados;
- idem para duas macroestratégias; e
- idem para duas macropolíticas.

Capítulo 5

Objetivos e desafios empresariais

"Quem define um problema, já o resolveu pela metade."

Julian Huxley

Conforme verificado na seção 2.1.3.1, o estabelecimento de objetivos e desafios é o primeiro passo dos instrumentos prescritivos do planejamento estratégico, que corresponde à Fase III da metodologia apresentada.

Os objetivos podem ser conceituados como o estado, situação ou resultado futuro que o executivo pretende alcançar. Na realidade, o termo *objetivo* relaciona-se a tudo que implica na obtenção de um fim ou resultado final.

O objetivo pode ser geral e interessar a toda a empresa ou ser específico de um setor da empresa. Nesta última situação, há os objetivos funcionais de áreas específicas da empresa (gestão de pessoas, desenvolvimento tecnológico, planejamento e controle financeiro, tesouraria, pesquisa de mercado, vendas etc.).

O planejamento estratégico é um instrumento administrativo para a empresa, como um todo, alcançar seus objetivos. E como um planejamento estratégico pode ser eficiente, eficaz e efetivo se os objetivos não forem conhecidos, adequados, aceitos, aplicados e consistentes?

5.1 Diferença básica entre objetivos e desafios

Neste livro existem duas definições diferenciadas:

- **Objetivo**: é o alvo ou situação que se pretende alcançar.
- **Desafio**: é a quantificação, com prazos definidos, do objetivo estabelecido. E, para serem alcançados, os desafios exigem esforço extra, ou seja, pressupõem a alteração do *status quo*.

Na realidade, o objetivo pode ser quantificado, com prazo para sua realização. Como na Fase I do planejamento estratégico preferiu-se iniciar o processo de planejamento estratégico pelo diagnóstico estratégico e não pela missão da empresa, na Fase III foram considerados válidos os postulados dos objetivos que não tinham determinadas restrições em seu estabelecimento, como a quantificação e o prazo, ficando esses aspectos para quando se der o estabelecimento dos desafios.

Entretanto, nada impede que você decida aglutinar os dois itens num só, trabalhando com a seguinte conceituação:

- **Objetivo** é o alvo ou ponto quantificado, com prazo de realização e responsável estabelecidos, que se pretende alcançar através de esforço extra.

Esse aspecto também está correlacionado ao fato de o objetivo poder ter dois tipos básicos de valor:

- instrumental: permite a obtenção ou retenção de algo de valor, apresentando mensuração facilitada. Como exemplo pode-se citar a situação da empresa que tem como objetivo aumentar o volume de vendas e manter a atual participação de mercado diante de seus concorrentes; e
- estilístico: tem valor por si mesmo mas, geralmente, é de mensuração subjetiva. Como exemplo pode-se ter o objetivo de diversificação, que reflete um estilo de administração.

Também deve-se considerar que, algumas vezes, a empresa não tem informações realistas para estabelecer, de imediato, a quantificação do objetivo e, portanto, ela deve se preparar para ter essas informações o mais breve possível, quando estabelece o correspondente desafio. Consequentemente, evitam-se "chutes" na formulação dos objetivos da empresa.

Outro aspecto a salientar é que, neste livro, decidiu-se utilizar o termo **meta**, que representa as etapas realizadas para alcançar os desafios e objetivos da empresa.

Tradicionalmente, meta empresarial pode apresentar duas definições:

- meta é a quantificação do objetivo (preferiu-se denominar *desafio* essa situação); ou
- meta é a etapa ou passo intermediário para se alcançar determinado objetivo (neste livro utilizou-se esse conceito).

Antes de você passar à determinação dos desafios – quantificados e com responsáveis e prazos de realização –, deve verificar se os objetivos:

- estão claros e, perfeitamente, divulgados, entendidos e aceitos;
- são específicos, mensuráveis, realísticos e desafiadores (no caso de se trabalhar com objetivos quantificados e com prazos para realização);
- apresentam as suas inter-relações de forma esquematizada;
- estão adequadamente correlacionados a fatores internos – controláveis – e externos – não controláveis – da empresa;

- o sistema de controle e avaliação estabelecido está adequado; e
- as prioridades estão estabelecidas.

Salienta-se que, embora na maior parte das vezes neste livro haja referência pura e simples a "objetivos", normalmente o autor estará referindo-se aos desafios também, dentro da necessidade de existir uma situação quantificada, um responsável e com prazo para realização, bem como a exigência de um esforço extra de quem o irá concretizar. Essa situação também se refere ao termo *meta*.

5.2   Base dos objetivos das pessoas

Uma empresa em si não pode ter objetivos, pois é uma entidade jurídica e sem vontade própria; portanto, o que, normalmente, se chamam objetivos da empresa são, simplesmente, uma média ponderada dos objetivos das pessoas que dirigem a empresa. Naturalmente, quanto maior o poder relativo de um indivíduo, mais ele influencia os objetivos da empresa.

Entretanto, nota-se, na prática, que a mudança de diretores, ou até mesmo de presidente, não provoca sempre alterações nos objetivos aparentes da empresa. Isso pode ser considerado como consequência da estabilidade dos motivos e expectativas dos executivos responsáveis pela empresa.

Para alcançar seus objetivos, uma empresa necessita da cooperação dos seus profissionais; e esses, por sua vez, ao serem admitidos na empresa, trazem consigo necessidades, aspirações e expectativas que, esperam, sejam satisfeitas em troca da qualidade de seu trabalho.

O comportamento do indivíduo é determinado por suas necessidades, que se localizam dentro dele e se dirigem para um objetivo ou incentivo que está fora dele. Como base dessa situação você deve considerar a motivação, que é representada por um conjunto de energias e forças internas de um indivíduo e que o mantém, permanentemente, direcionado para resultados específicos e concretos.

No estudo da motivação no trabalho verifica-se que os funcionários possuem muitas necessidades e expectativas que se combinam de maneira diferente em cada indivíduo, ou seja, cada "pessoa é um caso." Essa constatação reforça as anteriores, pelas quais a empresa recebe indivíduos comportando-se das mais diferentes formas, como consequência de diferentes necessidades no processo de alcance dos objetivos e desafios empresariais.

Entretanto, para o funcionamento efetivo da empresa, torna-se necessário o estabelecimento de padrões de comportamento, nos quais o indivíduo distingue os diversos comportamentos com que se defrontará para o alcance de seus objetivos e os da empresa.

Você deve estar ciente de que o funcionamento de uma empresa é assegurado quando as pessoas desempenham o seu papel de acordo com as prescrições para satisfazer ou exceder os padrões quantitativos e qualitativos de desempenho estabelecidos pelos objetivos, desafios e metas empresariais. Portanto, é muito importante que os executivos e demais funcionários das empresas considerem os objetivos empresariais como interagentes, de forma direta ou indireta, com os seus próprios objetivos pessoais.

Essa situação pode ser facilitada quando:

- os objetivos empresariais expressam valores culturais que são adequados para os próprios valores individuais (ver seção 3.1.2); e
- os executivos e demais funcionários identificam-se com os valores de seu grupo de trabalho.

A empresa só poderá alcançar seus objetivos quando todos os seus funcionários tiverem alta capacitação e motivação em direção aos seus resultados esperados.

 Para você pensar: você já teve conflitos de seus objetivos pessoais com os objetivos da empresa onde trabalha ou instituição onde estuda? Como resolveu essa situação?

5.3 Importância dos objetivos

Uma pessoa pode admitir, de maneira imediata, que os objetivos são importantes. Contudo, será realmente necessário que sejam analisados? E em que nível de profundidade deve ser feita essa análise? Essas são apenas algumas das questões a serem consideradas.

Deve-se pensar no desperdício das inúmeras decisões tomadas a cada dia, que teriam sido analisadas de forma melhor se os objetivos desejados fossem claros para o tomador de decisões.

Em muitas empresas, se você pedir a alguns executivos que descrevam os seus principais objetivos, teremos um número elevado de respostas conflitantes que, na prática, podem criar uma série de problemas para a empresa através de desperdício de dinheiro, horas de trabalho, conflitos internos etc.

 **Para você constatar**: se você não acredita na afirmação anterior, testar em uma instituição de seu conhecimento.

Essa situação está muito correlacionada ao não envolvimento com os objetivos, e isso pode ser verificado quando se pergunta aos dirigentes de uma empresa, escolhida ao acaso, quais os objetivos de sua empresa a curto, médio e longo prazos. Com grande probabilidade podem-se ter as seguintes situações:

- respostas genéricas do tipo: lucro, sobrevivência, crescimento contínuo;
- desconhecimento completo dos objetivos da empresa; e
- quando as respostas atingem maior nível de precisão, elas são diferentes e conflitantes.

As contradições são observadas considerando-se qualquer nível hierárquico nas empresas.

Os executivos das empresas costumam esquecer que os objetivos permitem não somente guiar as ações e estratégias, mas também estimulá-las.

De maneira resumida, os objetivos servem para as seguintes finalidades das empresas:

- fornecer às pessoas um sentimento específico e adequado de seu *papel* na empresa;
- dar consistência à tomada de decisão entre grande número de diferentes executivos;
- estimular o empenho profissional e a realização baseada em resultados esperados; e
- fornecer a base para o controle e as ações corretivas e de aprimoramento.

Pode-se concluir que uma adequada administração começa com o estabelecimento ou, pelo menos, com a compreensão nítida dos objetivos, desafios e metas a serem alcançados.

Para serem úteis, os objetivos devem ser mais do que palavras; devem ter significado concreto para o executivo, com a finalidade de obter sua participação e comprometimento de forma real, efetiva e contínua.

Uma empresa pode ter diversos objetivos e uma das tarefas do executivo é determinar o grau de importância de cada um deles. Para tanto, este livro mostra que os objetivos devem ser interligados às estratégias – Capítulo 6 – e essas aos projetos – Capítulo 8 –, pois esses é que permitem as adequadas análises de prioridades das atividades da empresa e as suas otimizadas operacionalizações.

5.4   Características dos objetivos e desafios

As principais características dos objetivos e desafios devem ser resumidas na necessidade de serem:

- hierárquicos: sempre que possível, os objetivos e desafios principais devem ser dispostos em escalas hierárquicas, demonstrando quais são prioritários, quais são secundários etc., e como foram estabelecidas as prioridades;
- quantitativos: sempre que possível, devem ser expressos como quantitativos ou operacionais. Sobre esse assunto foram apresentadas algumas considerações na seção 5.1;
- realistas: os objetivos e desafios devem surgir de uma análise das oportunidades e ameaças ambientais e dos pontos fortes e fracos, bem como dos recursos da empresa e não de pensamentos, desejos e simples expectativas de seus diferentes executivos e funcionários;
- consistentes: uma empresa pode estar buscando vários objetivos e desafios importantes de uma só vez, mas esses devem ser consistentes entre si;
- claros, entendidos e escritos: os objetivos e desafios permitem maior amplitude de controle, visto que a tarefa da chefia é simplificada e o planejamento estratégico é mais fácil de ser feito quando os objetivos e desafios são claros e entendidos por todos os profissionais envolvidos no processo;
- comunicados: a finalidade e o conteúdo dos objetivos e desafios devem ser comunicados a todos os envolvidos, direta ou indiretamente, em sua realização;
- desmembrados em objetivos funcionais: são apresentados comentários na seção 5.5;
- motivadores: os objetivos e desafios devem propiciar uma situação de motivação para facilitar as estratégias a serem desenvolvidas pelos executivos e demais funcionários, visando obter seu alcance;
- utilitários: os objetivos e desafios devem explicitar quem vai beneficiar-se – toda a empresa ou parte dela – quando forem alcançados;
- decisórios: os objetivos e desafios devem facilitar e esclarecer as decisões básicas envolvidas em seu processo; e
- operacionais: os objetivos e desafios devem visualizar os aspectos básicos que necessitam ser realizados para o seu alcance.

Para sua análise: com base em um critério estabelecido por você, hierarquizar as 11 características dos objetivos e desafios empresariais.

5.5 Hierarquia dos objetivos e desafios

É bastante interessante que os objetivos e desafios das empresas sejam estabelecidos, numa etapa inicial, de maneira bem espontânea, como ocorre em uma situação de *brainstorming*. Mas à medida que se chegam às ideias básicas através de debates, torna-se importante a hierarquização dos objetivos e desafios dentro de determinadas classificações.

Essa questão de hierarquização de objetivos e desafios – e também de metas – deve ser realizada, de forma natural, dentro do processo de elaboração e implementação do planejamento estratégico, conforme apresentado na seção 2.1.

Nesse processo podem-se visualizar quatro níveis, conforme apresentados na Figura 5.1:

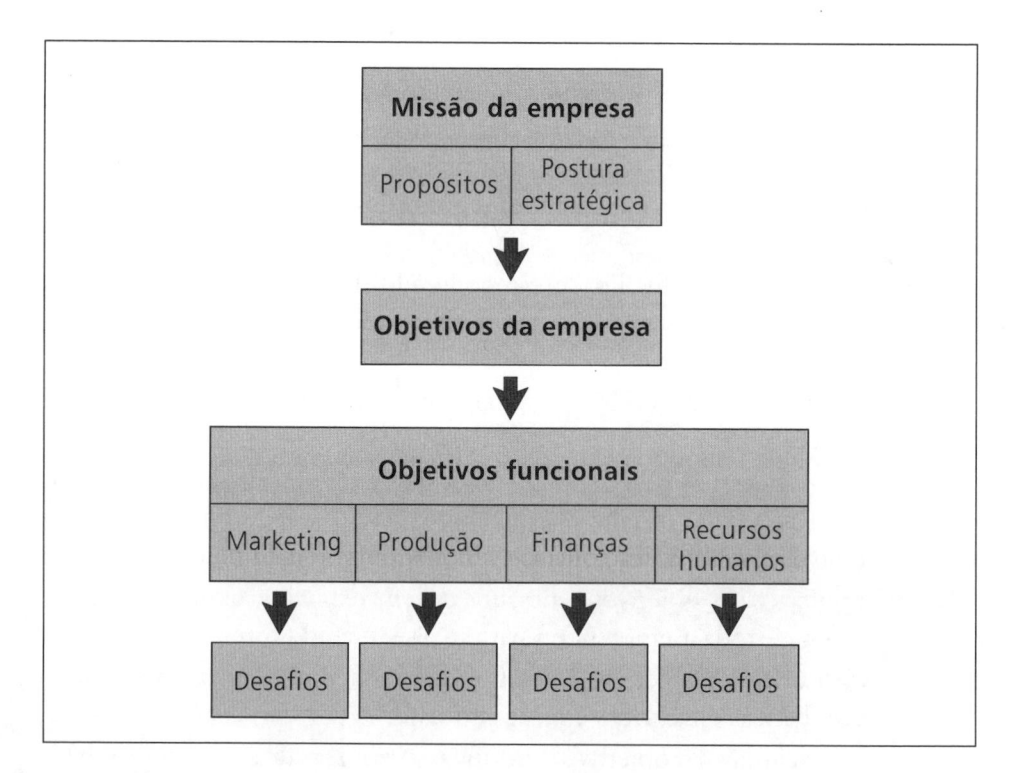

Figura 5.1 Hierarquia dos objetivos e desafios da empresa.

Nível 1: Missão da empresa

Missão é a razão de ser da empresa. Esse assunto, incluindo seus componentes, foi analisado com mais detalhes nas seções 4.1 e 4.3.

Nível 2: Objetivos da empresa

Nesse nível trabalha-se de maneira mais ordenada os aspectos não quantificáveis, através da identificação e qualificação das expectativas dos setores de atuação estabelecidas no nível anterior.

Não precisa existir, nesse nível, a preocupação de quantificar os resultados esperados, nem de estabelecer o período de tempo para sua realização, mas inicia-se a análise da disponibilidade dos recursos e as atribuições das áreas envolvidas no processo. Em alguns casos, essa questão de quantificações, e outros detalhamentos, pode ser efetuada no nível 4 – desafios – do processo de análise.

Nível 3: Objetivos funcionais

Nesse nível correlacionam-se os objetivos da empresa a suas várias áreas funcionais. No exemplo da Figura 5.1 existem quatro grandes áreas funcionais representadas por marketing, produção, finanças e recursos humanos; mas, na realidade, cada empresa deverá estabelecer as suas áreas funcionais.

Podem-se ter vários níveis de objetivos funcionais, de acordo com as necessidades de maior e melhor detalhamento do processo. Esses objetivos podem fazer parte dos planejamentos táticos e operacionais da empresa, conforme apresentado nas seções 1.5.2 e 1.5.3.

Nível 4: Desafios

Nesse nível são estabelecidas a situação atual e a situação futura desejada perfeitamente quantificáveis, os responsáveis pelas suas efetivações, bem como o período de tempo para sua realização. É muito importante, também, que todo esse processo represente real situação de esforço extra para sua concretização.

Salienta-se que esse processo de quantificação pode ser iniciado no nível 2 – objetivos da empresa –, o que, em várias situações, pode facilitar o processo decisório estratégico.

 **Para você pensar:** considerando uma empresa qualquer, estabeleça prazos para cada um dos assuntos inerentes aos quatro níveis hierárquicos evidenciados, não se esquecendo de fazer as interações entre eles.

5.5.1 Interações verticais e horizontais no tratamento dos objetivos e desafios da empresa

Conforme verificado anteriormente, os vários objetivos e desafios da empresa devem ser estabelecidos a partir de um objetivo global. Portanto, dentro de um esquema piramidal podem-se estabelecer os vários objetivos para as diversas unidades organizacionais em diferentes níveis da empresa.

Essa análise pode ser baseada nos estudos de Mesarovic, Macko e Takahara (1970, p. 34), que consideraram os relacionamentos verticais e horizontais nas interações entre os objetivos da empresa.

A. *Relacionamentos verticais*

Nesse caso, a unidade organizacional superior e as unidades organizacionais inferiores mantêm relações de tal forma que a ação – sucesso – de uma depende da ação de outra. E, dentro dessa situação, o problema de decisão da unidade inferior depende da ação da unidade superior, tida como parâmetro; inversamente, o problema de decisão da unidade superior depende da ação – resposta – da unidade inferior.

Devem-se considerar dois momentos principais de intervenção da unidade organizacional superior para a tomada de decisão pelas unidades organizacionais inferiores:

- intervenção pré-decisória, em que a unidade organizacional superior intervém na fase anterior à tomada de decisões. Nessa intervenção, o superior estabelece:
  - a prioridade de ação, de acordo com critérios e parâmetros anteriormente estabelecidos;
  - a previsão de comportamento de toda a equipe de profissionais alocada na empresa e em suas interações com o ambiente empresarial; e
  - as funções de desempenho que devem ser analisadas.
- intervenção pós-decisória, que ocorre na fase final de tomada de decisão das unidades organizacionais inferiores. Nessa intervenção, a unidade organizacional superior deve fazer os ajustes e correções necessários.

O aspecto básico das intervenções é tornar as decisões das unidades organizacionais inferiores compatíveis com os objetivos da empresa, fazendo com que todos direcionem seus esforços e recursos para os mesmos resultados.

Através desse processo de interação das unidades organizacionais superiores devem ser rateados os objetivos pelas unidades organizacionais inferiores, consolidando uma rede escalar de objetivos na empresa. Essa situação pode ser visualizada na Figura 5.2:

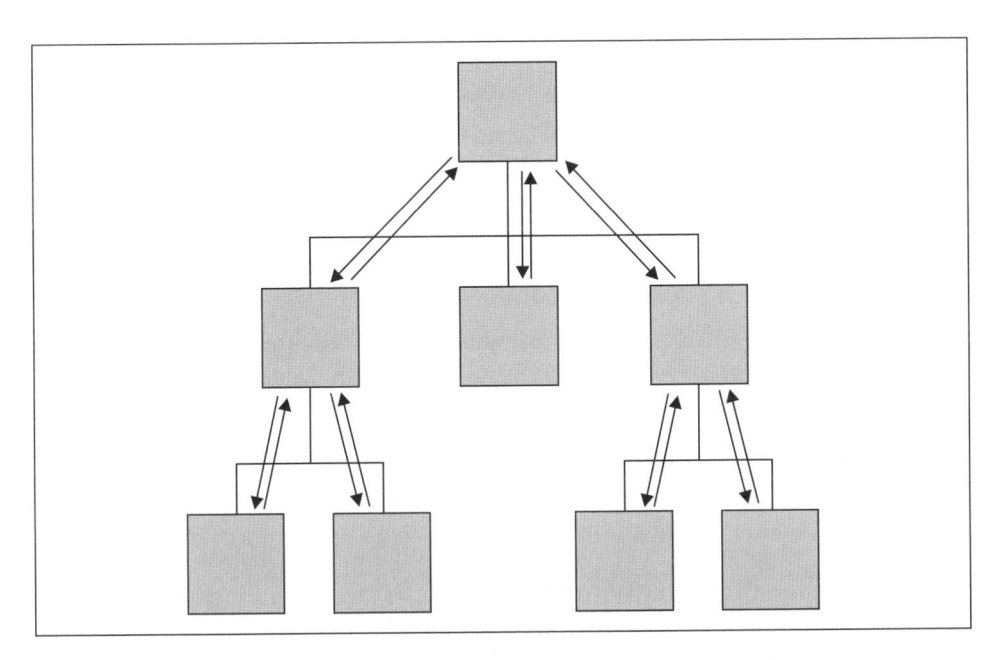

Figura 5.2 Relacionamento vertical no tratamento dos objetivos e desafios da empresa.

B. *Relacionamentos horizontais*

Nesse caso são estabelecidos os relacionamentos entre unidades organizacionais de mesmo nível hierárquico por suas ações e reações, como influências recíprocas chamadas entradas de interface.

Para tanto existem cinco alternativas que a unidade organizacional superior pode considerar como entradas de interface:

- coordenação com interação prevista: nesse caso, a unidade superior especifica as entradas de interface, enquanto as unidades inferiores procedem à solução dos problemas locais de decisão sob a hipótese de que as entradas de interface, colocadas pela unidade superior, sejam exatamente verdadeiras;

- coordenação com interação estimada: nesse caso, a unidade superior especifica uma faixa de valores de entradas de interface, e as unidades inferiores tratam tais entradas como distúrbios que podem ser assumidos como valores dentro de determinada faixa;

- coordenação com a interação desconectada: nesse caso, as unidades inferiores tratam as entradas de interface como uma variável adicional de decisão e resolvem seus problemas de decisão, como se o valor de entrada pudesse ser escolhido à vontade;

- coordenação com a interação simples: nesse caso, as unidades de um nível reconhecem a existência de outras unidades de decisão de mesmo nível, e a unidade superior determina um modelo de relacionamento de ação de uma unidade organizacional com as respostas de outras, dentro do sistema considerado; e

- coordenação com coalizão: nesse caso, as unidades inferiores reconhecem a existência de outras unidades de decisão no mesmo nível, e a unidade superior especifica que tipo de comunicação deve ocorrer entre as inferiores e orienta para uma coalizão ou para o relacionamento competitivo entre as unidades inferiores.

A partir das cinco alternativas de como a unidade organizacional superior pode coordenar o processo decisório das unidades organizacionais inferiores, os referidos autores estabeleceram as seguintes premissas:

- a última hipótese é a mais sofisticada e mais identificada com a atual situação das empresas. Entretanto, é mais complicada e canaliza problemas complexos de decisão para as unidades organizacionais inferiores. No caso extremo, cada unidade organizacional inferior tem de solucionar os problemas de decisão das demais unidades organizacionais do mesmo nível do sistema. Nesse caso, a eficiência de tal procedimento no contexto do processo de planejamento estratégico da empresa pode ser extremamente baixa; e

- as três primeiras hipóteses, aparentemente, apresentam vantagem de simplicidade sobre as duas últimas, se houver a premissa segundo a qual a simplificação e consolidação do sistema de vários níveis consiste no encaminhamento dos problemas simplificados para as unidades organizacionais superiores e inferiores, podendo consolidar um interessante processo de planejamento estratégico na empresa.

5.6 Estabelecimento de objetivos e desafios

O estabelecimento de objetivos e desafios é básico para qualquer atividade ou negócio, uma vez que, não se sabendo aonde se quer chegar com a empresa, qualquer caminho servirá.

Muitos executivos têm uma visão do futuro de suas empresas que são análogas à visão da criança sobre ela mesma. Quando perguntados sobre o que desejam que suas empresas se tornem nos próximos anos, simplesmente respondem: "maior".

Na realidade existem muitas razões para a preocupação com o crescimento. Provavelmente a afirmação mais frequente seja: "Você tem que crescer ou morrer." O que deve ser apreciado, entretanto, é que *maior* para uma empresa tem enormes implicações para o seu modelo de gestão. Envolve um modo de vida diferente, para o qual muitos executivos podem não estar preparados em termos de comportamento, habilidade ou capacitação.

Uma empresa que não está, no momento, sendo lucrativa pode, com mais chance de sucesso, procurar sua sobrevivência na redução dos custos do que no crescimento das vendas. Portanto, na fixação de objetivos e desafios da empresa, *maior* nem sempre é o melhor.

Objetivos são sempre estabelecidos a partir de anseios e expectativas humanas quanto a uma situação futura que satisfaça a esses anseios. Para alcançar os seus objetivos, porém, é preciso, também, que o indivíduo ou o grupo disponha de um conjunto de meios, cuja aplicação o conduza aos objetivos estabelecidos. Esses "meios" para se alcançar os objetivos correspondem às estratégias empresariais (ver Capítulo 6).

Existem dois elementos importantes no estabelecimento de quaisquer objetivos:

- o elemento psicológico, que envolve valores, atitudes, motivações e desejos dos indivíduos, sendo alguns aspectos apresentados na seção 3.1.2; e
- um conjunto de instrumentos administrativos, compostos de recursos – financeiros, humanos, tecnológicos, materiais, equipamentos etc. – que deverão ser aplicados para alcançar os objetivos estabelecidos. Ver alguns aspectos nas seções 8.6 e 8.7.

A partir dessa dualidade desejos *versus* instrumentos administrativos, os objetivos estratégicos podem ser considerados como posições exequíveis planejadas para toda a empresa, bem como entendidas e aceitas como desejáveis por seus dirigentes.

Entretanto, podem existir determinados conflitos quando ocorrer o estabelecimento dos objetivos. Ackoff (1974, p. 21) explicou que as empresas formulam objetivos que, pelo menos sob certas circunstâncias, não são compatíveis como, por exemplo, o caso de empresas que podem querer realizar os melhores serviços aos clientes e, ao mesmo tempo, diminuir seus custos operacionais e, portanto, reduzir os custos de realizar os próprios serviços.

Você deve procurar um meio de solucionar conflitos causados pela tentativa de alcançar tais objetivos, pois, caso contrário, verá seus esforços frustrados por enfrentar pressões conflitantes.

No entanto, não se deve esquecer que os objetivos, de forma mais geral, são definidos pela alta administração da empresa, tendo por base as expectativas com relação às futuras condições do ambiente externo à empresa, as necessidades da empresa percebidas no momento da definição dos objetivos, assim como as restrições decorrentes das limitações dos recursos à disposição da administração da empresa.

Os objetivos podem ser estabelecidos de algumas formas, tais como:

a) Cruzamento de fatores externos e internos, o que pode ser considerada a forma ideal, pois essa é a abordagem estratégica dos objetivos. Para tanto é necessário que o diagnóstico estratégico da empresa seja muito bem realizado (ver Capítulo 3).

b) Interação com os cenários – ver seção 4.2 – sendo, nesse caso, mais um fator de influência para ajuste – para cima ou para baixo – do período de tempo e da quantificação do objetivo.

c) Intuição, que é a forma – infelizmente – mais aplicada pelas empresas. Não se está afirmando que o uso da intuição seja um problema para as empresas; mas que seu uso intenso e indiscriminado tem levado empresas ao caos estratégico.

Os objetivos também podem ser estabelecidos por diferentes critérios, entre as quais podem ser citados:

a) Determinístico: o objetivo é identificado numa situação precisa, tal como: "Aumentar as vendas em 5% até o final do ano."

b) Probabilístico: o objetivo é apresentado como uma situação provável de acontecer, tal como: "Não ter mais de 2% dos produtos devolvidos por defeito."

c) Qualitativo: o objetivo pode ser: "Melhorar a imagem da empresa perante a comunidade." Já foi explicado que, nesse caso, a empresa tem que trabalhar também com o conceito de desafios (ver seção 5.1).

d) Logístico: o objetivo pode ser apresentado como: "Adquirir o controle acionário da principal concorrente". O critério logístico considera a interação da empresa com outros fatores ambientais ou externos, sendo, no caso do exemplo citado, a empresa concorrente.

5.6.1 Processo de estabelecimento dos objetivos e desafios

Quanto ao processo de estabelecimento dos objetivos e desafios, eles podem ser fixados de cima para baixo, ou seja, pelos proprietários da empresa ou pelos grupos dirigentes que detêm a maior parcela de poder; e admite-se que os demais funcionários da empresa estão numa situação passiva. No outro caso, quando os objetivos e desafios são estabelecidos de baixo para cima, admite-se que os funcionários da empresa têm atuação ativa.

Naturalmente, pode-se atuar nos dois fluxos simultaneamente, quando do estabelecimento dos objetivos e desafios, o que pode resultar numa situação adequada para a empresa, inclusive quanto aos aspectos motivacionais e da participação com responsabilidade e comprometimento.

Uma situação que a prática tem demonstrado como interessante são os objetivos (o que) serem estabelecidos de cima para baixo, e as estratégias (o como – ver Capítulo 6) serem estabelecidas de baixo para cima na estrutura hierárquica da empresa.

Outro aspecto quanto ao estabelecimento dos objetivos e desafios é que eles podem ser:

- de obtenção, quando a empresa quer obter algo que não possui no momento. Por exemplo, aumentar a participação de um modelo de microcomputador no mercado considerado; e
- de manutenção, quando a empresa quer manter uma situação ou algo que já tem no momento. Como exemplo pode-se citar a manutenção da atual participação de mercado para determinado produto ou serviço.

O estabelecimento dos objetivos e desafios é um processo criativo por si só, pois:

- envolve concepção de vários objetivos e desafios compatíveis entre si e possíveis de consolidação;
- exige consistência com os recursos internos da empresa;

- exige consistência com as condições ambientais ou externas da empresa;

- envolve a análise da relação custos *versus* benefícios;

- envolve um sentido de qualidade de toda a empresa;

- envolve liberdade para se cometerem alguns erros; e

- envolve o reconhecimento do possível em relação ao impossível, porém sempre desejando uma aproximação maior com o segundo aspecto.

Outro aspecto a considerar é que, quando se estabelecem objetivos e desafios numa empresa, pode-se ter a seguinte situação integrativa:

A. a alta administração – 1º nível – estabelece os objetivos da empresa;

B. com base nos objetivos empresariais, a média administração – 2º nível – estabelece os objetivos funcionais, realizando, inclusive, o primeiro estudo dos desafios;

C. os dados acima voltam para a alta administração, que revê os objetivos, se for o caso, e efetua a consolidação geral;

D. o processo volta para a média administração, que revê os objetivos funcionais e estabelece seus desafios no nível do 2º escalão;

E. o processo segue para o 3º nível – operacional –, que estabelece seus desafios – ou metas –, tendo em vista os objetivos funcionais e desafios do 2º nível da empresa;

F. todo o processo volta para o 2º nível para os devidos ajustes;

G. todo o processo volta para o 1º nível para os devidos ajustes; e

H. o 1º nível consolida e analisa o processo, deflagrando-o a seguir em toda a empresa.

Essa situação pode ser visualizada na Figura 5.3, considerando as letras do processo anteriormente apresentado.

Pela Figura 5.3 percebe-se o estabelecimento de uma série de objetivos intermediários que formam uma hierarquia, em que cada nível de objetivos é "meio" para os que estão acima e "fim" para os que estão abaixo dele. Portanto, através da transitividade dos objetivos, a realização de cada um deles leva ao objetivo seguinte, e assim, sucessivamente, até se alcançar o fim último a ser consolidado

pela alta administração da empresa e com a certeza de que todas as particula-
ridades dos diversos níveis e áreas da empresa foram consideradas e analisadas.

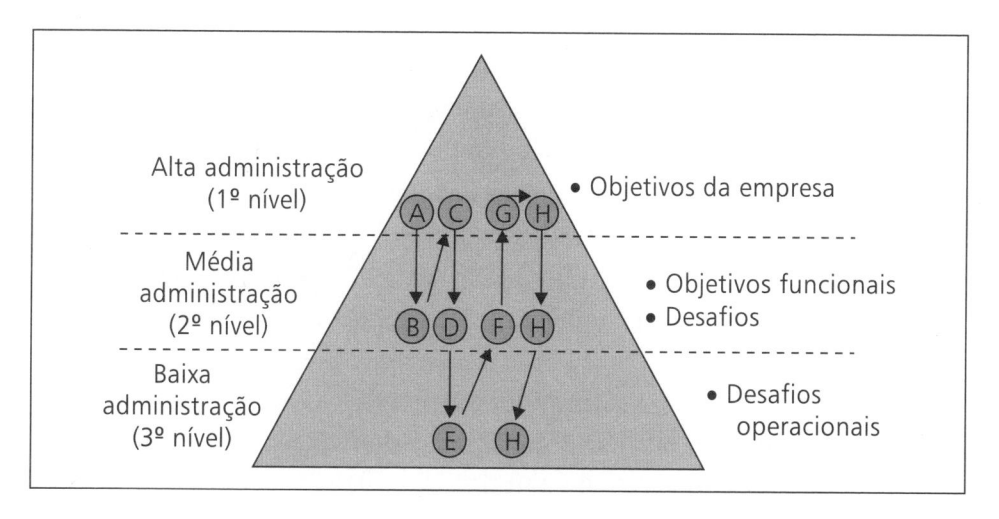

Figura 5.3 Processo de estabelecimento dos objetivos e desafios na empresa.

Quando se desenvolve e implementa adequadamente um plano de objetivos
na empresa os benefícios são inúmeros, mas vai depender muito do executivo
que trabalhar com esses objetivos.

Alguns desses benefícios são:

- direcionamento de esforços para onde vale a pena;
- melhor estabelecimento de prioridades;
- motivação pela maior participação; e
- maior conhecimento da empresa, incluindo de seus recursos.

5.6.2 Quantificação dos objetivos e desafios

O processo de estabelecimento dos objetivos e desafios de uma empresa
pode passar, em um momento inicial, por uma abordagem qualitativa, mas, seguramente, tem que se consolidar em uma abordagem quantitativa, em que os
resultados esperados são quantificados de maneira adequada.

Essa quantificação dos resultados pode ser efetuada de algumas maneiras, tal
como pelo *balanced scorecard*, idealizado por Robert Kaplan e David Norton,
sendo que as empresas podem fazer as necessárias adaptações.

O *balanced scorecard* pode ser conceituado como um sistema balanceado de monitoramento de resultados da empresa, e considera que:

- as tradicionais medidas financeiras de desempenho não são suficientes para assegurar uma boa gestão das empresas e dos negócios;

- o mesmo raciocínio serve para as tradicionais medidas de desempenho operacionais (tempo do ciclo produtivo, taxa de defeitos);

- as empresas devem utilizar, conjuntamente, outras medidas de desempenho de forma interativa e balanceada;

- as medidas de desempenho devem ser utilizadas nos níveis de corporação, de empresa, de unidade estratégica de negócio e de produto ou serviço;

- os indicadores e medidas de desempenho devem ser em número reduzido, para facilitar a gestão da empresa, a partir do direcionamento de esforços, que é um princípio básico na administração por objetivos; e

- os indicadores e as medidas de desempenho devem estar, facilmente, visíveis por todos os executivos da empresa, dentro do princípio de gestão à vista.

Gestão à vista é o processo em que os indicadores, parâmetros e critérios de avaliação, bem como a realidade atual das atividades, ficam disponíveis para acompanhamento e possível interação e intervenção de todos os demais envolvidos, de forma direta ou indireta, nas atividades consideradas.

Kaplan e Norton (1998, p. 19) consideram que os indicadores e as medidas podem ocorrer em quatro grandes campos ou perspectivas:

a) Perspectiva financeira, na qual se procura responder à questão: "Como estamos indo na perspectiva das *pessoas de fora* que estão interessadas nos resultados da empresa?".

As *pessoas de fora* podem ser os acionistas, o governo, as instituições financeiras, os fornecedores, a comunidade.

As medidas financeiras podem estar correlacionadas a:

- sobrevivência, medida pelo fluxo de caixa;

- sucesso no crescimento, medido pelo volume de vendas e pelo rendimento operacional; e

- prosperidade, medida pelo aumento do valor das ações e o nível de retorno dos investimentos.

b) Perspectiva dos clientes e do mercado, na qual se procura responder à questão: "Como nossos clientes nos veem?".

Verifica-se que essa abordagem está focada nos usuários ou clientes da empresa. A preocupação com os clientes tende a enquadrar-se em quatro categorias:

- tempo para atendimento das necessidades – ou mesmo expectativas – dos clientes;
- qualidade dos produtos e serviços oferecidos pela empresa ao mercado e aos clientes;
- desempenho e validade dos produtos e serviços; e
- custos e preços dos produtos e serviços.

No processo de planejamento estratégico, também deve-se considerar o *lead time* global, que mede o tempo requerido para a empresa conhecer as necessidades de seus clientes e atendê-los, de maneira efetiva.

c) Perspectivas dos processos internos, em que o básico é responder à questão: "No que devemos ser realmente bons?".

Portanto, a preocupação essencial é determinar os aspectos em que a empresa deve superar-se. Entretanto, o que se deve procurar medir é o que a empresa deve fazer, internamente, para satisfazer – e talvez suplantar – às necessidades e expectativas de seus clientes.

Essas medidas internas podem estar correlacionadas a tempo, qualidade, habilidade e capacitação dos funcionários, produtividade, bem como ao custo dos produtos e serviços oferecidos ao mercado.

As medidas internas do *balanced scorecard* devem originar-se dos processos de negócios que têm maior impacto sobre a satisfação dos clientes. Nesse contexto, as empresas devem decidir quais processos e competências elas devem buscar para conseguir se sobressair no mercado e, a partir daí, especificar medidas para que cada um desses processos proporcione sustentação para a vantagem competitiva da empresa, e que essa seja reconhecida pelo mercado.

d) Perspectiva da inovação e do aprendizado, na qual se procura responder à questão: "Podemos continuar melhorando e adicionando valor a tudo que fazemos?".

A habilidade da empresa para inovar, melhorar e aprender está correlacionada ao seu valor como empresa. Portanto, somente por meio da habilidade para lançar novos produtos e serviços, agregar mais valor aos clientes e aumentar continuamente a eficiência operacional, a empresa poderá entrar em novos mercados e aumentar seus lucros.

A essas quatro perspectivas estabelecidas por Kaplan e Norton podemos acrescentar uma quinta perspectiva, para a qual as empresas modernas devem estar atentas:

e) Perspectiva da responsabilidade social, na qual as empresas devem procurar responder à seguinte questão: "Para consolidarmos efetiva, evolutiva e acumulativa atuação social, quais resultados devemos apresentar para a comunidade?".

Salienta-se que muitas empresas estão procurando consolidar suas vantagens competitivas sustentadas pela responsabilidade social e ampliada para o contexto ambiental.

O desenvolvimento e a implementação do *balanced scorecard* nas empresas devem ser feitos de forma interativa com as fases do processo de planejamento estratégico, conforme apresentado na seção 2.1.

Seu desenvolvimento deve ser *de cima para baixo* na empresa, mas chegando até os níveis inferiores, pois as medidas finais dependerão – e muito – das atividades mais operacionais da empresa.

O *balanced scorecard* deve ser, continuamente, retroalimentado, e o sistema de disseminação das informações na empresa deve ser efetivo, ágil e completo.

5.6.3 Necessidade de renovação periódica dos objetivos e desafios

Alguns executivos podem pensar que os objetivos e desafios, uma vez estabelecidos, e se as condições internas e externas da empresa não mudarem muito, serão válidos para um longo período de tempo. Neste ponto deve-se constatar que o mesmo velho objetivo repetido muitas vezes não terá nenhum impacto e não representará nenhum desafio, pelo simples fato de a empresa estar muito bem estruturada para a sua realização.

Talvez aí resida a falha de muitas organizações religiosas. Objetivos do tipo canônico, produzidos há muitos anos por brilhantes religiosos, simplesmente não inspiram os membros da organização atual, a não ser que já tenham passado pelo processo de descoberta dos objetivos e tenham, posteriormente, chegado às mesmas conclusões.

Mesmo que as condições internas e externas à empresa não se alterem, uma reavaliação sistemática de objetivos e desafios é aconselhável, visto que a manutenção do mesmo plano de ação durante longo período de tempo não provoca impactos favoráveis sobre a empresa, uma vez que seus objetivos passam a ser estáticos, o que pode redundar em consequências indesejáveis em termos de sua dinâmica de operação.

Entretanto, você não deve fazer revisões em períodos de tempo muito curtos, mas desenvolver um processo dinâmico e flexível o suficiente para a realidade de sua empresa.

5.6.4 Divulgação formalizada dos objetivos e desafios

Não há empresa sem objetivos. Existem – e muitas – empresas sem uma formulação oficial e pública de seus objetivos e desafios. Portanto, uma coisa é ter objetivos, como condição de sobrevivência, e outra é divulgar os objetivos de sua empresa.

Alguns dos aspectos que podem influenciar o nível de divulgação formalizada dos objetivos e desafios da empresa são:

- grau de centralização ou descentralização decisória da empresa, pois, quanto mais centralizado for o poder de decisão na empresa, tanto menos ela necessita de objetivos e desafios explícitos, independentemente das vantagens e das desvantagens da centralização, sendo que empresas mais profissionalizadas e descentralizadas procuram sistemas que facilitem a divulgação formalizada dos objetivos e desafios estabelecidos; e
- nível de segurança desejado para com as possíveis estratégias dos concorrentes, pois a empresa pode ter medo de uma ação competitiva inesperada.

5.6.5 Teste de validade e de conteúdo dos objetivos e desafios

Você também deve verificar a validade e o conteúdo dos objetivos e desafios estabelecidos para a empresa.

Algumas das perguntas básicas que podem ser feitas são:

- o objetivo ou desafio é ou não um guia para a estratégia?
- o objetivo ou desafio facilita a tomada de decisão ao ajudar o executivo a escolher a alternativa estratégica mais desejável?
- o objetivo ou desafio sugere os instrumentos para uma medição e controle da eficiência, da eficácia e da efetividade da empresa?
- o objetivo exige esforço extra para representar um desafio para a empresa?
- o objetivo ou desafio exige o conhecimento da capacitação interna e de atuação externa da empresa?
- o objetivo ou desafio pode ser aplicado a todo e qualquer nível hierárquico da empresa?
- o objetivo ou desafio é perfeitamente entendível e *vendável* a todos os níveis hierárquicos envolvidos com o mesmo na empresa?

 **Para você pensar:** faça um teste de validade e conteúdo dos objetivos e desafios da empresa onde trabalha ou instituição onde estuda. É possível que você tenha algumas surpresas!

5.7 Lucro como objetivo

O objetivo de máximo lucro é o mais citado das empresas, sobretudo pelos economistas. Entretanto, esse objetivo tem sofrido considerável questionamento de diferentes áreas ligadas ao estudo da Teoria da Administração.

A realidade é que a empresa necessita de lucro para sobreviver e você deve ter em mente que sempre será preferível mais lucro, quando todos os outros fatores na empresa forem iguais.

O lucro, bem como os índices correlacionados, como a rentabilidade – lucro sobre o patrimônio – ou a lucratividade – lucro sobre as vendas –, é medida de sucesso da empresa perfeitamente reconhecida pela comunidade empresarial.

O que se discute é se o lucro é o único motivo que deve ser considerado na análise do comportamento econômico das empresas. Atualmente, as teorias tratam o problema em termos de maximização de utilidade, e não em termos de maximização de lucro.

A questão do lucro como resultado principal da empresa tem que ser debatida. Peter Drucker, um dos *gurus* da administração, afirmou: "só existe uma definição válida de objetivo empresarial: criar clientes; afinal, quem é que paga as contas?".

Como resultante dessa questão pode-se considerar que o ideal estratégico é colocar o valor dos produtos e dos serviços em primeiro lugar; e o lucro depois;

e, talvez nunca, a simples maximização dos lucros. Na realidade, o lucro deve ser o resultado direto da consolidação de uma série de estratégias interessantes – e de resultado – da empresa.

Um aspecto a considerar é que a análise do lucro vem da contabilidade e deve-se lembrar que essa:

- apresenta problemas nas práticas contábeis adotadas; e
- apresenta o lucro contábil, que reflete o passado, e o planejador está mais preocupado com os problemas futuros.

De qualquer forma, você deve evitar a obtenção do lucro como objetivo maior da empresa, pois o lucro pode servir para avaliar os resultados operacionais de período passado da empresa, mas, quando utilizado como fator de previsão de estado futuro, pode conduzir os executivos a pensar e agir a curto prazo, o que está em desacordo com o planejamento estratégico.

Outro aspecto que pode reforçar a situação de você evitar o lucro como objetivo máximo da empresa é uma possível geração de desmotivação dos funcionários em busca de uma situação que, basicamente, beneficia, de forma direta, apenas os proprietários da empresa.

O ideal é você não explicitar o lucro como objetivo máximo, mas procurar outras formas de chegar ao mesmo resultado.

Alguns dos instrumentos proporcionados pela administração financeira para amenizar esse problema são:

- Retorno sobre investimento: relação entre o lucro operacional e o ativo total da empresa. Reflete a capacidade de a empresa gerar um lucro sobre determinado montante de investimentos e, portanto, serve para:
  - avaliar os resultados operacionais da empresa como um todo; e
  - avaliar os retornos esperados sobre futuros investimentos.
- Fluxo de fundo: considerado para um período futuro da empresa, ele quantifica, preferencialmente em termos de valores presentes, as mudanças que a empresa espera realizar nas principais contas de seu movimento financeiro em termos de origens, de um lado, e de aplicações, de outro lado.
- Margem de contribuição: diferença entre as receitas de unidades de controle, tais como uma linha de produtos ou filial de vendas, e seus custos variáveis em determinado período. Propicia a constatação da-

quilo com que determinada unidade de controle da empresa contribui para a cobertura dos custos fixos e a realização de lucros.

5.8 Formulários a serem utilizados no estabelecimento de objetivos e desafios

A seguir são apresentados exemplares de formulários para o estabelecimento dos objetivos e desafios da empresa.

a) *Formulário*:

- Estabelecimento de objetivos por fator do diagnóstico estratégico (Figura 5.4).

Finalidades:

- Estabelecer os objetivos da empresa de acordo com a interligação dos fatores do diagnóstico estratégico (internos e externos) (ver seção 3.1.3).
- Estabelecer também os objetivos que não consideram a interligação de fatores.

Planos	Estabelecimento de objetivos por fator do diagnóstico estratégico			Data __/__/__	Nº
	Interligação			Objetivos	
Fator	Avaliação	Fator	Avaliação		

Figura 5.4 Formulário de estabelecimento de objetivos por fator do diagnóstico estratégico.

b) *Formulário*:

- Estabelecimento de objetivos por área de resultados (Figura 5.5).

Finalidades:

- Estabelecer, para cada uma das áreas de resultados identificadas, um conjunto de objetivos que a empresa pretende alcançar.
- Estabelecer as justificativas para esses objetivos.

Planos	Estabelecimento de objetivos por área de resultados	Data __/__/__	Nº
Áreas de resultados/conteúdo	Objetivos	Justificativas	

Figura 5.5 Formulário de estabelecimento de objetivos por área de resultados.

Como exemplos de áreas de resultados e respectivos conteúdos tem-se a relação a seguir. Verifica-se que alguns conteúdos podem repetir-se nas áreas de resultados, o que possibilita um cruzamento entre essas áreas de resultados.

A. Rentabilidade:
- novos produtos e serviços;
- produtos e serviços existentes; e
- rentabilidade global.

B. Lucratividade:
- lucratividade global;
- lucratividade por filial; e
- lucratividade por produto ou serviço.

C. Racionalização:
- documentação;
- processos; e
- informações.

D. Inovação:

- novos produtos;
- novos mercados;
- novas matérias-primas;
- novos equipamentos;
- novas técnicas administrativas;
- novos serviços; e
- novos processos de fabricação.

E. Imagem:

- perante o público consumidor;
- perante os revendedores;
- perante as instituições financeiras;
- perante os fornecedores; e
- perante os funcionários.

F. Responsabilidade pública e social:

- qualidade do produto ou do serviço;
- garantia de qualidade;
- relações com a comunidade;
- relações com o governo;
- relações com instituições empresariais;
- relações com associações trabalhistas; e
- cumprimento de leis.

G. Participação no mercado:

- nível de participação;
- volume de vendas;
- qualidade dos produtos e serviços;
- serviços a clientes;
- *mix* de produtos e serviços;
- distribuição; e
- política de preços.

H. Produtividade:

- produtividade global;
- produtividade das áreas;
- utilização de mão de obra;
- utilização de materiais;
- utilização de matérias-primas;
- utilização de equipamentos; e
- qualidade.

I. Motivação:

- benefícios;
- relações trabalhistas;
- treinamento;
- capacitação profissional;
- remuneração;
- condições ambientais;
- relações do superior com os subordinados;
- promoções;
- quadro de carreira;
- absenteísmo;
- rotação de pessoal; e
- segurança.

J. Desempenho e desenvolvimento administrativo:

- seleção de profissionais;
- sucessão;
- desempenho;
- remuneração;
- estrutura organizacional;
- treinamento;
- capacitação profissional;
- rotação de pessoal; e
- promoções.

K. Recursos financeiros:

- identificação e obtenção;
- custo do dinheiro;
- movimento de fundos;
- créditos;
- cobranças;
- estoques;
- adiantamentos para compras; e
- compras.

L. Recursos físicos:

- identificação;
- aquisição;
- alocação;
- ativo fixo;
- custódia – controle interno;
- manutenção;
- seguros; e
- renovação.

c) *Formulário*:

- Prioridade dos objetivos (Figura 5.6).

Finalidades:

- Estabelecer as prioridades dos objetivos da empresa, com base nas duas fontes de informações:
  - fatores do diagnóstico estratégico; e
  - áreas de resultados.

Para tanto, considerar a multiplicação das duas prioridades estabelecidas por objetivo. A partir dessa situação é estabelecida a prioridade dos objetivos, considerando a ordem de prioridade de acordo com o número de pontos estabelecidos para cada objetivo.

Essas prioridades podem ser estabelecidas pela técnica GUT (Gravidade/ Urgência/Tendência) conforme apresentado na seção 4.3.

Planos	Prioridade dos objetivos				Data __/__/__	Nº
Objetivo	Fonte de estabelecimento				Total de pontos	Prioridade do objetivo	Justifi-cativas
	Fator do diagnóstico estratégico		Área de resultado				
	Nome	Prioridade	Nome	Prioridade			

Figura 5.6 Formulário de prioridade dos objetivos.

d) *Formulário*:

- Estabelecimento de desafios (Figura 5.7).

Finalidades:

- Estabelecer os desafios, ou seja, a quantificação dos objetivos com prazos de realização.
- Indicar as situações atual e futura quantificadas.
- Indicar os prazos de realização.
- Indicar se é desafio de manutenção (deve ser mantido ao longo do tempo) ou se é desafio de obtenção (uma vez alcançado, ele se extingue como desafio).
- Indicar o responsável ou área responsável pelo desafio.

Planos	Estabelecimento de desafios	Data __/__/__	Nº
Desafio:		Manutenção ☐ Obtenção ☐	
Objetivo nº	Responsável:		
Situação atual:			
Situação futura:			
Prazo:			
Parâmetros de avaliação:			
Observações:			

Figura 5.7 Formulário de estabelecimento de desafios.

e) *Formulário*:

- Interligação de desafios (Figura 5.8).

Finalidades:

- Estabelecer, para cada desafio básico, quais são os assuntos ou tarefas que devem ser concretizados pela própria área ou por outras áreas, para que esse desafio possa ser alcançado.
- Estabelecer as datas previstas para as diversas realizações.
- Estabelecer as áreas que vão realizar e fornecer os assuntos ou tarefas.
- Estabelecer as áreas que vão necessitar e receber os assuntos ou tarefas.

Planos	Interligação de desafios		Data __/__/__	Nº
Desafio:			Área:	
Assunto		Data prevista	Área fornecedora	Área recebedora

Figura 5.8 Formulário de interligação de desafios.

f) *Formulário*:

- Prioridades de desafios (Figura 5.9).

Finalidades:

- Estabelecer as prioridades dos desafios da empresa com base nas prioridades dos objetivos correlacionados.
- Justificar essas prioridades.

Planos		Prioridades de desafios		Data __/__/__	Nº
Nº	Desafio	Objetivo correlacionado	Prioridade	Justificativas	

Figura 5.9 Formulário de prioridades de desafios.

g) *Formulário*:

- Estabelecimento de metas (Figura 5.10).

Finalidades:

- Estabelecer as metas que devem ser identificadas em cada um dos desafios ou objetivos, tendo em vista facilitar a operacionalização, controle, avaliação e aprimoramento do processo estratégico na empresa.
- Indicar as datas iniciais e finais de cada meta.
- Indicar o responsável de cada uma das metas.
- Indicar o resultado final de cada uma das metas, tendo em vista a sua avaliação.

Planos		Estabelecimento de metas		Data __/__/__	Nº
Desafio nº Objetivo nº			Data inicial __/__/__ Data final __/__/__		
Metas	Data inicial	Data final	Respon-sável	Resultado final	Observações

Figura 5.10 Formulário de estabelecimento de metas.

Resumo

Neste capítulo foram analisados os aspectos básicos para o estabelecimento e a administração dos objetivos e desafios das empresas.

Eles representam o ponto inicial da Fase III da metodologia de elaboração e implementação do planejamento estratégico, conforme apresentado na seção 2.1.3.

Verificou-se que o estabelecimento dos objetivos e desafios, bem como das correspondentes metas, representa uma situação básica para o adequado planejamento estratégico, pois esses três aspectos correspondem à identificação dos *fins* da empresa de forma mais *palpável* para os executivos e funcionários.

Questões para debate

1. Com base no diagnóstico estratégico efetuado no Capítulo 3 e nos aspectos da missão estabelecidos no Capítulo 4, identificar um conjunto de objetivos e desafios para a empresa considerada.

2. Estabelecer um conjunto de metas decorrentes dos objetivos e desafios da questão anterior.

3. Estabelecer a hierarquização dos objetivos, desafios e metas identificados nas duas questões anteriores. Justificar a resposta.

4. Discutir e estabelecer uma relação de áreas de resultados e dos respectivos conteúdos para a sua empresa (ver Figura 5.5).

5. Com base em uma empresa de seu conhecimento estabelecer uma rede escalar de objetivos, com as interações verticais no tratamento dos objetivos e desafios da referida empresa.

6. Debater a questão do lucro como principal objetivo das empresas.

7. Analisar e debater as suas facilidades e dificuldades quanto às seis questões anteriores e, depois, alocar em seu plano de carreira para o seu adequado desenvolvimento e consolidação como profissional de planejamento estratégico.

Caso:
Dificuldade na busca de resultados pela Comercial Bal Harbour Ltda.

A Comercial Bal Harbour Ltda. é uma empresa média do ramo de equipamentos esportivos em geral, que foi fundada por um alemão há 10 anos, em uma cidade litorânea do Brasil.

O fundador, Sr. Hans Klaus Peter, resolveu voltar para sua cidade natal no interior da Alemanha e, como não quis vender a Bal Harbour, a solução foi profissionalizar sua administração.

Para tanto, ele contratou duas pessoas com a responsabilidade de coordenar as atividades da empresa, incluindo os 48 funcionários.

Esses dois profissionais são:

- um sobrinho – Sr. Paulo – que já realizava alguns serviços esporádicos de consultoria comercial para a Bal Harbour; e
- um contador – Sr. Carlos – que realizava os serviços de contabilidade para a Bal Harbour em um escritório externo.

Esses dois profissionais largaram suas outras atividades e passaram a trabalhar em período integral na Comercial Bal Harbour Ltda.

Durante o período de um ano, eles atuaram como gerentes da Bal Harbour, mas contando com a presença diária do Sr. Peter.

A partir dos últimos seis meses, o Sr. Peter já está morando na Alemanha, sendo que a programação de suas visitas ao Brasil é de ficar um mês no final de cada ano, pois ele tem confiança nesses dois profissionais, além de não querer mais pegar *no batente*.

Três meses antes de partir, o Sr. Peter, junto com os dois gerentes, elaboraram um plano estratégico, basicamente de acordo com a metodologia apresentada neste livro, sendo que a qualidade das informações utilizadas pode ser considerada boa, quer seja dos fatores internos ou externos da Bal Harbour.

Inclusive o Sr. Peter sentiu-se confortável quanto à quantificação dos objetivos estabelecidos, os quais representariam o instrumento básico de controle e avaliação da administração da Bal Harbour a *longa distância*. Ou seja, o Sr. Peter está bastante preocupado com "o que e o quanto", mas pouco preocupado com o "como e o por quê", os quais considera de exclusiva responsabilidade dos dois gerentes para alcançarem os resultados, ou seja, "o que e o quanto".

Como ilustração apresenta-se o organograma resumido da Comercial Bal Harbour Ltda., da forma como o Sr. Peter consolidou antes de voltar para sua terra natal.

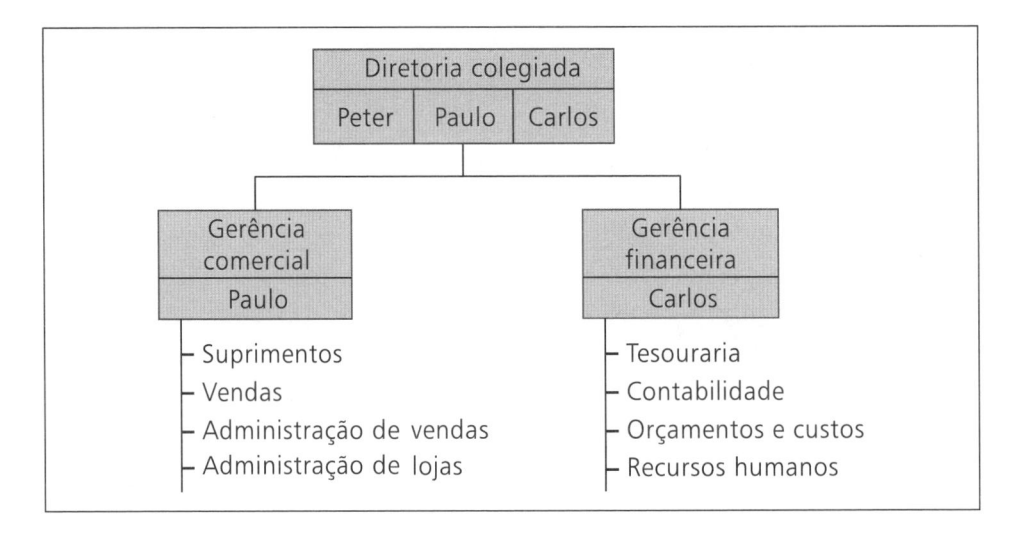

Tudo deveria ocorrer conforme planejado pelo Sr. Peter, mas por razões diversas:

- a Bal Harbour começou a perder faturamento, principalmente por uma atuação comercial sem foco definido;
- os gerentes não participaram, de forma adequada, do processo de análise e acompanhamento dos resultados (objetivos, desafios e metas); e
- os gerentes *fugiram* dos telefonemas e *e-mails* do Sr. Peter, simplesmente para não entrar em debates quanto aos resultados.

O Sr. Peter ficou numa encruzilhada, pois:

- a atual conjuntura de mercado colocava a venda da Bal Harbour como algo não muito interessante;
- ele sabia que teria problemas em trocar os dois gerentes, pois os futuros contratados teriam dificuldades em absorver o modelo de gestão que foi implementado na Bal Harbour ao longo dos últimos anos; e
- no fundo, ele tinha confiança pessoal nos dois gerentes atuais.

Diante dessa situação, o Sr. Peter contratou você, notório conhecedor dos sistemas de administração por resultados, para elaborar um plano de ação para reverter essa problemática na Bal Harbour, a qual tem forte influência comportamental.

Para facilitar – ou complicar – a análise desse *caso,* você pode completar com as situações e informações que julgar válidas, desde que mantenha o básico apresentado no texto.

Capítulo 6

Estratégias empresariais

"Quando o estrategista erra, o soldado morre."

Lincoln

Neste capítulo são analisados alguns aspectos básicos sobre a estratégia administrativa, estratégia gerencial, estratégia organizacional ou estratégia empresarial, que será denominada simplesmente *estratégia*.

Conforme poderá ser entendido, a estratégia está correlacionada à definição do conjunto de produtos e serviços *versus* segmentos de mercados proposto pela empresa em dado momento.

Ansoff (1977, p. 87) apresentou uma frase de autor desconhecido quanto ao conceito de estratégia: "É quando a munição acaba, mas continua-se atirando para que o inimigo não descubra que a munição acabou". O significado dessa frase serve para demonstrar a grande importância que a estratégia apresenta, inclusive e principalmente, no caso das empresas.

A estratégia é extremamente importante para a empresa, e você deve saber que o momento propício aos movimentos estratégicos é tão importante quanto o movimento em si.

A finalidade das estratégias é estabelecer quais serão os caminhos, os cursos, os programas de ação que devem ser seguidos para serem alcançados os objetivos, desafios e metas estabelecidos.

O conceito básico de estratégia está correlacionado à ligação da empresa com o seu ambiente, que é externo e não controlável; nessa situação, a empresa procura definir e operacionalizar estratégias que maximizam os resultados da interação estabelecida.

A palavra *estratégia* significa, literalmente, "a arte do general", derivando-se da palavra grega *strategos*, que significa, estritamente, general. Estratégia, na Grécia Antiga, significava aquilo que o general fez... Antes de Napoleão, estratégia significava a arte e a ciência de conduzir forças militares para derrotar o inimigo ou abrandar os resultados da derrota. Na época de Napoleão, a palavra *estratégia* estendeu-se aos movimentos políticos e econômicos visando a melhores mudanças para a vitória militar (Steiner, 1969, p. 237).

Em termos militares, Von Bülow (1950, p. 21) explicou, de forma genérica, que a estratégia é a ciência dos movimentos guerreiros fora do campo de visão do general; e a tática, a ciência dos movimentos guerreiros dentro do referido campo.

Outros autores mencionam que a estratégia cuida de como dispor os exércitos; e a tática, de como lutar. Entretanto, deve-se considerar que, no contexto empresarial, as batalhas e os inimigos não são sempre claramente identificáveis.

Numa empresa, a estratégia está correlacionada à arte de utilizar, adequadamente, os recursos físicos, tecnológicos, financeiros e humanos, tendo em vista a minimização dos problemas internos e a maximização das oportunidades que estão no ambiente empresarial, o qual não é controlável.

Quando se considera a estratégia empresarial, ou seja, a escolha de um caminho de ação para a empresa como um todo, deve-se fazer a seguinte pergunta-chave: "Que destino devo dar à empresa e como devo estabelecer esse destino?".

Esquematicamente, essa pergunta pode ser colocada como na Figura 6.1:

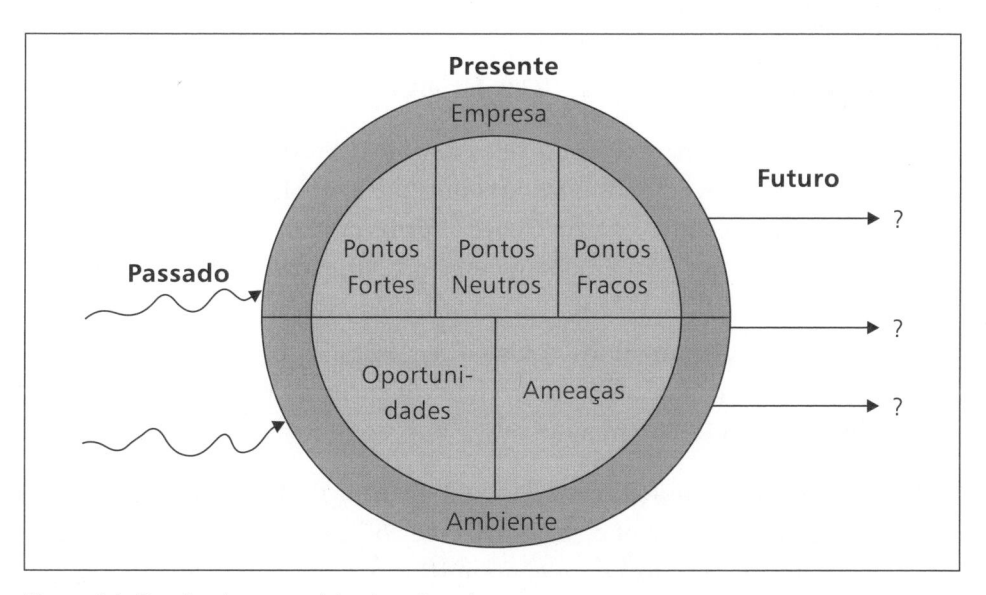

Figura 6.1 Escolha de um caminho de ação pela empresa.

A Figura 6.1 mostra que, através de um caminho sinuoso, que pode ou não ser planejado, a empresa chegou no presente em determinada situação, a qual necessita ser avaliada como base para traçar um caminho futuro. A avaliação desse processo é feita através do confronto entre os pontos fortes, fracos e neutros da empresa, de um lado, e suas oportunidades e ameaças em seu ambiente, de outro lado.

Dessa avaliação devem resultar a visão, os valores, a missão, os propósitos, os cenários, a postura estratégica, a vantagem competitiva, as macroestratégias e as macropolíticas, conjunto esse que representa o ponto de partida para traçar o caminho voltado aos futuros objetivos, desafios e metas, escolhidos entre as opções estratégicas que a empresa consegue identificar como preferenciais ou as mais adequadas em determinado momento.

A estratégia deve ser, sempre, uma opção inteligente, econômica e viável. E, sempre que possível, original e até ardilosa; dessa forma, constitui-se na melhor arma de que pode dispor uma empresa para otimizar o uso de seus recursos, tornar-se altamente competitiva, superar a concorrência, reduzir seus problemas e otimizar a exploração das possíveis oportunidades.

Sejam quais forem os objetivos, desafios e metas estabelecidos, as empresas formulam estratégias para o seu alcance. Essas estratégias correspondem a procedimentos e dispositivos que a empresa deve usufruir da maneira mais adequada possível para a sua realidade atual.

De acordo com Katz e Kahn (1973, p. 138), os dispositivos podem ser:

- políticos, os quais são acionados tanto nas transações externas à empresa em busca de insumos no ambiente e na alienação dos produtos ou serviços como nas transações internas com os profissionais da empresa. Portanto, são procedimentos que orientam a empresa em seus relacionamentos internos e com seu ambiente; e

- técnico-econômicos, os quais são empregados na transformação dos insumos em produtos ou serviços, os quais a empresa disponibiliza para o mercado comprador.

Na seção 1.2.1, foram feitas referências à eficiência e à eficácia. Quanto aos dispositivos apresentados, a eficiência refere-se aos meios técnico-econômicos. Para ocorrer eficácia, deve-se considerar, também, o dispositivo político. Portanto, a eficácia empresarial corresponde à maximização do rendimento da empresa através de seus dispositivos técnico-econômicos e políticos.

A esses dispositivos apresentados podem-se acrescentar outros que facilitam a atuação do executivo no desenvolvimento da ação estratégica mais apropriada para a empresa:

- dispositivo organizacional: está baseado na estruturação das atividades internas da empresa através da estrutura organizacional, bem como na elaboração de normas, rotinas e procedimentos para facilitar a coordenação das atividades e, principalmente, de seu modelo de gestão. Essa situação procura manter a empresa como um foco catalisador, ativo e integrado no processo estratégico; e

- dispositivo tecnológico: está baseado na evolução tecnológica ambiental, bem como na aplicação das tecnologias mais adequadas para as operações da empresa.

As estratégias podem ser definidas como:

- movimento ou uma série específica de movimentos feitos por uma empresa (Von Neumann e Morgenstern, 1947, p. 79);

- determinação de metas básicas a longo prazo e dos objetivos de uma empresa, bem como a adoção das linhas de ação e a aplicação dos recursos necessários para alcançar essas metas (Chandler Jr., 1962, p. 13);

- conjunto de objetivos e de políticas importantes (Tilles, 1963, p. 113);

- maneira de se conduzir as ações estabelecidas pela empresa, tal como um maestro rege sua orquestra (Wrapp, 1967, p. 13);

- conjunto de decisões que determinam o comportamento a ser exigido em determinado período de tempo (Simon, 1971, p. 79);

- conjunto de objetivos, finalidades, metas, diretrizes fundamentais e de planos para atingir esses objetivos, postulados de forma que definam em que atividades se encontra a empresa, que tipo de empresa ela é ou deseja ser (Andrews, 1971, p. 28);

- manutenção do sistema empresarial em funcionamento, de forma vantajosa (Rumelt, 1974, p. 28);

- conjunto de objetivos da empresa e a forma de alcançá-los (Buzzell, Gilligan e Wilson, 1977, p. 116);

- futuridade das decisões correntes (Steiner, 1979, p. 5);

- plano uniforme, compreendido e integrado que é estabelecido para assegurar que os objetivos básicos da empresa serão alcançados (Glueck, Kaufman e Walleck, 1980, p. 9);

- processo de selecionar oportunidades definidas em termos de pedidos a serem atendidos e produtos a serem oferecidos (Pascale e Athos, 1982, p. 8);

- forma de pensar no futuro, integrada no processo decisório, com base em um procedimento formalizado e articulador de resultados e em uma programação previamente estabelecida (Mintzberg, 1983, p. 9);

- plano ou curso de ação de vital, intensa e continuada importância para a empresa em sua totalidade (Sharplin, 1985, p. 6);

- busca de uma posição competitiva favorável em uma indústria, que é a arena fundamental onde ocorre a concorrência, sendo que a escolha dessa estratégia competitiva está baseada no nível de atratividade da indústria e nos determinantes da posição competitiva relativa dentro dessa indústria (Porter, 1985, p. 21);

- modo pelo qual a empresa procura distinguir-se de maneira positiva da concorrência, usando seus pontos fortes para atender melhor às necessidades dos clientes (Ohmae, 1985, p. 42);

- regras e diretrizes para decisão que orientem o processo de desenvolvimento de uma empresa (Ansoff, 1990, p. 93);

- padrão ou plano que integra os objetivos maiores de uma empresa, suas políticas e sequências de ações em um todo coeso (Quinn, 1992, p. 5); e

- programa amplo para se definir e alcançar as metas de uma empresa, sendo a resposta dessa ao seu ambiente através do tempo (Stoner e Freeman, 1995, p. 141).

No presente livro, **estratégia** é definida como um caminho, ou maneira, ou ação formulada e adequada para alcançar, preferencialmente de maneira diferenciada e inovadora, as metas, os desafios e os objetivos estabelecidos, no melhor posicionamento da empresa perante seu ambiente, onde estão os fatores não controláveis.

6.1 | Classificação e importância das estratégias

As estratégias podem ser classificadas das mais diferentes formas, as quais podem ajudar você a se enquadrar em uma ou mais situações:

a) **Quanto à amplitude**:

- macroestratégia, que corresponde à ação que a empresa vai tomar perante o ambiente, tendo em vista sua missão e seus propósitos, bem como o resultado do diagnóstico estratégico. Essa situação foi analisada na seção 4.4;

- estratégia funcional, que corresponde à forma de atuação de uma área funcional da empresa, normalmente correlacionada ao nível tático da empresa; e

- microestratégia ou subestratégia, que corresponde à forma de atuação operacional, normalmente correlacionada a uma meta da empresa.

b) **Quanto à concentração**:

- estratégia pura, na qual se tem o desenvolvimento específico de uma ação numa área de atividade. Exemplo: oferecer mais serviços aos consumidores, com o objetivo de neutralizar a alteração de preço de um produto por parte de um concorrente importante; e

- estratégia conjunta, que corresponde a uma combinação de estratégias. Exemplo: uma empresa fabricante de telefones celulares pode, de forma conjunta, adotar as seguintes estratégias:

    - aumentar as despesas com propaganda, se o aumento dos serviços aos consumidores não atingir os resultados esperados;

    - aprimorar a qualidade do celular, com maiores despesas em pesquisa e desenvolvimento; e

    - manter o preço do celular, mas concedendo descontos por quantidade comprada.

c) **Quanto à qualidade dos resultados**:

- estratégias fortes, que provocam grandes mudanças ou alterações de impacto para a empresa; e

- estratégias fracas, cujos resultados são mais amenos para a empresa.

d) **Quanto à fronteira:**

- estratégias internas à empresa, tal como a reorganização para alterar a forma como a alta administração deverá interagir com os funcionários da empresa. Esse tipo de estratégia pode sofrer restrição dos executivos, pois uma estratégia deve fazer a interligação entre aspectos internos e externos da empresa;

- estratégias externas à empresa, que correspondem, por exemplo, à descoberta de nova oportunidade como resultado da ação de um concorrente; e

- estratégias internas e externas à empresa, que correspondem à situação adequada de estratégias, ou seja, proporciona a interligação entre aspectos internos − controláveis − e externos − não controláveis − da empresa.

e) **Quanto aos recursos aplicados**:

- estratégias de recursos humanos, em que o grande volume de recursos considerados refere-se ao fator humano;

- estratégias de recursos não humanos, em que existe predominância de aplicação de, por exemplo, recursos materiais e/ou financeiros; e

- estratégias de recursos humanos e não humanos, em que ocorre determinado equilíbrio entre os dois tipos de recursos aplicados.

Naturalmente, esse tipo de classificação de estratégias pode ser direcionado para outros tipos de recursos básicos, tais como financeiros, materiais, equipamentos e tecnológicos.

f) **Quanto ao enfoque**:

- estratégias pessoais, que representam os valores, motivações, proteções contra o ambiente hostil, métodos de atuar no ambiente empresarial, técnicas para lidar com as pessoas e execução de tarefas por você; e

- estratégias empresariais, que representam a ação da empresa perante seu ambiente. Essa classificação não deve se confundir com macroestratégia, apresentada anteriormente, pois esta última tem abordagem mais ampla.

A importância da estratégia para a empresa pode ser entendida através de um comentário do General Robert E. Wood, da Sears Roebuck & Company, que foi um grande estrategista. Dizia ele (Chandler Jr., 1962, p. 235) que a empresa é como a guerra em certos aspectos, pois, se a estratégia adotada for correta, muitos erros táticos podem ser cometidos e a empresa ainda sairá vitoriosa.

Além de ser um instrumento administrativo facilitador e otimizador das interações da empresa com os fatores externos à empresa, as estratégias também têm forte influência sobre os fatores internos da empresa.

As estratégias empresariais determinam as necessidades da estrutura organizacional em termos de qualificações, as quais, por sua vez, estabelecem a estrutura de pessoas, sistemas, estilo administrativo, governança e valores comuns (Mills, 1993, p. 116).

Entretanto, não obstante sua grande importância para a empresa, a estratégia não tem recebido muita atenção por parte dos executivos.

A estratégia não é, evidentemente, o único fator determinante no sucesso ou fracasso de uma empresa; a competência de sua cúpula administrativa é tão importante quanto a sua estratégia. A sorte pode ser um fator também, apesar de, frequentemente, o que as pessoas chamam de *boa sorte* ser, na realidade, resultado de boa estratégia. Mas uma estratégia adequada pode trazer extraordinários resultados para a empresa cujo nível geral de eficiência e eficácia seja apenas médio.

Portanto, deve-se considerar, com igual importância, o objetivo que se deseja alcançar e como se pode chegar a essa situação desejada. A fim de enunciar o que a empresa espera conquistar ou aonde quer chegar, é importante expressar o que espera fazer com relação ao seu ambiente, onde estão os fatores externos e não controláveis pela empresa.

A visão que você tem do ambiente pode ser representada por um dos exemplos a seguir:

- expansão da demanda global;
- competição crescente; e
- ênfase na participação de mercado como uma medida de desempenho diante dos concorrentes.

Com referência à forma de chegar à situação desejada, é importante que você tenha sempre em mente a satisfação das necessidades de grupos significativos que cooperam para assegurar a existência contínua da empresa. Os principais grupos são os clientes, fornecedores, executivos e demais funcionários, investidores, acionistas etc.

A chave do sucesso da empresa é a habilidade da alta administração em identificar as principais necessidades de cada um desses grupos, estabelecer algum equilíbrio entre eles e atuar com um conjunto de estratégias que permitam a satisfação desse grupo. Esse conjunto de estratégias, como um modelo, identifica o que a empresa tenta ser, ou seja, o identificado em sua visão (ver seção 3.1.1).

Uma empresa pode ou não ter uma ou mais estratégias explícitas, mas, seguramente, tem um perfil estratégico, que se baseia nas diversas ações que adota e na forma como define seus propósitos e sua postura estratégica perante o ambiente empresarial.

Infelizmente, grande número de empresas não tem ou não sabe quais são suas estratégias.

Muitas empresas de sucesso não estão conscientes das estratégias que sustentaram seu sucesso. É bem possível para uma empresa alcançar um sucesso inicial, sem real conscientização de suas causas; entretanto, é muito mais difícil continuar bem, ramificando-se em novos empreendimentos e negócios, sem a apreciação exata do significado de suas estratégias básicas.

Essa é a razão por que muitas empresas estabelecidas fracassam quando se empenham em um programa de aquisição de outra empresa, diversificação de produtos ou expansão de mercado.

6.2 Tipos de estratégias

Você pode escolher determinado tipo de estratégia que seja o mais adequado, tendo em vista sua capacitação e o objetivo estabelecido; entretanto, deve estar ciente de que a escolha pode nortear seu desenvolvimento por um período de tempo que pode ser longo.

As estratégias podem ser estabelecidas de acordo com a situação da empresa: podem estar voltadas, à sobrevivência, manutenção, crescimento ou desenvolvimento, conforme postura estratégica da empresa apresentada na seção 4.3. Esse é mais um exemplo de que todas as partes da metodologia de desenvolvimento do planejamento estratégico devem estar perfeitamente interligadas e interativas.

A combinação de estratégias deve ser feita de forma que aproveite todas as oportunidades possíveis, utilizando a estratégia certa no momento certo, e operacionalizada de maneira certa pelo coordenador certo.

6.2.1 Estratégia de sobrevivência

Esse tipo de estratégia deve ser adotado pela empresa quando não existe outra alternativa, ou seja, apenas quando o ambiente e a empresa estão em situação inadequada ou apresentam perspectivas caóticas (alto índice de pontos fracos internos e de ameaças externas). Em qualquer outra situação, quando a empresa adota essa estratégia *por medo*, as consequências podem ser desastrosas.

Numa postura estratégica de sobrevivência, a primeira decisão do executivo é parar os investimentos e reduzir, ao máximo possível, as despesas. Naturalmente, uma empresa tem dificuldades de utilizar essa estratégia por um período de tempo muito longo, pois poderá ser *engolida* pelo mercado e pelos seus concorrentes.

A sobrevivência pode ser uma situação adequada como condição mínima para alcançar outros objetivos mais tangíveis no futuro, como lucros maiores, vendas incrementadas, maior participação no mercado etc.; mas não como o objetivo único da empresa, ou seja, estar numa situação de "sobreviver por sobreviver".

Os tipos de estratégias que se enquadram na situação de sobrevivência da empresa são:

- **Redução de custos**: é a estratégia mais utilizada em períodos de recessão. Consiste na redução de todos os custos possíveis para que a empresa possa subsistir. Alguns aspectos importantes que você pode implementar são: reduzir pessoal e níveis de estoque, diminuir compras, efetuar *leasing* de equipamentos, melhorar a produtividade, diminuir os custos de promoção e outros.

- **Desinvestimento**: é comum as empresas se encontrarem em conflito de linhas de produtos ou de serviços que deixam de ser interessantes. Um exemplo típico é a indústria de microcomputadores, que pode passar a fabricar equipamentos de telecomunicações e chegar o momento em que a segunda linha não corresponde às expectativas de lucro, passando a comprometer toda a empresa; e, nesse momento, a melhor saída é desinvestir para não sacrificar o todo e manter, apenas, o negócio original.

Se nenhuma estratégia básica de sobrevivência der certo, você poderá pender para a adoção da estratégia de:

- **Liquidação do negócio**: é uma estratégia usada em último caso, quando não existe outra saída a não ser fechar o negócio. Pode ocorrer quando a empresa se dedica a um único negócio, produto ou serviço que, depois do estágio de declínio, não foi substituído ou reativado. Naturalmente, essa estratégia só deverá ser adotada em última instância.

6.2.2 Estratégia de manutenção

Nesse caso, a empresa identifica um ambiente com predominância de ameaças; entretanto, ela possui uma série de pontos fortes – disponibilidade financeira, recursos humanos, tecnologia etc. – acumulados ao longo do tempo que possibilitam a ela, além de querer continuar sobrevivendo, também manter sua posição conquistada até o momento.

Para tanto, deverá sedimentar e usufruir, ao máximo, seus pontos fortes, tendo em vista, inclusive, minimizar seus pontos fracos, bem como maximizar os pontos fracos da concorrência e evitar ou minimizar a ação de seus pontos fortes. Diante desse panorama, a empresa pode continuar investindo, embora de maneira moderada.

Portanto, a estratégia de manutenção é uma postura preferível quando a empresa está enfrentando ou espera encontrar dificuldades e, a partir dessa situação, prefere tomar uma atitude defensiva diante das ameaças.

A estratégia de manutenção pode apresentar-se de três formas:

- **Estratégia de estabilidade**: essa estratégia procura, principalmente, a manutenção de um estado de equilíbrio que está ameaçado ou, ainda, seu retorno em caso de perda. Geralmente, o desequilíbrio que está incomodando é o financeiro, provocado, por exemplo, pela relação entre a capacidade produtiva e seu poder de colocar os produtos e serviços no mercado.

- **Estratégia de nicho**: nesse caso, a empresa procura dominar um segmento de mercado em que atua, concentrando seus esforços e recursos em preservar algumas vantagens competitivas. Pode ficar entendido que esse tipo de empresa tem um mercado bem restrito, não procura expandir-se geograficamente e segue a estratégia do menor risco, executando aquela que é inerente a quem se encontra num só segmento.

  Portanto, aqui a empresa dedica-se a um único produto, ou único mercado, ou única tecnologia, ou único negócio, e não há interesse em desviar seus recursos para outras atuações.

  A necessidade de escolher nichos propícios relaciona-se com a definição pela empresa das necessidades do cliente, através do uso hábil e adequado de seus recursos específicos e diferenciados, tornando seus produtos ou serviços distintos, de modo que lhes propicie uma faceta competitiva para satisfazer a essas necessidades e expectativas.

  A validade de identificação do nicho refere-se à situação em que a estratégia da empresa deve ser delineada após a escolha do nicho, ou seja, onde a empresa pode apresentar efetiva representatividade e importância.

- **Estratégia de especialização**: nesse caso, a empresa procura conquistar ou manter liderança no mercado através da concentração dos esforços de expansão numa única ou em poucas atividades da relação produtos ou serviços *versus* segmentos de mercados.

  A principal vantagem da especialização é a redução dos custos unitários pelo processamento em massa. A principal desvantagem é a vulnerabilidade pela alta dependência de poucas modalidades de fornecimento de produção e vendas. A validade da aplicação da especialização condiciona-se ao fato de a empresa possuir grandes vantagens sobre seus concorrentes, como, por exemplo, uma tecnologia aprimorada.

6.2.3 Estratégia de crescimento

Nessa situação, embora a empresa tenha predominância de pontos fracos, o ambiente está proporcionando situações favoráveis que podem transformar-se em oportunidades, quando, efetivamente, é usufruída a situação favorável pela empresa. Normalmente você procura, nessa situação, lançar novos produtos e serviços, aumentar o volume de vendas etc.

Algumas das estratégias inerentes à postura de crescimento são:

- **Estratégia de inovação**: nesse caso, a empresa está sempre procurando antecipar-se aos seus concorrentes através de frequentes desenvolvimentos e lançamentos de novos produtos e serviços; portanto, a empresa deve ter acesso rápido e direto a todas as informações necessárias num mercado em rápida evolução tecnológica.

  Essa estratégia consiste no desenvolvimento de nova tecnologia, ou na procura do desenvolvimento de um produto ou serviço inédito e de elevado impacto no mercado; isso, naturalmente, se a empresa, pelo menos na questão tecnológica, se apresenta forte.

- **Estratégia de internacionalização**: nesse caso, a empresa estende suas atividades para fora do país de origem. Embora o processo seja lento e, geralmente, arriscado, é uma estratégia que pode ser bastante interessante para as empresas de maior porte, pela atual situação evoluída dos sistemas logísticos e de comunicações nos âmbitos nacional e internacional.

- **Estratégia de *joint venture***: trata-se de uma estratégia usada para entrar em novo mercado, na qual duas empresas associam-se para produzir um produto. Normalmente, uma entra com a tecnologia e a outra com o capital. Isso é muito comum em países nos quais as empresas multinacionais sofrem restrições.

- **Estratégia de expansão**: o processo de expansão de empresas deve ser planejado; caso contrário, podem ser absorvidas pelo Governo ou por outras empresas nacionais ou multinacionais.

Muitas vezes, a não expansão na hora certa pode provocar tal perda de mercado e a única solução acaba sendo, também, a venda ou associação com empresas de maior porte. Esses fatos indicam a necessidade de que a empresa mantenha um acompanhamento constante de seu vetor de crescimento – ver seção 4.3.2 – e de que seja executado um planejamento correto de cada fase do processo de expansão. Deve, também, fazer suas expansões de forma que não coincida com a expansão de outras empresas do setor.

Normalmente, a decisão em investir na expansão é mais comum que na diversificação, pois esta última envolve mudança mais radical dos produtos e de seus usos atuais, enquanto a expansão aproveita uma situação de sinergia potencial muito forte.

Geralmente, as empresas que se situam numa indústria ou setor da economia em que existem grandes ganhos em aprendizado e em experiência, tais como as indústrias fabricantes de microcomputadores e de telefones celulares, em que o ritmo de atuação em pesquisa e desenvolvimento tem provocado grandes reduções nos custos, têm preferido a estratégia de expansão. Nesse caso, o custo de entrada no setor, medido em termos de capital e/ou de tecnologia necessária, é extremamente alto para as empresas que estejam entrando no setor agora, e isso porque houve acumulação gradativa através de expansões realizadas pelas empresas que já estão no setor.

Na realidade, esse custo do capital e/ou tecnologia também deve ser considerado para a empresa verificar se é capaz ou não de reunir recursos para as expansões que serão necessárias, tendo em vista manter-se no mercado. Isso porque, caso os recursos disponíveis não sejam suficientes, a empresa deve abandonar os sucessivos e acumulativos prejuízos. No ramo de computadores existe o caso clássico da RCA, que teve uma série de problemas ao tentar competir com a IBM; e esta última, posteriormente, teve problemas com o surgimento da Microsoft.

6.2.4 Estratégia de desenvolvimento

Nesse caso, a predominância é de pontos fortes internos e de oportunidades externas; e, diante disso, você deve procurar desenvolver sua empresa.

Normalmente, o desenvolvimento da empresa se faz em duas direções principais: pode-se procurar novos mercados e clientes diferentes dos conhecidos atualmente, ou novas tecnologias, diferentes daquelas que a empresa domina. A combinação desses dois eixos – mercadológico e tecnológico – permite a você construir novos negócios no mercado.

A empresa aparece, geralmente, como multidivisionada em empreendimentos diversos – estruturada em unidades estratégicas de negócios – e assume, frequentemente, a forma de conglomerado dirigido a partir de uma administração corporativa, ou mesmo uma empresa *holding*. Para mais detalhes a respeito desses assuntos, analisar o livro *Holding, administração corporativa e unidade estratégica de negócio*, dos mesmos autor e editora.

A estratégia de desenvolvimento pode assumir uma ou mais das seguintes conotações:

- **Desenvolvimento de mercado**: ocorre quando a empresa procura maiores vendas, levando seus produtos e serviços a novos mercados. Portanto, pode-se ter a abertura de novos mercados geográficos ou a atuação em outros segmentos do mercado atual.

- **Desenvolvimento de produtos ou serviços**: ocorre quando a empresa procura maiores vendas mediante o desenvolvimento de melhores produtos e/ou serviços para seus mercados atuais. Esse desenvolvimento pode ocorrer através de novas características dos produtos ou serviços, tais como variações de qualidade ou diferentes modelos e tamanhos (proliferação de produtos).

- **Desenvolvimento financeiro**: corresponde à situação de duas empresas de um mesmo grupo empresarial, ou mesmo autônomas e/ou concorrentes, na qual uma apresenta poucos recursos financeiros (ponto fraco em recursos financeiros) e grandes oportunidades no mercado; e a outra, o inverso (ponto forte em recursos financeiros e poucas oportunidades mercadológicas). Essas empresas juntam-se, associam-se ou fundem-se em nova empresa que passa a ter tanto ponto forte em recursos financeiros quanto oportunidades no mercado.

- **Desenvolvimento de capacidades**: ocorre quando a associação é realizada entre uma empresa com ponto fraco em tecnologia e alto índice de oportunidades usufruídas e/ou potenciais, e outra empresa com ponto forte em tecnologia, mas com baixo nível de oportunidades no mercado.

- **Desenvolvimento de estabilidade**: corresponde a uma associação ou fusão de empresas que procuram tornar suas evoluções uniformes, principalmente quanto ao aspecto mercadológico.

Portanto, estes três últimos tipos de estratégia de desenvolvimento procuram a sinergia positiva através da fusão ou associação, ou mesmo a incorporação de empresas com diferentes posturas estratégicas (desenvolvimento financeiro e de capacidades) ou com posturas estratégicas idênticas (desenvolvimento de estabilidade).

Salienta-se que, caso haja predominância de pontos fracos na empresa considerada, as estratégias de desenvolvimento financeiro e de desenvolvimento de capacidades devem ser tratadas como um tipo de estratégia de crescimento, sendo inseridas no subgrupo das estratégias de *joint venture* (ver seção 6.2.3).

Entretanto, a estratégia mais forte do desenvolvimento de uma empresa corresponde à **diversificação**.

Como, nesse caso, os produtos e seus usos são diferentes, você deve fazer minuciosa análise para decidir sobre a diversificação.

Normalmente, uma empresa procura oportunidades no ambiente para iniciar um processo de diversificação quando (Ansoff, 1977, p. 109):

- começa a ter dificuldades em alcançar seus objetivos pelas alterações no contexto interno e na conjuntura externa à empresa, geralmente provocadas por:
  - falta de oportunidades para investir nos segmentos atuais;
  - saturação de mercados; e
  - queda da taxa de retorno dos projetos de expansão;
- visualiza uma situação de retorno para os projetos de diversificação maior do que para outras estratégias;
- tem disponibilidade de recursos, depois de já ter investido o suficiente para manter-se numa posição adequada no mercado; e

- as informações disponíveis não forem suficientemente confiáveis para permitir uma comparação concludente entre expansão e diversificação, sendo que isso ocorre porque uma empresa, normalmente, possui muito mais informações sobre as possibilidades de expansão do que sobre o amplo campo externo para a diversificação.

Salienta-se que a expansão, ao contrário da diversificação, corresponde ao desenvolvimento da empresa com seus atuais produtos e serviços, bem como com os atuais usos dos mesmos.

Na análise da diversificação, deve-se considerar que a estratégia pode assumir algumas características:

- **Diversificação horizontal**: através dessa estratégia, a empresa concentra seu capital pela compra ou associação com empresas similares. A empresa atua em ambiente econômico que lhe é familiar porque os consumidores são do mesmo tipo. O potencial de ganhos de sinergia nesse tipo de diversificação é baixo, com exceção da sinergia comercial, uma vez que os mesmos canais de distribuição são usados. Na diversificação horizontal ocorre a divisão da empresa em subsistemas ou departamentos, uma vez que cada um desempenha uma tarefa especializada no contexto mercadológico, também diferenciado ou especializado. Portanto, cada subsistema ou departamento da empresa se diferencia ou se diversifica dos demais e tende a seguir, única e exclusivamente, a parte do ambiente mercadológico que é relevante para sua própria tarefa, ação ou estratégia diferenciada; e, nesses casos, geralmente a empresa se estrutura por unidades estratégicas de negócios.

- **Diversificação vertical**: ocorre quando a empresa passa a produzir novo produto ou serviço que se acha entre seu mercado de matérias-primas e o consumidor final dos produtos que já fabrica. Nesse caso, a empresa investe *para frente* e/ou *para trás*, de modo que tenha domínio da sequência de seu processo de produção e comercialização. Entretanto, apresenta a desvantagem de tornar a empresa inflexível às oscilações econômicas, pois as empresas muito integradas verticalmente acabam dependentes de um segmento específico do mercado global. Normalmente, na diversificação vertical, as forças ambientais ou externas provocam uma situação em que é mais interessante para a empresa manter uma unidade de esforços, bem como uma coordenação mais efetiva entre as várias unidades organizacionais da empresa.

- **Diversificação concêntrica**: trata-se da diversificação da linha de produtos, com aproveitamento da mesma tecnologia ou força de vendas, oferecendo-se uma quantidade maior de produtos no mesmo mercado. Com a diversificação concêntrica, a empresa pode ter ganhos substanciais em termos de flexibilidade. O sucesso desse tipo de diversificação, entretanto, depende do grau de efeitos sinérgicos positivos associados aos conhecimentos de tecnologia e/ou comercialização que a empresa consiga, efetivamente, operacionalizar.

- **Diversificação conglomerada**: consiste na diversificação de negócios em que a empresa não aproveitará a mesma tecnologia ou força de vendas. Nesse caso, o grupo de empresas apresenta, como um todo, um risco menor, pois está envolvido em diversos ramos diferentes. A diversificação conglomerada pode não apresentar sinergias consideradas de comercialização e/ou tecnologias, mas pode contribuir, em muito, para aumentar a flexibilidade da empresa. Isso será particularmente verdade se os setores escolhidos para a diversificação forem de flutuações econômicas complementares. A diversificação conglomerada poderá ser efetivamente bem-sucedida se a empresa possuir sinergia administrativa – centralização decisória, sobretudo das questões financeiras, com descentralização operacional –, e se a empresa investir em setores com características econômicas mais favoráveis que aqueles em que ela opera atualmente. Em termos estruturais, esse tipo de diversificação se apresenta com uma administração corporativa e algumas unidades estratégicas de negócios.

- **Diversificação interna**: corresponde a uma situação em que a diversificação da empresa é, basicamente, gerada pelos fatores internos, e sofre menos influência dos fatores externos ou não controláveis pela empresa. Um exemplo de fator interno de influência é a tecnologia, tanto de processo como de produto.

- **Diversificação mista**: trata-se de uma situação em que a empresa apresenta mais do que um tipo de diversificação ao mesmo tempo.

Esses tipos básicos de estratégias podem ser visualizados no Quadro 6.1:

Quadro 6.1 Tipos básicos de estratégias.

Diagnóstico		Interno	
		Predominância de pontos fracos	Predominância de pontos fortes
E**X****T****E****R****N****O**	**Predominância de ameaças**	**Estratégias de sobrevivência**	**Estratégias de manutenção**
		• redução de custos • desinvestimento • liquidação do negócio	• estabilidade • nicho • especialização
	Predominância de oportunidades	**Estratégias de crescimento**	**Estratégias de desenvolvimento**

		• inovação
		• internacionalização
		• *joint venture*
		• expansão
			• de mercado
			• de produtos ou serviços
			• financeiro
			• de capacidades
			• de estabilidade
			• diversificação:
			  – horizontal
			  – vertical
			  – concêntrica
			  – conglomerada
			  – interna
			  – mista

Existem outras estratégias que podem ser consideradas específicas de alguns tipos de empresas. É o caso da responsabilidade social, em que uma empresa procura criar ou promover aspectos sociais, principalmente benefícios para determinados grupos sociais, quer sejam regionais, nacionais ou internacionais. Essas empresas, através da ação social, podem ou não ser remuneradas pelos benefícios proporcionados.

Você também pode considerar o contexto de estratégia com abordagem da responsabilidade ambiental, bem como da otimizada governança corporativa.

Um aspecto a ser salientado é a importância de você escolher a estratégia básica certa para a situação que cada momento apresenta. Mas, naturalmente, essa flexibilidade estratégica não pode ser exagerada, pois a empresa pode perder sua *personalidade*.

Com referência aos vários tipos de estratégias apresentadas, você pode adotar um conjunto delas, de maneira ordenada, desde que seus aspectos gerais não sejam conflitantes.

6.2.5 Ciclo de vida da indústria ou setor

Para encerrar esta análise deve-se lembrar que uma indústria, ou um setor da economia, também tem um ciclo de vida. Isto é importante porque você deve saber em que fase do ciclo de vida sua indústria ou setor de atuação está localizada quando está estabelecendo a estratégia principal para a sua empresa.

Esse conceito de ciclo de vida da indústria ou setor analisa um grupo de indústrias, e não um grupo de produtos ou serviços, tendo como fatores relevantes os aspectos tecnológicos e o ambiente econômico.

Tanto o ciclo de vida do produto ou serviço como o ciclo de vida da indústria ou setor apresentam os mesmos estágios, ou seja, a introdução, o crescimento, a maturidade e o declínio.

Esse novo conceito tem sido utilizado com sucesso em conglomerados que apresentam diversos tipos de indústrias em sua composição. Esse conceito permite visualização do grupo de indústrias que compõem o conglomerado; assim, enquanto uma ou mais indústrias estão no estágio de introdução, outras poderão estar nos estágios de crescimento, maturidade ou declínio. Tal conceito permite a tomada de decisão de o que fazer em cada tipo de indústria, ou seja, investir mais, investir menos e até sair do negócio, ou investir em novos negócios.

Essa situação pode ser visualizada na Figura 6.2:

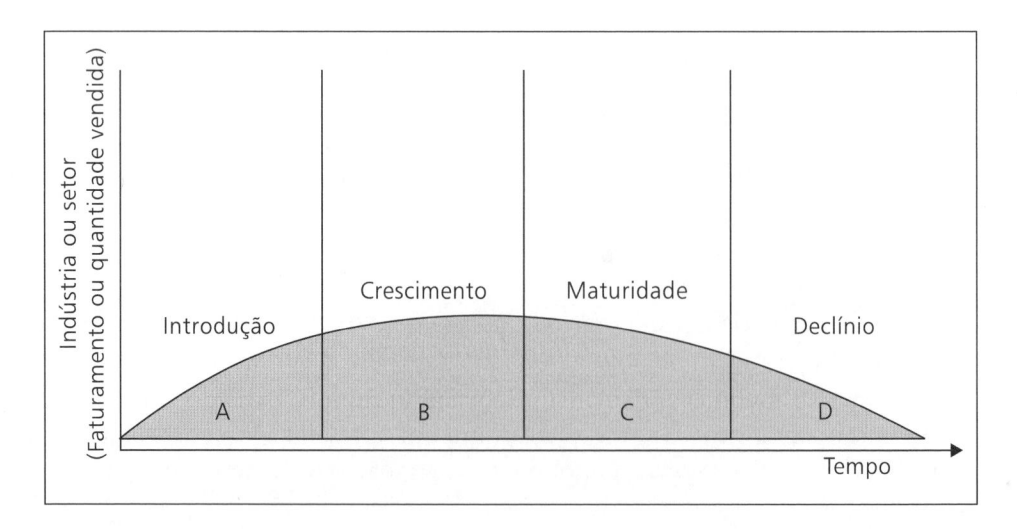

Figura 6.2 Ciclo de vida da indústria ou setor.

6.2.6 Estratégias funcionais

A seguir são apresentadas considerações a respeito das estratégias funcionais, as quais devem estar correlacionadas com os objetivos funcionais (ver seção 5.5). São elas:

A. *Estratégias de marketing*

Alguns pontos que podem ser considerados nessa situação são:

a) Quanto às estratégias de produtos ou serviços, podem ser considerados os seguintes aspectos para o melhor estabelecimento das estratégias:
   - natureza da linha de produtos ou serviços;
   - desenvolvimento de novos produtos ou serviços;
   - qualidade, desempenho e obsoletismo dos produtos ou serviços;
   - eliminação de antigos produtos ou serviços; e
   - distribuição dos produtos ou serviços.

b) Quanto às estratégias de mercado, podem ser considerados os seguintes aspectos:
   - canais de distribuição;
   - serviços aos clientes;
   - pesquisas de mercado;
   - determinação de preços dos produtos ou serviços;
   - processo de vendas;
   - propaganda;
   - embalagem;
   - marca; e
   - seleção de mercados.

B. *Estratégias financeiras*

Você pode considerar que uma estratégia é bem-sucedida dependendo de sua influência na posição financeira da empresa.

Alguns dos aspectos considerados nessas estratégias são:

- desinvestimento;
- obtenção de recursos financeiros;
- extensão do crédito ao consumidor; e
- financiamento.

C. *Estratégias de produção*

Você pode considerar, entre outros, os seguintes aspectos:

- logística industrial;
- custos industriais;
- engenharia do produto;
- engenharia do processo;
- arranjo físico;
- manutenção;
- controle de qualidade;
- estoques intermediários e finais; e
- expedição do produto.

D. *Estratégias de recursos humanos*

As estratégias funcionais de recursos humanos são de grande importância por sua abrangência na empresa.

Alguns dos aspectos que você deve considerar, neste momento, são:

- quadro de pessoal e capacitação interna;
- transferências e promoções;
- desenvolvimento e treinamento; e
- remuneração e benefícios.

6.3 Fator estratégico

Você deve procurar quais são os fatores estratégicos para o adequado funcionamento da empresa. Esses fatores estratégicos aparecem como fatores de limitação do sistema. Por exemplo, se uma máquina qualquer não estiver funcionando por falta de um parafuso, esse parafuso será o fator estratégico; se uma empresa fabricante de telefones celulares começar a perder mercado por não estar acompanhando a evolução tecnológica do setor, essa evolução será o fator estratégico (de limitação).

Toda empresa deveria perguntar a si própria quais são os principais fatores estratégicos que devem ser reconhecidos e aperfeiçoados para que seja bem--sucedida.

Com base na análise de Steiner (1969, p. 317), são apresentados, com algumas adaptações e de forma resumida, no Quadro 6.2, diversos fatores estratégicos, por área de interesse, para o sucesso da empresa.

Quadro 6.2 Fatores estratégicos para o sucesso da empresa.

Administração geral
• Habilidade de atrair e manter uma alta administração com ótima qualidade.
• Desenvolvimento de futuros executivos.
• Desenvolvimento da melhor estrutura organizacional.
• Desenvolvimento do melhor programa de planejamento a longo prazo.
• Obtenção de novos instrumentos quantitativos e técnicos para a tomada de decisões.
• Garantia de melhor julgamento, criatividade e iniciativa nas tomadas de decisões.
• Habilidade de usar a tecnologia da informação para solução de problemas e para otimizar os planejamentos.
• Habilidade de usar a informática para manuseio de operações e controle financeiro.
• Habilidade de desinvestir nas empresas não lucrativas.
• Habilidade de perceber novas necessidades e oportunidades para os produtos e serviços da empresa.
• Habilidade de motivar o impulso administrativo visando aos adequados níveis de lucro.
Finanças
• Habilidade de levantar capital a longo prazo e a baixo custo.
• Habilidade de levantar capital a curto prazo.
• Habilidade de maximizar o valor dos investimentos dos acionistas.
• Habilidade de propiciar retorno competitivo aos acionistas.
• Vontade de correr riscos com retornos mensuráveis.
• Habilidade de financiar a diversificação com resultados efetivos.
Marketing
• Habilidade de acumular melhores conhecimentos sobre os mercados.
• Estabelecer ampla base de clientes.
• Estabelecer base seletiva de clientes.
• Estabelecer eficiente sistema de distribuição dos produtos e serviços.
• Habilidade de conseguir bons contratos para a empresa.
• Assegurar propagandas criativas e campanhas de promoção de vendas.
• Usar o preço mais eficazmente, incluindo descontos, créditos ao consumidor, serviços de produtos, garantias, entregas etc.
• Melhores inter-relacionamentos entre marketing, engenharia de novos produtos e produção.
• Criar vigor na organização de vendas.
• Melhorar os serviços ao consumidor.

Quadro 6.2 (*Continuação*).

Engenharia e produção
• Desenvolver políticas eficazes referentes às máquinas e à substituição de equipamentos.
• Propiciar *layout* mais eficiente de fábrica.
• Desenvolver capacidade suficiente para a expansão da empresa.
• Desenvolver melhor controle de materiais e de estoque.
• Melhorar o controle de qualidade dos produtos.
• Aprimorar a engenharia interna dos produtos.
• Melhorar as capacidades internas de pesquisa básica de produto.
• Desenvolver programas mais eficazes para aumentar o lucro (redução de custos).
• Desenvolver a habilidade para a produção em massa a baixo custo unitário.
• Otimizar as instalações atuais de produção.
• Automatizar as instalações de produção.
• Melhorar a administração e os resultados das despesas de pesquisa e desenvolvimento.
• Viabilizar instalações de produção em mercados internacionais.
• Desenvolver a flexibilidade para uso de instalações de produtos diferentes.
• Permanecer na vanguarda da tecnologia e ser, cientificamente, criativo em um elevado grau.

Produtos e serviços
• Melhorar os produtos e serviços atuais.
• Desenvolver uma seleção de linha de produtos e serviços mais eficiente e eficaz.
• Desenvolver novos produtos e serviços para substituir os atuais, na medida em que vão perdendo a participação de mercado.
• Desenvolver novos produtos e serviços em novos mercados.
• Desenvolver vendas dos produtos e serviços atuais em novos mercados.
• Diversificar produtos por meio de aquisições.
• Usar mais a abordagem empreendedora para novos produtos e serviços.
• Obter participação mais elevada de mercado para os produtos e serviços oferecidos.

Recursos humanos
• Atrair cientistas e empregados altamente qualificados tecnicamente.
• Estabelecer melhores relações entre os profissionais e as equipes de trabalho.
• Habilidade de se dar bem com sindicatos.
• Utilizar, da melhor maneira possível, as habilidades dos funcionários da empresa.
• Estimular mais os funcionários na busca de resultados.
• Habilidade de nivelar os pontos altos e baixos das exigências dos trabalhos.
• Habilidade de estimular a criatividade dos funcionários.
• Habilidade de otimizar a motivação e a produtividade dos funcionários.

Quadro6.2 *(Continuação).*

Materiais
• Permanecer, geograficamente, próximo às fontes fornecedoras de matérias-primas.
• Assegurar a continuidade dos fornecimentos de matérias-primas.
• Encontrar novas fontes de matérias-primas.
• Possuir e controlar fontes de matérias-primas.
• Melhorar o sistema de logística.
• Reduzir custos de matérias-primas.

6.4   Formulação da estratégia

A formulação da estratégia é um dos aspectos mais importantes que você enfrenta no processo de elaboração do planejamento estratégico.

Para a formulação de estratégias devem-se considerar, inicialmente, três aspectos:

- a empresa, com seus recursos, seus pontos fortes, fracos ou neutros, bem como sua visão, valores, missão, propósitos, objetivos, desafios, metas e políticas;

- o ambiente, em sua constante mutação, com suas oportunidades e ameaças recebendo influências dos diversos cenários; e

- a integração entre a empresa e seu ambiente visando à melhor adequação possível, estando inserida, nesse aspecto, a amplitude da visão, a qualidade dos valores dos principais executivos e/ou proprietários da empresa e a postura estratégica da referida empresa.

Há algumas perguntas que podem ser usadas na formulação das estratégias (Gilmore, 1972, p. 12):

a) Quanto ao registro da atual estratégia:

- qual é a atual estratégia?

- que espécie de negócio a alta administração quer ter, levando-se em consideração expectativas estabelecidas pelos executivos, tais como remuneração desejada do investimento, ritmo de desenvolvimento, participação no mercado, estabilidade, flexibilidade, caracterizações do negócio?

- que tipo de negócio a alta administração julga que deveria ter levando-se em consideração os princípios da direção referentes à responsabilidade social e ambiental, bem como as obrigações para com os acionistas, empregados, comunidade, concorrência, clientes, fornecedores, governos e outros?

b) Quanto à identificação dos problemas apresentados pela atual estratégia:

- percebem-se, no setor, tendências que possam se tornar ameaças e/ou oportunidades perdidas se for mantida a atual estratégia?
- a empresa está tendo dificuldade na execução da atual estratégia?
- a tentativa de executar a atual estratégia está revelando significativos pontos fracos, mas também pontos fortes não utilizados pela empresa?
- há outras preocupações com relação à validade da atual estratégia?
- a atual estratégia já não é válida?

c) Quanto à identificação do problema central da estratégia:

- a atual estratégia exige maior competência e/ou maiores recursos do que a empresa possui?
- deixa de explorar, adequadamente, a competência singular da empresa?
- falta-lhe vantagem competitiva suficiente?
- deixará de explorar oportunidades e/ou fazer frente a ameaças dentro do setor, agora ou no futuro?
- os vários elementos da estratégia são, internamente, incoerentes?
- há outras considerações referentes ao foco do problema da estratégia?
- qual é, então, o verdadeiro foco do problema da estratégia?

d) Quanto à formulação de alternativas da nova estratégia:

- quais as possíveis alternativas que existem para a solução do delineamento da estratégia?
- até que ponto a competência e os recursos da empresa limitam o número de alternativas que devem ser examinadas?
- até que ponto as preferências da alta administração limitam as alternativas?

- até que ponto o senso de responsabilidade social e ambiental da alta administração limita as alternativas?
- que alternativas de estratégia são aceitáveis?

e) Quanto à avaliação da nova estratégia:

- qual é a alternativa estratégica que melhor resolve o problema da empresa?
- qual a alternativa que melhor se enquadra nas competências e nos recursos da empresa?
- qual a alternativa que oferece a maior vantagem competitiva para a empresa?
- qual a alternativa que melhor satisfaz às preferências da alta administração?
- qual a alternativa que reduz, ao mínimo, a criação de novos problemas para a empresa?

f) Quanto à escolha da nova estratégia:

- qual a importância relativa de cada uma das considerações precedentes?
- qual deve ser a nova estratégia?

Fica evidente que se pode incluir mais uma pergunta à lista apresentada, ou seja, quanto à análise das estratégias anteriores. Isso porque você deve avaliar e manter um sistema de informação a respeito dos resultados apresentados pelas estratégias anteriores, com relação aos objetivos, desafios e metas estabelecidos pela empresa.

O registro da atuação passada pode ser realizado em termos de:

- dimensão e taxa de crescimento, comparando a realidade da empresa com a do mercado e, preferencialmente, também com os principais concorrentes;
- evolução da participação no mercado;
- retorno do investimento e situação dos negócios quanto a riscos *versus* recompensas;
- capacidade de sobrevivência; e
- outros parâmetros que podem ser utilizados de forma adequada pela empresa.

Não se deve esquecer de que os mesmos registros de atuação devem ser comparados com os registros de concorrentes visando a uma situação comparativa de mercado.

Finalmente, os registros de atuação passada podem ser comparados com o resultado de uma possível liquidação da empresa e o emprego dos recursos em outro tipo de negócio ou investimento. Essa análise permite uma avaliação dos resultados apresentados pela empresa em relação a outras alternativas de negócio.

A formulação da estratégia empresarial é complexa, pois depende de inúmeros fatores e condições que se alternam e se modificam incessantemente. Henry Mintzberg et al. (1970, p. 50) apontaram as seguintes características da formulação de estratégias:

- a estratégia evolui e muda com o tempo, à medida que os executivos da alta administração tomam decisões significativas para seu futuro, lançando novas ideias sobre o horizonte estratégico da empresa;

- a estratégia resulta de dois tipos diferentes de atividade inteligente, sendo que algumas decisões estratégicas são motivadas por problemas impostos aos executivos, enquanto outras resultam da busca ativa em direção a novas oportunidades. No primeiro caso, ocorrem estratégias de solução de problemas e, no segundo, estratégias de procura de novas alternativas;

- as decisões estratégicas não são programadas e, muito menos, previstas com antecipação. Elas são tomadas quando as oportunidades e os problemas ocorrem. Nesse sentido, as decisões estratégicas são contingenciais e baseadas em *juízo de valor*;

- como não é possível prever, com clareza, quando os problemas e as oportunidades surgirão, torna-se extremamente difícil integrar diferentes decisões estratégicas em uma única estratégia explícita e compreensiva;

- os executivos da alta administração são pessoas preocupadas com muitas demandas e solicitações simultâneas, sendo continuamente bombardeados com informações, ideias e problemas. Além disso, o ambiente de formulação de estratégias é complexo demais, pois os executivos são incapazes de desenvolver, com profundidade, certas análises de questões estratégicas. Assim, o desenvolvimento de alternativas para resolver problemas e a avaliação das consequências dessas alternativas são, geralmente, conduzidos sem muita precisão;

- os executivos não têm programas definidos para lidar com assuntos de estratégia. Cada escolha estratégica é feita em diferente contexto, com informações novas e incertas, e o executivo pode assumir estreita e *bitolada* direção para a qual tende a levar sua empresa, como também pode avaliar, impropriamente, as oportunidades de acordo com sua visão das coisas. Quando surge um problema – e os problemas não são resolvidos apenas em termos de percepção, mas também de exigências e pressões – o executivo costuma preocupar-se em reduzir as pressões que lhe afetam diretamente, o que pode levá-lo a apelar para algum outro meio conveniente de resolver o problema; e

- o executivo alterna-se entre a procura de oportunidades e a resolução de problemas e, à medida que estes últimos ocorrem com pouca frequência, e sempre que o executivo aproveita eficazmente oportunidades relevantes, sua visão de estratégia empresarial torna-se cada vez mais realista.

Para Keeney (1979, p. 26), a complexidade das estratégias está correlacionada aos seguintes pontos principais:

- existência de múltiplos objetivos hierarquizados e diferenciados na empresa;
- existência de objetivos intangíveis;
- horizonte de tempo muito longo correlacionado às decisões estratégicas;
- influência de diferentes grupos de profissionais da empresa, com atitudes e valores diferenciados;
- incidência de risco e incerteza;
- aspecto interdisciplinar que envolve grande variedade de assuntos;
- existência de vários tomadores de decisão; e
- existência de julgamento de valor, ou seja, o popular *achismo*.

As estratégias são formuladas com base nos objetivos, desafios e metas estabelecidos, na realidade identificada no diagnóstico estratégico e respeitando a visão, os valores, a missão e os propósitos da empresa, bem como as informações decorrentes dos cenários delineados, e não se esquecendo da postura estratégica da empresa.

Na Figura 6.3, é apresentado um esquema de formulação de estratégias nas empresas que você pode utilizar na aplicação prática de seu raciocínio estratégico.

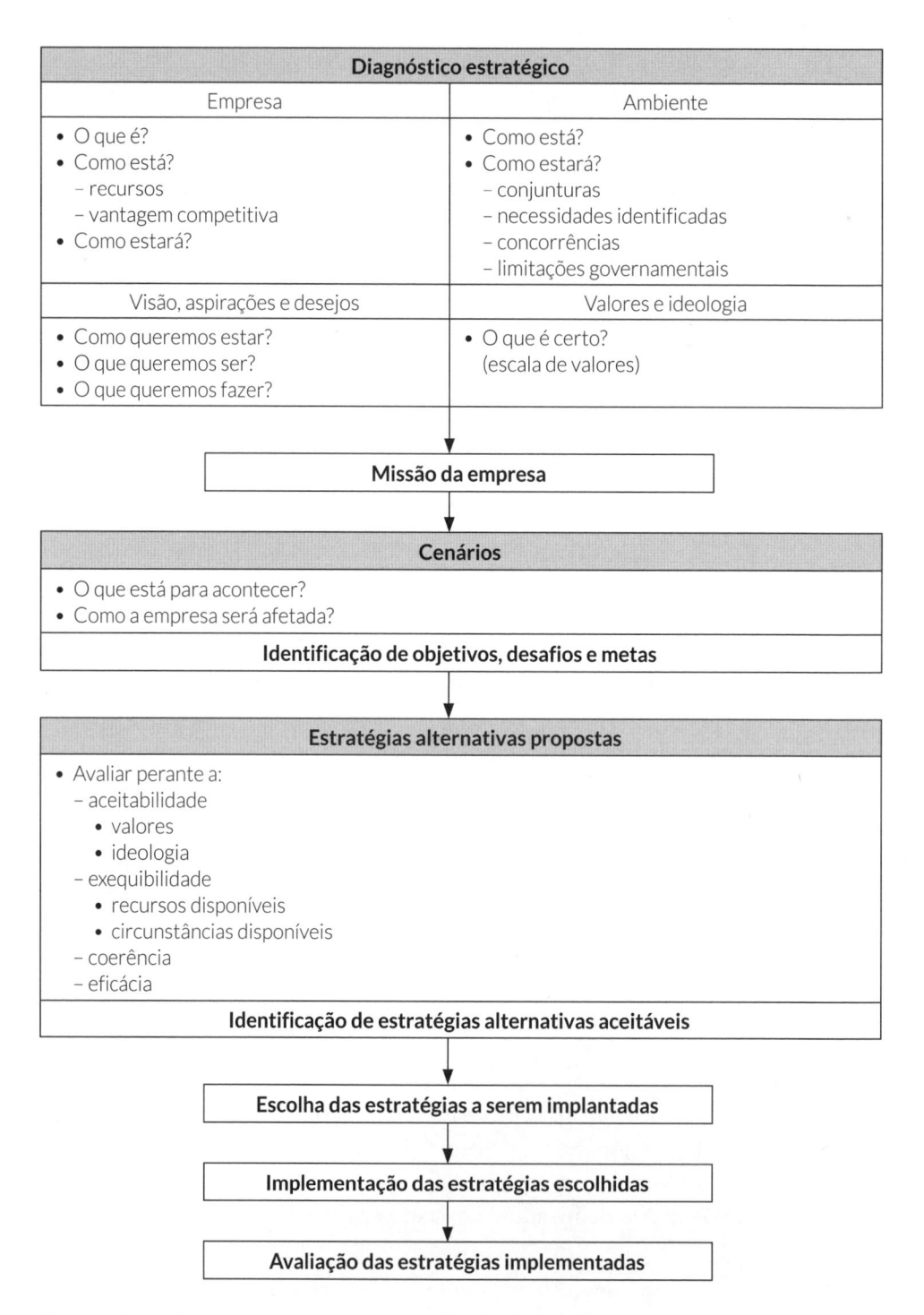

Figura 6.3 Esquema de formulação de estratégias nas empresas.

Com base em um processo estruturado, as empresas podem consolidar algumas estratégias, tais como os exemplos apresentados a seguir:

- aumentar a participação de mercado (a qual pode estar sustentada pela vantagem competitiva de preço baixo, o qual pode ser resultante de alta produtividade com rápidos ciclos de produção e elevado retorno sobre o patrimônio);

- utilizar tecnologia moderna e inovadora, própria ou não;

- desenvolver otimizados canais de distribuição;

- ingressar em segmentos de mercado adjacentes aos atuais;

- abrir novos mercados para os produtos e serviços existentes; e

- aumentar o poder relativo da empresa no mercado já existente (por meio da aquisição de outras empresas, de alianças estratégicas ou de integração vertical).

A essência da formulação de estratégias consiste em lidar com a concorrência, pois a estratégia tem uma forte abordagem para consolidar uma vantagem competitiva para a empresa. Portanto, você deve conhecer as forças que controlam a concorrência num setor empresarial.

Verifica-se que o processo de formulação de estratégias é um momento que exige elevada criatividade, forte sustentação de conhecimentos diversos e uma *coragem decisória* que pode afetar – para melhor ou para pior – os resultados da empresa, no curto, médio e, muitas vezes, no longo prazo.

Essa questão do estabelecimento de estratégias criativas foi estudada por vários autores, como Igor Ansoff, que, em 1965, estruturou e consolidou a importância da estratégia corporativa e da sinergia entre negócios, bem como Kenichi Ohmae, que, em 1982, criou o conceito de **pensamento estratégico**, que é a postura do executivo direcionada para a otimização interativa da realidade da empresa com a evolução do ambiente – externo e não controlável – em *tempo real*.

Porter (1980, p. 66), conforme já explicado na seção 3.1.3.1, considera que as condições de concorrência em um setor ou indústria dependem de cinco forças básicas:

- ameaças de novos concorrentes na indústria ou setor de atuação;

- poder de barganha dos fornecedores;

- poder de barganha dos clientes;

- ameaça da entrada no mercado de produtos ou serviços substitutivos; e

- manobras para conseguir uma posição entre os atuais concorrentes, representada pela força que a empresa impulsiona contra as outras quatro forças consideradas.

A potência conjunta das cinco forças determina o potencial máximo de lucro de um setor de atuação ou indústria.

Verificou-se que a formulação de uma estratégia deve, necessariamente, ser baseada num inventário dos recursos disponíveis, no planejamento de sua utilização em caso de implementação da estratégia e na especificação dos recursos não disponíveis internamente que precisam ser adquiridos no mercado.

Uma estratégia, para ser considerada viável, deve ser consistente com os recursos disponíveis, ajustável às modificações do ambiente e adequada em termos de consecução dos objetivos propostos pela empresa.

Portanto, a formulação de estratégias, visando sempre aos objetivos estabelecidos, é condição essencial para a própria viabilização de cada um dos objetivos propostos, ou seja, se o objetivo é chegar a uma ilha e não se dispõe de nenhum barco, é preciso encontrar alternativas para que isso ocorra: alugando, comprando ou fretando um barco, navio, avião ou helicóptero, ou propondo-se a realizar trabalhos de limpeza no navio em troca da passagem, ou, ainda, construindo uma jangada, ou, se possível, ir nadando.

Finalmente, pode-se afirmar que a melhor maneira de formular uma estratégia eficaz é você fazer perguntas certas para o assunto em questão e ter respostas certas.

Nas seções 6.5, 6.6, 6.7 e 6.8 são apresentadas outras questões inerentes ao processo de formulação de estratégias nas empresas.

6.5 Estratégias alternativas

Com base na análise interna, em que se verificam os pontos fortes, fracos e neutros da empresa, bem como na análise externa, através da qual são verificadas as oportunidades e ameaças, e tendo como alvo os objetivos, desafios e metas estabelecidos, é possível a preparação de uma lista de estratégias alternativas.

A finalidade básica é o estabelecimento de alternativas de ação que englobem as possíveis configurações da empresa perante o binômio produtos e serviços *versus* segmentos de mercado.

Para que tais configurações possam ser consideradas adequadas pelos executivos, é necessário que cada uma delas seja dimensionada de modo que se tornem:

- competitivas;
- correlacionadas entre si; e
- possíveis de serem operacionalizadas com recursos que estão à disposição da empresa no momento considerado.

Assim, o conjunto de objetivos e desafios estabelecidos pela empresa poderá ser alcançado por alternativas estratégicas. O problema está na determinação de seu apropriado conjunto de objetivos e desafios diante de sua criatividade e capacidade de realização e de apropriadas estratégias em face de seu conjunto de objetivos e desafios, mas nunca se esquecendo das metas.

O ponto básico de avaliação de um conjunto de objetivos é o grau de risco a eles associados. Objetivos estratégicos muito ambiciosos resultam em mal dimensionamento de ativos, destruição do moral, além de criarem o risco de perder lucros anteriores e oportunidades futuras. Entretanto, se forem pouco ambiciosos, produzirão estratégias medíocres, desprezando, similarmente, as oportunidades de melhor aproveitamento dos recursos da empresa.

As empresas devem tirar vantagem das oportunidades de selecionar, dentre múltiplas alternativas, aquela que lhes pareça a melhor, ainda que o processo de seleção possa ser complexo e impreciso. Uma vez que há ausência de um padrão absoluto, o valor de um curso de ação pode ser mais claramente avaliado se for comparado com a perspectiva de outras alternativas.

Uma proveitosa característica de um método de formulação de estratégia pode ser o contínuo processo de múltiplos estágios de estreitamento do campo de alternativas, que reduz a lista final de alternativas a um número relativamente pequeno delas; algumas vezes, a uma única alternativa aceitável.

Outra característica pode ser a possibilidade de estabelecimento de prioridades dos respectivos objetivos e desafios, desde que possam ser utilizados como pesos para computar uma completa escala de cada uma das alternativas estratégicas restantes.

6.6 Escolha da estratégia

Um dos aspectos mais importantes no processo estratégico é a escolha da estratégia; normalmente, a que representa a melhor interação entre a empresa e o seu ambiente.

De acordo com Steiner (1969, p. 33), os principais determinantes da escolha da estratégia são as aspirações do executivo-chefe quanto à sua vida pessoal, à vida de sua empresa como uma instituição e às vidas daqueles envolvidos na empresa. Seus costumes, hábitos e maneiras de fazer as coisas determinam como ele se comporta e toma decisões. O seu senso de obrigação para com a sua empresa decidirá quanto à sua devoção e escolha do assunto em que irá pensar. O sistema de recompensa, cujo estabelecimento e manutenção são de sua responsabilidade, será significativo em relação a como as pessoas reagem ao programa de planejamento estratégico. Será sua escolha de como o nível de altos executivos da empresa será organizado.

Nesse ponto deve-se analisar "o porquê" uma estratégia foi definida de determinada forma. Isso porque, depois de todas as análises e estudos necessários para o estabelecimento de uma estratégia, existe um ponto em que o executivo com o poder de decisão estabelece qual deverá ser implementada.

A questão é "como a estratégia tomou esse caminho". A explicação está nas orientações dos donos e/ou executivos da empresa, pois sua importância pessoal determinará quais alternativas estratégicas serão escolhidas; quais recursos serão dispensados, quais serão obtidos e como serão utilizados; que espécie de escopo mercados *versus* produtos será visado; e qual será a ênfase competitiva da empresa.

Talvez se possa afirmar que as pessoas mais interessadas em obter reputação, poder e riqueza tendem a assumir uma visão, relativamente, de curto prazo da empresa, isto é, elas pensam em termos de lucros e realizações dentro de um a três anos. Elas também estão inclinadas a assumir grandes riscos e desejam tentar mudanças substanciais.

Aqueles que já alcançaram posições de poder e riqueza e que desejam apenas preservá-las tendem a ser altamente conservadores e a evitar mudanças. As pessoas motivadas por bajulação, estima e altruísmo podem assumir uma visão mais a longo prazo da empresa, mas tendem a ser mais cautelosas no que se refere a maiores mudanças ou riscos.

Pode-se resumir essas considerações e afirmar que o mais alto poder de decisão participativo no processo de estabelecimento das estratégias é que dará o seu toque pessoal ao assunto.

Da mesma forma, executivos jovens e cautelosos aprendem logo que compensação e promoção de indivíduos dentro da empresa chegam rapidamente para aqueles cujos horizontes de tempo e atitudes perante riscos são compatíveis com as expectativas de seus superiores. Assim, as motivações da alta administração influenciam o comportamento dos subordinados até a última escala da hierarquia na empresa.

Outro aspecto a ser salientado é que você deve estar atento ao fato de que, se a estratégia escolhida tiver efeito sinérgico, será muito mais poderosa.

Sinergia significa que o efeito combinado de duas ou mais estratégias levará a um resultado maior que a soma dos resultados de cada uma das estratégias escolhidas. Por exemplo, a introdução de novo produto na linha de uma empresa, juntamente com a realização de ampla propaganda, pode ter um impacto benéfico sobre o total de vendas e lucros muito maior do que aquele propiciado por cada um dos itens separadamente. Mais detalhes são apresentados na seção 4.3.4.

Boa parte da literatura de administração preceitua o que os objetivos das empresas deveriam ser maximização dos lucros, maximização do crescimento com minimização dos custos, maximização da capacidade de sobrevivência, equilíbrio dos interesses de vários grupos como proprietários, funcionários, clientes e público em geral, bem como estabilidade e flexibilidade.

Infelizmente, nenhum desses conceitos oferece muita ajuda ao executivo na escolha entre alternativas vagamente definidas em situações únicas, parcialmente compreendidas, altamente incertas e específicas. Por mais que o executivo queira lançar mão da informática e de fórmulas matemáticas, inevitavelmente sua experiência, nível de conhecimento, julgamento, desejos e estrutura de valores influenciarão o resultado do processo de delineamento estratégico.

Tudo isso fica numa situação mais complicada quando se lembra que, ao se defrontarem com escolhas difíceis, muitos executivos dão ênfase a um particular ponto de vista funcional. E tem-se o ponto de vista financeiro, que procurará maximizar, por exemplo, o retorno do investimento e o valor de mercado das ações da empresa. Um ponto de vista contábil será melhorar a liquidez e a disponibilidade de crédito. O ponto de vista do executivo da área – ou com visão – de recursos humanos será a maior satisfação dos empregados. O de vendas poderá ser incremento do volume de vendas, participação no mercado e reputação junto à clientela, e assim por diante. Pouquíssimos executivos apoiariam um critério único a ponto de ignorar os outros. Portanto, o fechamento de uma estratégia básica para uma empresa pode ser algo complicado e desgastante na realidade empresarial.

6.7 Implementação da estratégia

Normalmente, a implantação de uma estratégia corresponde a, por exemplo, um novo produto ou serviço, cliente ou tecnologia, bem como exige alterações internas na empresa, tais como na estrutura organizacional, no sistema de informações e na estrutura dos recursos. Você deve estar muito atento a isso, para evitar problemas quanto aos resultados apresentados pela nova estratégia.

Tregoe e Zimmerman (1982, p. 37) consideram que, quando uma empresa está confusa, ou mesmo com falta de enfoque estratégico, é possível que esteja com um problema estratégico; portanto, deve analisar o seu "Q.I. estratégico", respondendo a algumas perguntas básicas que são apresentadas, de forma resumida, a seguir:

- a natureza e a orientação do negócio da empresa foram determinadas conscientemente?
- todos os executivos da alta administração têm a mesma visão e o mesmo nível de conhecimento do futuro rumo estratégico da empresa?
- a estratégia é suficientemente clara?
- a declaração de estratégia é usada como instrumento para as escolhas quanto aos futuros negócios, produtos, serviços e mercados?
- as deliberações estratégicas são tomadas separadamente das tentativas de planejamento a longo prazo?
- a futura estratégia é claramente determinante daquilo que se planeja? Ela está incluída no orçamento?
- as suposições formuladas sobre o ambiente são usadas para a fixação de uma estratégia?
- as estratégias influem nas decisões sobre aquisições, dotações de capital e novos sistemas na empresa?
- as diversas unidades organizacionais da empresa têm estratégias claras e explícitas? Essas estratégias apoiam, plenamente, a estratégia global da empresa?
- o desempenho geral da empresa e de suas unidades organizacionais é revisto tendo em vista tanto sua realização estratégica como seus resultados operacionais?

Os referidos autores consideram que, quanto mais numerosas forem as perguntas às quais você respondeu "não", ou às quais não pode responder "sim" com firmeza, maiores serão os problemas estratégicos da empresa.

Para Tilles (1963, p. 114), você deve considerar alguns aspectos quando se está desenvolvendo e implementando estratégias numa empresa:

- a estratégia de uma empresa deve identificar-se com os profissionais da empresa que devem conhecê-la. Isso não significa, necessariamente, que uma estratégia deva sempre ser escrita. Se a estratégia não for escrita, deverá ser claramente entendida através de outros meios de comunicação;

- a estratégia deve ser consistente com o ambiente da empresa. Isso porque se a estratégia for inconsistente com o ambiente, ela, provavelmente, será malsucedida. Uma estratégia voltada para regulamentos governamentais, ou para uma vantagem óbvia do concorrente, ou que seja hostil aos sindicatos, não é consistente com o ambiente e outras alternativas deverão ser examinadas;

- a estratégia deve ser consistente com os pontos fortes internos, objetivos, políticas, recursos e valores pessoais dos executivos e demais funcionários da empresa;

- a estratégia deve equilibrar o risco mínimo com máximo potencial de lucros, consistente com os recursos e perspectivas da empresa. Uma empresa com poucos recursos pode aceitar menor risco do que uma com maior capacidade de sofrer uma perda. Existem alguns riscos que nem mesmo as grandes empresas podem suportar. Uma das finalidades principais da estratégia é equilibrar o risco e o lucro de forma apropriada;

- o desenvolvimento de uma estratégia deve remontar o processo de uma análise do objetivo e incorporar ao processo a máxima aplicação de imaginação e criatividade. Grande atenção deve ser dada ao problema para o qual se formulou a estratégia, porque nenhuma estratégia tem valor referindo-se ao problema errado. Grande atenção deve ser direcionada à criação e exploração das alternativas. O desenvolvimento de alternativas de imaginação, que tenham o máximo valor, é uma tarefa muito criativa. Deve-se compreender que é necessário usar a intuição do executivo na formulação de estratégias de decisão;

- os executivos e os assessores devem compreender os diferentes processos de desenvolvimento da estratégia e saber quando e como aplicar cada técnica ao problema em questão. Detalhes a esse respeito são apresentados no livro *Estratégia empresarial e vantagem competitiva: como estabelecer, implementar e avaliar*, dos mesmos autor e editora;

- a estratégia deve ter uma ocasião propícia e não ser ilimitada no tempo. Uma estratégia ilimitada ou aberta pode proporcionar tempo aos concorrentes para que ataquem essa estratégia ou resultar em sua própria erosão, diluindo seu sucesso ou resultando em fracasso;

- as estratégias podem ser formuladas no período de planejamento anual e em outras ocasiões. A formulação da estratégia é um processo contínuo e não um processo desenvolvido em um programa cíclico;

- as melhores estratégias são aquelas traçadas para se ajustarem a determinada situação, negócio, empresa e modelo de gestão; e

- quanto maior for a empresa, mais estratégias terá de desenvolver. Nas grandes empresas pode-se falar em uma cadeia de estratégias, que vai desde as estratégias maiores, na alta administração da empresa, até as estratégias menores, que se transformam em táticas. Essa cadeia pode ser considerada como tendo elos de subestratégias.

Salienta-se que essas questões inerentes à implementação das estratégias devem estar interagentes com as questões da avaliação das estratégias (ver seção 6.8).

Quando o executivo implementa uma estratégia, deve estar atento a cinco pontos (Hobbs e Heany, 1977, p. 8):

a) Antes de designar estratégias ambiciosas, você deve estar certo de que não haverá grave sobrecarga funcional. Isso porque o emprego de medidas para evitar esforços desnecessários nas ligações entre o plano estratégico e os atuais sistemas operacionais é sempre preferível a ter de usar corretivos após o fato.

b) Conter as *ondas de choque* da estratégia. Você pode evitar alguns problemas de separação entre áreas da empresa isolando partes da empresa contra as *ondas de choque* da estratégia sempre que um novo curso estratégico é exigido; pode, também, insistir para que os defensores de nova estratégia compreendam as questões-chave levantadas por essa estratégia.

c) Dedicar atenção pessoal a importantes questões de integração entre as diversas áreas e as atividades da empresa. Para tanto, você deve:

- cuidar pessoalmente de problemas de interligação em base seletiva, estabelecendo um mecanismo para lidar com tais problemas antes que eles surjam, e depois controlar diretamente os recursos de importantes problemas de integração; e

- cuidar pessoalmente da ligação de seu centro de resultados com outros componentes da empresa.

d) Não dissolver sua equipe de planejamento estratégico até que tenha identificado as estratégias e ações que serão seguidas do começo ao fim pelo nível hierárquico seguinte. O processo de planejamento estratégico não deve tornar-se um fim em si mesmo, tão burocrático e desinteressante que todos os participantes daquele processo desejarão seu fim.

e) Comunicar-se de "cima para baixo" e não apenas de "baixo para cima". Isso porque as decisões estratégicas afetam todas as unidades organizacionais da empresa.

6.8 Avaliação da estratégia

A avaliação da estratégia corresponde à fase na qual você verifica se a estratégia, tal como foi implementada, está proporcionando o alcance dos objetivos, desafios e metas da empresa aos quais ela estava correlacionada.

Essa situação pode ser visualizada na Figura 6.4:

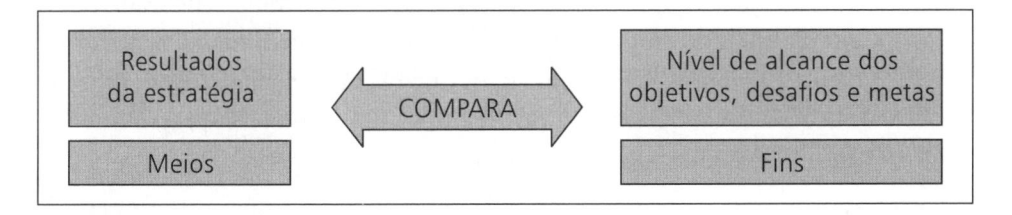

Figura 6.4 Avaliação da estratégia.

Entretanto, uma estratégia não deve ser avaliada apenas após sua implementação, mas também para que sua escolha seja a mais adequada possível.

Os aspectos que você deve analisar são:

a) A estratégia deve estar adequada aos aspectos internos da empresa, o que significa estar de acordo com a cultura e o clima organizacional, pois só assim será aceita e apoiada em seu desenvolvimento. Corresponde à consistência interna da estratégia.

b) A estratégia deve estar adequada aos aspectos externos da empresa, o que significa estar de acordo com as condições e aspectos do ambiente da empresa que sejam referentes às condições atuais ou às condições futuras, através de um processo de mutação contínua. Corresponde à consistência externa da estratégia ou consistência com o ambiente da empresa. Essa consistência externa, assim como a consistência interna, são de suma importância, pois, caso contrário, pode ocorrer um fracasso na operacionalização da estratégia.

c) A estratégia deve estar adequada à visão, aos valores, à missão, aos propósitos, aos cenários, à vantagem competitiva, à postura estratégica, às macroestratégias, às macropolíticas, bem como aos objetivos, desafios, metas e políticas da empresa.

d) A estratégia deve estar adequada aos projetos e aos correspondentes recursos existentes e disponíveis na empresa. Entre esses recursos citam-se capital, equipamentos, pessoas, competências, tecnologias, instalações, entre outros aspectos. Você deve tomar cuidado para não superdimensionar ou subdimensionar os recursos que a estratégia considerada vai utilizar. Outro aspecto é a determinação dos recursos que são mais críticos para cada uma das estratégias a serem implementadas.

e) A estratégia deve estar adequada ao grau de risco que você julga aceitável. O grau de risco adequado ou aceitável está muito correlacionado aos recursos da empresa, pois quanto maior a quantidade de recursos de uma empresa, maiores os riscos que ela pode aceitar. Outro aspecto é o grau de concentração dos recursos num único empreendimento ou diluído em vários empreendimentos da empresa.

f) A estratégia deve estar adequada ao horizonte ou período de tempo necessário e considerado para que os objetivos e desafios sejam alcançados. Nesse caso, você deve estar atento ao fato de que quanto mais distante no tempo estiverem os objetivos e desafios considerados, maior o número de mudanças que poderão ocorrer, tanto internas quanto externas à empresa; portanto, as estratégias consideradas devem ter grande flexibilidade.

g) A estratégia deve estar adequada às expectativas e exigências dos proprietários, executivos e demais profissionais da empresa.

6.9 Interação entre estratégias e políticas nas empresas

Quando se considera a interligação das estratégias e políticas da empresa, podem-se analisar alguns fatores ou variáveis que têm grande influência no estabelecimento das estratégias. Naturalmente, os fatores ou variáveis devem ser analisados também de maneira interligada.

Os fatores ou variáveis que podem ser analisados são, por exemplo, os inerentes às políticas decorrentes dos seguintes assuntos: produtos ou serviços, distribuição, promoção, preços, clientes, competitividade, finanças, investimentos, recursos humanos e atuação social da empresa.

Para o estabelecimento de cada uma dessas políticas, algumas variáveis devem ser analisadas:

a) Na política de produto ou serviço podem ser considerados, entre outros assuntos:

- marca;

- desenho do produto;

- especificações;

- características; e

- composto de produto.

Essa análise, a ser realizada de forma integrada, deve ser efetuada considerando-se a atuação dos principais concorrentes.

b) Na política de distribuição devem ser analisados:

- a maneira como o produto ou serviço chega ao consumidor final; e

- como o canal de distribuição influencia a compra.

c) Na política de promoção, você pode verificar como a compra é influenciada pelo fabricante ou distribuidor.

d) Na política de preços devem ser analisados:

- se a empresa vai manter preços mais baixos, mais altos ou idênticos aos dos principais concorrentes;

- qual a velocidade e frequência de alteração de preços; e

- qual a participação de cada tipo de cliente no total de faturamento.

e) Na política de clientes, você pode analisar:

- os mercados e sua segmentação; e

- os tipos e características dos clientes e consumidores.

f) Na política de competitividade podem-se analisar as vantagens dos produtos ou serviços em relação aos dos principais concorrentes.

Para o melhor tratamento das vantagens competitivas você deve alocar recursos e esforços em pontos fortes e não em pontos fracos. Embora os pontos fracos devam ser transformados em pontos fortes, você não deve, simplesmente, alocar recursos e esforços em suas fraquezas, pois poderá ter um conjunto de pontos fortes medíocres. Geralmente é mais interessante estar numa situação excelente em alguns aspectos e não ficar numa situação defensiva de remediar problemas e limitações.

A melhor situação é alocar recursos e esforços para os pontos em que a empresa tem real vantagem competitiva. E essa vantagem competitiva deve estar de acordo com as exigências do mercado, ou seja, nem muito acima, nem muito abaixo das expectativas e exigências do mercado. Portanto, amplitude elevada de atuação pode provocar dispersão dos esforços da empresa. Da mesma forma, não é interessante uma concentração elevada de esforços, pelo perigo iminente que a situação pode provocar.

g) Na política financeira, você deve analisar:
   - a composição de capital próprio e de terceiros;
   - como obter capital a curto, médio e longo prazos;
   - o custo de tomada de capital de terceiros; e
   - o composto de bancos e outras instituições financeiras que operam com a empresa.

h) Na política de investimentos pode ser verificado onde alocar os maiores recursos, tendo como base as análises de viabilidade dos pontos de vista mercadológico, tecnológico, estrutural, operacional e econômico-financeiro.

i) Na política de recursos humanos devem-se analisar:
   - a capacitação interna;
   - a avaliação de desempenho;
   - as movimentações internas;
   - o quadro de pessoal;
   - a situação da motivação; e
   - a adequação profissional.

j) Na política de atuação social podem ser analisados:
   - o relacionamento dos funcionários com as equipes e vice-versa;
   - a cultura organizacional;
   - o clima organizacional; e
   - a responsabilidade social da empresa.

Mais detalhes a respeito de políticas empresariais são apresentados no Capítulo 7.

6.9.1 Posicionamento da estratégia e da política no processo de planejamento estratégico

Quando se consideram a estratégia e a política no processo de planejamento estratégico pode ocorrer a seguinte dúvida: o que vem primeiro, a estratégia ou a política?

Embora possa ocorrer dúvida a esse respeito, neste livro ficou estabelecido que a estratégia deve ser determinada antes que a política; ou seja, a ação – caminho ou maneira a ser desenvolvido para o alcance dos resultados esperados – deve ser estabelecida sem as restrições dos parâmetros ou orientações para as tomadas de decisão.

A razão básica dessa situação é a própria metodologia de elaboração e implementação do planejamento estratégico evidenciada na seção 2.1.

Verificou-se que a metodologia apresentada, embora concentre uma série de vantagens, salienta uma desvantagem pelo fato de a fase inicial ser o diagnóstico estratégico, que pode representar uma barreira à ação intuitiva e criativa do planejamento estratégico nas empresas, embora tenha um item altamente criativo, que é a visão da empresa.

A forma de amenizar esse problema foi estabelecida, pelo autor, de duas maneiras, para fortalecer o aspecto intuitivo e criativo do planejamento estratégico, a saber:

- trabalhar com objetivos não quantificados e sem prazos de realização, num primeiro momento, para, logo em seguida, estabelecer os desafios quantificados e com prazos de realização; e
- trabalhar com estratégias que não tenham as restrições estabelecidas pelas políticas.

Entretanto, o autor julga válido o seguinte processo:

- estabelecer as estratégias;
- estabelecer as políticas;
- rever as estratégias, com base nas políticas; e
- rever as políticas, com base nas novas estratégias.

6.10 Interação entre estratégias e projetos nas empresas

Outro aspecto importante é a análise da interligação entre as estratégias e os projetos no processo de planejamento estratégico nas empresas.

A estratégia vai estabelecer "o que" vai ser feito para se chegar à situação desejada (objetivos, desafios e metas); o projeto vai explicitar "o como" atuar e operacionalizar as ações para realizar a decisão estratégica; ou seja, é nos projetos que você vai alocar e administrar os recursos necessários à ação estratégica.

A interligação pode ser visualizada no Quadro 6.3, que apresenta situações de sucessos ou insucessos provocadas pelo nível de eficiência das estratégicas e dos correspondentes projetos.

Quadro 6.3   Interligação entre estratégias e projetos.

		Estratégias	
		Eficientes	Ineficientes
Projetos	Eficientes	• Sucesso da empresa • Otimizado ambiente de trabalho	• Possibilidade de sucesso no controle • Insucesso no futuro
	Ineficientes	• Insucesso no controle • Possibilidade de sucesso no futuro	• Insucesso da empresa • Gestão e ambiente de trabalho confusos

6.11 Formulários a serem utilizados no estabelecimento das estratégias

A seguir são apresentados exemplos de formulários que você pode utilizar para o estabelecimento de estratégias nas empresas.

a) *Formulário*:

- Estabelecimento de estratégias (Figura 6.5).

Finalidades:

- Estabelecer as estratégias a serem consideradas para cada um dos desafios ou objetivos propostos.
- Estabelecer as justificativas das várias estratégias propostas.

Planos	Estabelecimento de estratégias	Data __/__/__	Nº
Desafio ou objetivo:			
Estratégias		Justificativas	

Figura 6.5 Formulário de estabelecimento de estratégias.

b) *Formulário*:

   • Estratégias alternativas (Figura 6.6).

Finalidades:

   • Estabelecer, com base na postura estratégica básica e nas suplementares – ver seção 4.3 –, quais as estratégias alternativas que a empresa poderá utilizar para o alcance dos objetivos e desafios propostos.

Planos	Estratégias alternativas			Data __/__/__	Nº
Objetivo ou desafio correlacionado / Postura estratégica	Alternativa A	Alternativa B	Alternativa C		

Figura 6.6 Formulário de estabelecimento de estratégias alternativas.

c) *Formulário*:

   • Prioridade das estratégias (Figura 6.7).

Finalidades:

- Estabelecer e justificar as prioridades das diversas estratégias da empresa com base nas prioridades dos objetivos e desafios correlacionados, sendo que as prioridades desses foram estabelecidas nos formulários apresentados nas Figuras 5.6 e 5.9.

Planos		Prioridade das estratégias		Data __/__/__	Nº
Nº	Estratégia	Objetivo correlacionado	Prioridade	Justificativas	

Figura 6.7 Formulário de estabelecimento da prioridade das estratégias.

d) *Formulário*:

- Avaliação de estratégias (Figura 6.8).

Finalidades:

- Avaliar as estratégias implementadas na empresa tendo em vista o objetivo ou desafio correlacionado e os resultados, efetivamente, apresentados.
- Apresentar os comentários necessários sobre os resultados da avaliação de cada estratégia da empresa.

Planos		Avaliação de estratégias	Data __/__/__	Nº
Nº	Estratégia	Objetivo ou desafio correlacionado	Resultados apresentados	Comentários

Figura 6.8 Formulário de avaliação de estratégias.

Resumo

Neste capítulo foram apresentados os aspectos básicos sobre as estratégias empresariais.

Embora o termo *estratégia* possa ser definido de diferentes maneiras, neste livro utilizou-se uma definição que se aproxima da utilizada por grande parte das empresas, ou seja, como o caminho, maneira ou ação estabelecida, adequada e criativa para alcançar as metas, os desafios e os objetivos da empresa.

Também foram apresentadas as formas de classificar as estratégias, bem como seus tipos. E, finalmente, a maneira de estabelecer e avaliar as estratégias, incluindo situações alternativas.

Talvez se possa afirmar que as estratégias correspondem ao item mais importante do processo de planejamento estratégico das empresas, pois é através delas que você pode mudar o *rumo das coisas*.

Mais detalhes a respeito desse importante aspecto do processo de planejamento estratégico nas empresas são apresentados no livro *Estratégia empresarial e vantagem competitiva: como estabelecer, implementar e avaliar*, dos mesmos autor e editora.

Questões para debate

1. Com base no trabalho que você vem desenvolvendo ao longo dos capítulos deste livro, propor uma série de estratégias inerentes aos objetivos, desafios e metas estabelecidos no final do Capítulo 5.

2. Fazer uma avaliação das estratégias propostas e identificar as prioritárias. Justificar a resposta.

3. Pesquisar outras maneiras de se conceituar a expressão *estratégia empresarial*.

4. Com base em outras referências bibliográficas, identificar outras formas de se classificar as estratégias empresariais.

5. Estudar a interligação das estratégias com outras partes do processo de planejamento estratégico, além das políticas e dos projetos.

6. Estabelecer as principais estratégias que você visualiza como as mais importantes em sua evolução pessoal e profissional.

7. Analisar e debater as suas facilidades e dificuldades quanto às seis questões anteriores e, depois, alocar em seu plano de carreira visando seu adequado desenvolvimento e consolidação como profissional de planejamento estratégico.

Caso:
Problemas para o estabelecimento e a implementação de estratégias na Hamburgo Industrial S.A.

A Hamburgo Industrial S.A. é uma empresa industrial e comercial de máquinas e equipamentos de injeção de plásticos que se instalou no país há 30 anos, sendo, atualmente, dirigida por dois irmãos que são os herdeiros do fundador da empresa.

Há dois anos, além do negócio básico de origem, a Hamburgo Industrial S.A. decidiu entrar no segmento de preparação de moldes feitos sob encomenda de empresas diversas, sendo que o projeto final dos moldes poderia ou não ser feito pela Hamburgo; inclusive, os dois irmãos, César e Antonio, estão desenvolvendo a atividade de engenharia e projetos para intensificar esse novo negócio na Hamburgo.

O atual organograma resumido da Hamburgo Industrial S.A. é apresentado a seguir:

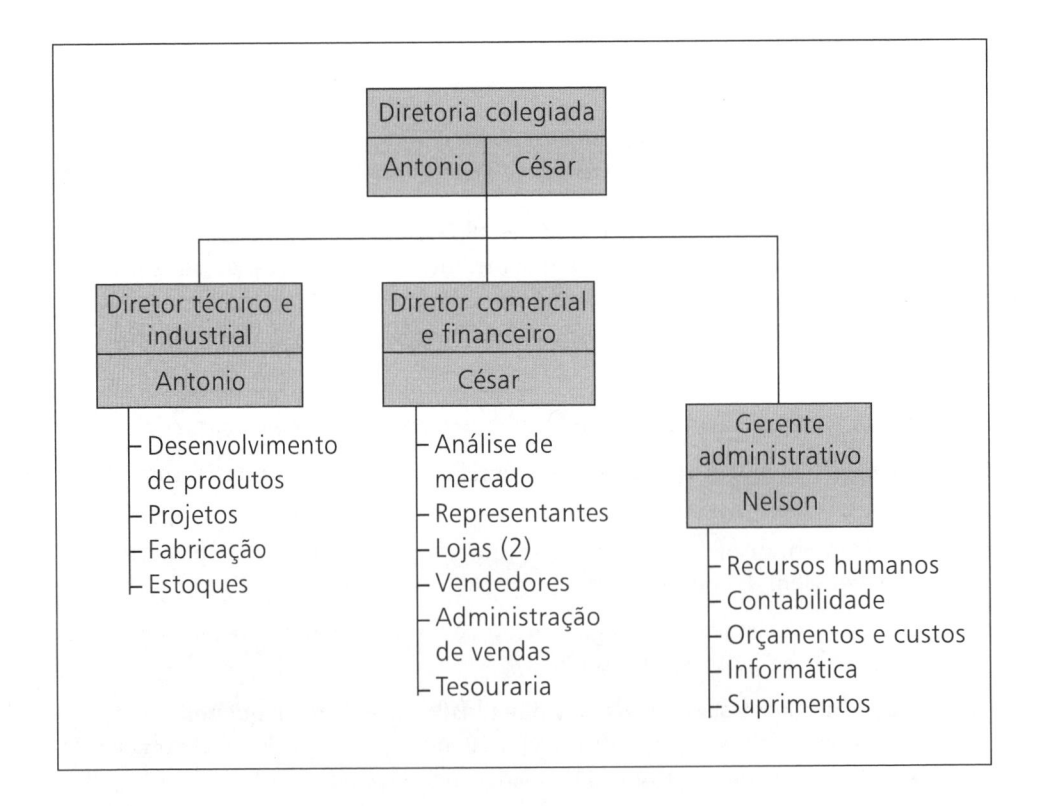

O Gerente Administrativo, Sr. Nelson, é o antigo responsável pelo escritório de contabilidade que realizava serviços para a Hamburgo desde sua fundação.

Com o desenvolvimento da Hamburgo, a contabilidade foi internalizada e o Sr. Nelson foi contratado inicialmente como contador e depois foi promovido a Gerente Administrativo.

O Sr. Nelson pode ser considerado de capacitação média para o cargo e função atuais, mas é uma pessoa de elevada confiança para a família, ainda que o Sr. César tenha preferido continuar com a administração da tesouraria – caixa, contas a pagar e contas a receber – da Hamburgo.

O posicionamento da Hamburgo no mercado, em termos percentuais, é resumido a seguir:

Empresa	Participação de mercado	
	Fabricação	Engenharia e projetos
Hamburgo	30	10
Concorrente "A"	25	35
Concorrente "B"	15	40
Outros	30	15

Uma das razões pelas quais a Hamburgo quer desenvolver-se no segmento de engenharia e projetos é pela elevada margem financeira proporcionada; aproximadamente 2,5 vezes a margem de fabricação e comercialização de máquinas e equipamentos.

Na opinião dos proprietários, as principais causas da fraca evolução no segmento de engenharia e projetos da Hamburgo são:

- falta de *cultura* da empresa para o segmento de engenharia e projetos;
- dificuldades em contratar bons profissionais no mercado;
- medo da quebra de compromisso de compras após as empresas-clientes terem os moldes; e
- sabotagem e cópia de moldes por clientes e não clientes.

O Sr. Nelson acrescenta a essa lista uma situação de incompetência técnica do Sr. Antonio para o segmento de projetos e moldes, inclusive uma falta de paciência para com esse trabalho.

O Sr. Nelson conhece você de longa data e resolveu indicá-lo para os proprietários da Hamburgo, tendo em vista o desenvolvimento de um plano estratégico para o aprimoramento dos negócios atuais e, preferencialmente, para a consolidação do negócio de engenharia e projetos, incluindo o desenvolvimento de moldes.

Para o desenvolvimento desse trabalho você deve:

1. Alocar uma série de informações e de situações que você julgue necessárias para o melhor desenvolvimento do caso. Essa parte corresponde a seu *toque pessoal* nesse debate.

2. Preparar o plano estratégico resumido, procurando considerar os vários aspectos da metodologia apresentada até este capítulo do livro.

Capítulo 7

Políticas empresariais

"Deve-se ter em mente que não há nada mais difícil de se executar, nem de processo mais duvidoso, nem mais perigoso de se conduzir do que iniciar uma nova ordem de coisas."

Maquiavel

Neste capítulo é analisado outro item dos instrumentos prescritivos do planejamento estratégico – Fase III do processo –, conforme apresentado na seção 2.1.3.

Como base para o processo decisório, no planejamento estratégico existem as políticas, que representam parâmetros ou orientações que facilitam a tomada de decisões dos executivos das empresas.

Há certa confusão quando se considera o termo *política*. De acordo com Bethlem (1980, p. 2), a confusão inerente ao termo *política*, palavra derivada do grego *politikós* – o governo de uma cidade –, é provocada pela inexistência, na língua portuguesa, de vocábulos distintos como ocorre na língua inglesa, em que se tem *politics* – basicamente, a ciência de governar – e *policy* – política referente à administração de empresas. Entretanto, mesmo na língua inglesa existem grandes divergências de conceitos de *policy*, e pesquisas demonstram que as definições, no âmbito das empresas, variam desde interesses amplos e filosóficos até procedimentos e práticas detalhadas.

Para estabelecer alguma diferenciação, o termo *política* significaria a ciência e a expressão *diretriz administrativa* seria referente à política inerente à administração de empresas. Esses conceitos têm sido utilizados por algumas instituições de ensino brasileiras.

Há também diferenciação quando se considera a *diretriz administrativa* como política da alta administração, ao nível estratégico, e o termo *política* fica com seu uso mais restrito ao nível operacional.

Neste livro foi estabelecida uma diferença entre os dois termos da seguinte forma:

- **Políticas:** são parâmetros ou orientações que facilitam a tomada de decisões pelo executivo (isto para qualquer nível dentro da empresa).
- **Diretrizes**: representam o conjunto, estruturado e interativo, das grandes orientações das empresas, ou seja, objetivos, estratégias e políticas.

Dentro desse princípio, as políticas procuram refletir e interpretar os objetivos, desafios e metas, bem como estabelecem limites ao planejamento estratégico desenvolvido. Fica também evidente que as políticas são aplicadas em situações repetitivas da realidade considerada.

Uma política empresarial procura estabelecer as bases sobre como os objetivos, desafios e metas serão alcançados; e procura mostrar às pessoas o que elas podem ou não fazer para contribuir para o alcance dos resultados da empresa.

Uma política pode ser mais do que apenas uma formalidade. Pode ser um guia útil para explicitar estratégias e estabelecer direção aos profissionais das empresas e, consequentemente, quanto mais definitiva e aceita a política for, mais útil poderá ser para a adequada administração das empresas.

As políticas devem ter algum grau de flexibilidade, pois algumas empresas que obtiveram grande sucesso parecem ter desrespeitado certas regras ou políticas básicas estabelecidas, enquanto outras empresas nem tiveram um plano de políticas bem estruturado.

Outro aspecto a considerar é que, embora as políticas sejam geradas pelas áreas funcionais da empresa, não devem ser consideradas "políticas funcionais" pois devem ser respeitadas por toda a empresa.

7.1 Tipos de políticas

As políticas podem ser classificadas, de acordo com suas fontes de conceituação, em:

a) Políticas estabelecidas: são as provenientes dos objetivos, desafios e metas da empresa e são estabelecidas pela alta administração com a finalidade de orientar os subordinados em seu processo de tomada de decisões. Normalmente correspondem a questões estratégicas ou táticas. Como exemplo pode-se ter uma política estabelecida pela alta administração quanto ao nível de diversificação que a empresa vai adotar, como base do seu processo decisório.

b) Políticas solicitadas: são os resultados das solicitações dos subordinados aos executivos da alta administração da empresa, tendo em vista a necessidade de obter orientações sobre como proceder em determinadas situações. Normalmente correspondem a questões operacionais e são consolidadas em processos, normas e procedimentos administrativos. Um exemplo pode ser uma política de concessão de créditos aos clientes.

c) Políticas impostas: são as provenientes de fatores que estão no ambiente da empresa, tais como governo, sistema financeiro, sindicatos etc. Normalmente correspondem a questões estratégicas. Como exemplo pode-se ter uma política imposta pelos sindicatos para as empresas terem determinadas comissões de fábrica do tipo CCQ – Círculo de Controle de Qualidade.

Quanto à forma de divulgação, as políticas podem ser:

a) Explícitas: correspondem a afirmações ou posições escritas ou orais quanto às informações necessárias ao tomador de decisões, para facilitar sua escolha entre as alternativas existentes.

b) Implícitas: correspondem a uma situação em que a política não apresenta uma formalização, pois não é falada ou escrita.

Outra forma de classificação das políticas é sua divisão quanto à sua abrangência, e, nesse caso, podem ser:

a) Políticas gerais, que representam princípios ou leis gerais fundamentadas na filosofia básica de atuação da empresa. Podem ser classificadas em:

- Políticas gerais dos negócios, que representam os princípios e práticas determinantes das fases de concentração dos esforços nos propósitos da empresa. Exemplos:

  - nossa prioridade é encurtar o tempo entre o fato e sua transformação em notícia (de um grande jornal);

  - a pesquisa e o desenvolvimento de produtos representam o fator básico para alocação de nossos recursos (de uma empresa farmacêutica); e

  - a prioridade é a manutenção de altos valores éticos nas nossas relações com o mercado (de uma empresa química).

- Políticas gerais de direção, que representam os princípios e critérios essenciais do processo decisório da empresa, do estabelecimento de objetivos e estratégias, dos compromissos da alta, média e baixa administração, bem como do sistema de controle e avaliação das várias unidades organizacionais da empresa. Portanto, uma empresa com políticas de direção pode decidir com mais confiança, ter pessoas mais sensatas, bem como atrair a confiança de seus clientes e público em geral por sua fama de comportamento estável. Exemplos:

  - o critério básico para qualquer decisão é a relação dos custos com a rentabilidade;

- a avaliação das pessoas é sobre os resultados apresentados e não por suas características pessoais; e

- é prioritária a busca da concordância na tomada de decisões.

• Políticas gerais de gestão, que correspondem ao delineamento de um estilo administrativo da empresa, abrangendo todos os aspectos que esse assunto pode considerar. Uma empresa pode ter funcionários que são os falsos dinâmicos, os agitados, os persistentes, os pernósticos, os preguiçosos, os desmotivados, os improdutivos etc. Isso tudo é devido, principalmente, à falta de políticas de gestão. Exemplos:

- os profissionais da empresa serão avaliados pelos resultados apresentados em relação aos esperados;

- os resultados orçamentários são os prioritários; e

- existe grande ênfase à autonomia das diversas unidades organizacionais da empresa.

b) Políticas específicas, que representam os princípios e leis que devem ser respeitados por uma área específica da empresa. Exemplos:

- exigência mínima do nível universitário para os cargos de chefia (área de recursos humanos);

- o pessoal da linha de produção receberá prêmios por nível de qualidade de produção (área de produção);

- os títulos não pagos após o 15º dia corrido do vencimento serão enviados ao cartório de protesto (área financeira); e

- os vendedores farão rodízio de região de vendas a cada ano (área comercial).

7.2 Características das políticas eficazes

As características das políticas eficazes são (Ziegler, 1972, p. 43):

• flexibilidade, pois a empresa está em constante interação com o ambiente e, portanto, não pode ficar dependendo só de sua tradição;

• abrangência, pois devem cobrir os vários aspectos e dificuldades que se desenvolvem nas operações da empresa;

- coordenação, pois, caso contrário, os esforços podem ser dirigidos para tarefas pouco correlatas; e
- ética, pois devem estar de acordo com os padrões éticos de conduta da empresa.

Para seu posicionamento: hierarquizar, com base em um critério estabelecido por você, essas quatro características das políticas eficazes, apresentando justificativas e exemplos.

Fica evidente que você deve estabelecer políticas com essas características, pois, caso contrário, a base de sustentação do planejamento estratégico poderá ficar bastante debilitada.

7.3 Formulários a serem utilizados no estabelecimento de políticas

A seguir são apresentados exemplos de dois formulários que podem auxiliar você no estabelecimento e na análise das políticas das empresas.

a) *Formulário*:

- Estabelecimento de políticas (Figura 7.1).

Finalidades:

- Estabelecer as políticas que devem ser operacionalizadas pela empresa, tendo em vista a consolidação da base decisória para as estratégias a serem implantadas.
- Facilitar o processo decisório, tendo em vista os resultados esperados.

Planos	Estabelecimento de políticas		Data __/__/__	Nº
Resultados esperados (objetivos, desafios e metas)	Decisões	Estratégias	Políticas	

Figura 7.1 Formulário de estabelecimento de políticas.

b) *Formulário*:

- Prioridade das políticas (Figura 7.2).

Finalidade:

- Estabelecer e justificar as prioridades das diversas políticas da empresa, com base nas prioridades das estratégias correlacionadas.

Planos		Prioridade das políticas		Data __/__/__	Nº
Nº	Política	Estratégia correlacionada	Prioridade	Justificativas	

Figura 7.2 Formulário de prioridade das políticas.

Resumo

Esse capítulo considerou as políticas empresariais, que representam parâmetros ou orientações que facilitam a tomada de decisões pelos executivos das empresas.

Foram apresentados os tipos e as características das políticas eficazes para as empresas.

O adequado uso das políticas proporciona a você a base de sustentação para um eficiente, eficaz e efetivo planejamento estratégico em sua empresa.

Questões para debate

1. O termo *política* tem recebido diferentes conceituações de diversos autores. Fazer uma pesquisa bibliográfica e analisar as divergências.
2. Estabelecer cinco políticas para sua empresa ou para a faculdade onde você estuda, bem como suas prioridades, com justificativas.
3. Estabelecer exemplos de políticas de acordo com os seus tipos (ver seção 7.1).
4. Explicar, detalhadamente, a influência das políticas no processo de planejamento estratégico das empresas.
5. Estabelecer as principais políticas que você visualiza como as mais importantes em sua evolução pessoal e profissional.

6. Analisar e debater as suas facilidades e dificuldades quanto às cinco questões anteriores e, depois, alocar em seu plano de carreira visando seu adequado desenvolvimento e consolidação como profissional de planejamento estratégico.

 **Caso:**
Processo de estabelecimento de políticas na Colmar Comércio de Veículos Ltda.

A Colmar Comércio de Veículos Ltda. é uma empresa familiar revendedora autorizada de uma importante fabricante de veículos, subsidiária de uma multinacional alemã.

A Colmar atua nos segmentos de veículos novos, veículos usados, serviços de oficina, revenda de peças e acessórios, despachante, seguros e consórcio, junto com outras seis revendedoras da mesma marca, que atuam na mesma região que a Colmar.

A Colmar tem três agências, sendo a sede localizada na Capital do Estado e as outras duas numa cidade do interior e em uma cidade do litoral, todas no mesmo Estado.

O organograma representativo da Colmar Comércio de Veículos Ltda. é apresentado a seguir, sendo que os membros da família ocupam a Presidência, a Diretoria Comercial, a Gerência Administrativa e Financeira e a Tesouraria.

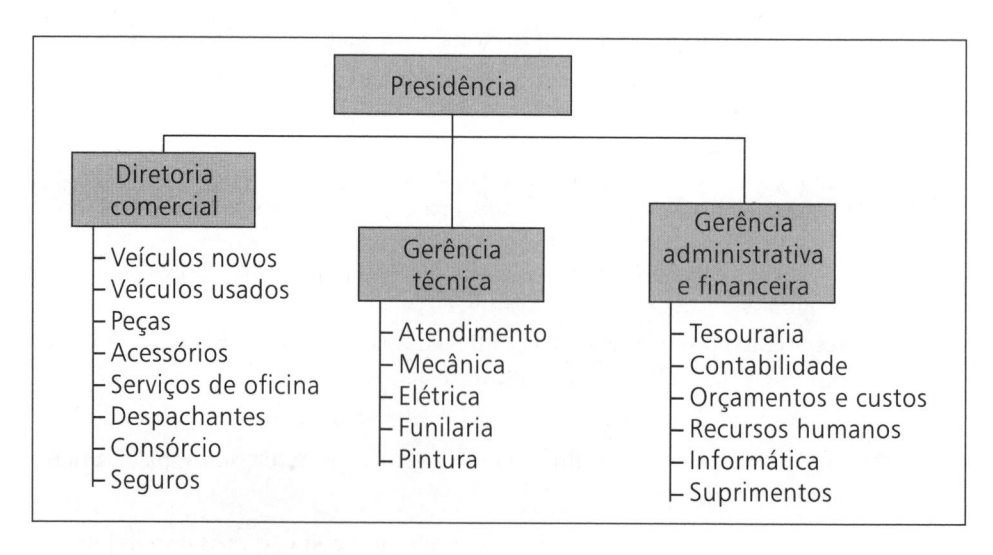

Algumas características da atuação da Colmar são:

- as vendas de veículos novos são realizadas por equipes específicas para particulares, para as empresas em geral e para o governo, embora o atendimento comercial possa ser realizado, em alguns momentos, de forma indistinta;
- as vendas de veículos usados é um forte negócio na agência do interior;
- as vendas de peças estão fracas, pela concorrência das lojas varejistas de autopeças;
- as vendas de acessórios são boas apenas nas lojas do interior e do litoral, isso porque perto da agência matriz na Capital existe uma loja da principal rede de acessórios para veículos de todo o Estado;
- as vendas de serviços de despachante, basicamente, só são realizadas pelas três agências da Colmar quando da venda de carros, não se tendo consolidado como uma prestadora de serviços de despachante para o mercado;
- as vendas de consórcio têm evoluído de acordo com o crescimento geral desse segmento de mercado, inclusive porque a diretoria da Colmar sabe que não existe uma vantagem competitiva para eles nesse segmento de mercado. É importante salientar que uma das revendas autorizadas que participam desse consórcio já teve problemas de entregas de veículos para consorciados contemplados em passado recente. Embora eles tenham entregue os veículos posteriormente, o *estrago já tinha sido feito*;
- as vendas de seguros não estão elevadas e só ocorrem, em alguns casos, quando da venda de veículos novos e, muito pouco, no caso de veículos usados;
- os serviços de oficina estão indo bem, pois, embora os preços sejam considerados relativamente caros, a qualidade é reconhecida como boa, principalmente nas agências do interior e do litoral;
- a qualidade de atendimento nas oficinas e lojas – peças, veículos novos, veículos usados – é considerada acima da média do mercado;
- as atividades financeiras e administrativas da Colmar estão adequadas, principalmente a de informática, a qual pode ser considerada de elevada qualidade; e
- o nível de motivação e de comprometimento dos executivos e demais funcionários das três agências da Colmar é considerado adequado.

Com base no que foi apresentado solicita-se que você:

a) Complemente o caso, que é real, com todos os dados e informações que julgar necessários e válidos para aprimorar a análise da Colmar Comércio de Veículos Ltda.

b) Identifique um conjunto de políticas que sirvam de sustentação para o aprimoramento do processo decisório estratégico da Colmar. Para tanto, você deve, inclusive, esboçar alguns aspectos do processo de planejamento estratégico que sejam anteriores ao momento do estabelecimento das políticas da Colmar.

Capítulo 8

Projetos e planos de ação

"O que diferencia os países em desenvolvimento das nações desenvolvidas é que essas têm – e aquelas não – uma ciência moderna e uma economia baseada em tecnologia também moderna."

Homi Bhabba

Depois do estabelecimento dos objetivos, desafios, metas, estratégias e políticas, o último passo do plano prescritivo da Fase III da elaboração do planejamento estratégico corresponde à identificação, estruturação e posterior administração dos projetos necessários ao desenvolvimento do planejamento estratégico proposto.

O projeto é o instrumento de interligação do plano prescritivo com o plano quantitativo na Fase III do planejamento estratégico; e isso porque é por meio dos projetos que se alocam recursos ao longo do tempo, compatibilizando-os com o planejamento orçamentário, que é desenvolvido pelo plano quantitativo.

Não será considerada neste livro, mas fica evidente a necessidade do uso de técnicas de programação e controle, tais como a técnica PERT-CPM, tendo em vista melhor alocar os projetos e suas atividades ao longo do processo de planejamento estratégico.

Essas técnicas levam em consideração, na elaboração dos projetos, para maior eficiência e eficácia em sua execução e controle, as seguintes variáveis básicas:

- tempo utilizado na realização de cada tarefa ou atividade que faz parte do projeto ou programa;
- interligação e sequenciamento ideal das atividades a serem desenvolvidas;
- indicação dos pontos críticos no desenvolvimento das atividades; e
- custo de cada tarefa ou atividade do projeto ou programa.

Entre essas técnicas, as mais modernas que podem considerar essas variáveis, isolada ou conjuntamente, são as chamadas técnicas de caminho crítico, normalmente representadas pelo PERT-CPM, mas pode ser aplicado, também, o gráfico de Gantt, que é mais simples.

Projeto é um trabalho com datas de início e término previamente estabelecidas pelo coordenador responsável, resultado final predeterminado e com suas partes ou atividades identificadas, nas quais são alocados os recursos necessários ao seu desenvolvimento.

Para facilitar o estudo deve-se ter mais algumas definições básicas, a saber:

- **Atividade**: é a unidade ou parte identificada e administrada dentro de um projeto.

- **Programa**: é o conjunto de projetos homogêneos quanto a seu objetivo maior.

- **Administração de projeto**: é o esforço no sentido de melhor alocar os recursos da empresa, tendo em vista alcançar os objetivos estabelecidos.

- **Plano de ação**: é o conjunto das partes comuns dos diversos projetos quanto ao assunto que está sendo tratado (recursos humanos, tecnologia, finanças, produção, organizacional etc.).

O estabelecimento dos projetos proporciona a você condições de identificar e operacionalizar os planos de ação que a empresa irá desenvolver, com a finalidade de alcançar os resultados esperados e enfocados pelo planejamento estratégico.

8.1   Fases de um projeto

Um projeto qualquer pode ter duas grandes fases (ver outra decomposição das fases de um projeto, quanto ao ciclo de vida da indústria ou setor de atuação, na Figura 6.2):

FASE 1: Caracterização

FASE 2: Execução

Na fase de caracterização os aspectos básicos a serem analisados são:

- identificação do problema-alvo;
- análise do ambiente do projeto;
- definição dos objetivos, desafios e metas a serem alcançados;
- elaboração dos estudos de viabilidade necessários;
- definição dos critérios e parâmetros de avaliação do projeto;
- estabelecimento das estratégias a serem operacionalizadas;
- negociação e definição dos recursos necessários;
- identificação da equipe de trabalho;
- programação e alocação dos recursos; e
- elaboração do manual do projeto.

Ao final dessa fase tem-se a proposta de realização dos trabalhos com o plano de execução do projeto.

Quanto à fase de execução, os aspectos básicos a serem considerados são:

- utilização dos recursos disponíveis de acordo com o programado;
- supervisão da equipe de trabalho, principalmente quando essa é multidisciplinar, ou seja, envolve vários tipos de conhecimentos e especialidades;
- acompanhamento e controle das atividades do projeto; e
- avaliação final dos trabalhos executados.

Durante essa fase existem os relatórios informativos sobre os trabalhos executados, sendo que no final deve-se ter um atestado de avaliação geral.

No eixo horizontal há o período de tempo para o completo desenvolvimento e implantação do projeto, enquanto no eixo vertical está a intensidade de trabalho pela equipe técnica. Nota-se que há um crescendo a partir do início dos contatos, e a intensidade vai diminuindo à medida que se chega ao final do projeto, quando, então, a equipe técnica vai desvinculando-se do projeto.

As duas principais fases do projeto podem ser visualizadas na Figura 8.1:

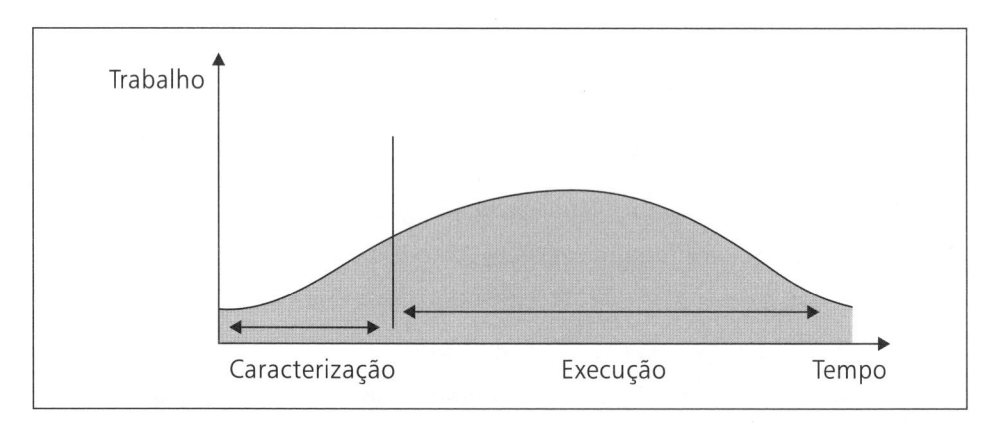

Figura 8.1 Fases do projeto.

Antes do final da fase de execução, o gerente do projeto deve preocupar-se com a realocação da equipe técnica para evitar possíveis problemas de consolidação da equipe de trabalho. Entretanto, a prática tem demonstrado que não têm existido grandes problemas de realocação da equipe quando essa realizar trabalhos de alta qualidade para os clientes, quer sejam ou não da mesma empresa da equipe técnica do projeto.

8.2 Recomendações para o gerente de projeto

O gerente de projeto deve estar ciente de que, se o projeto sob sua responsabilidade não for desenvolvido e implantado de maneira adequada, podem ocorrer problemas na operacionalização do planejamento estratégico.

Existem determinadas recomendações para o gerente de projeto, tendo em vista o bom andamento dos trabalhos:

- concentrar os esforços nos resultados esperados do projeto;
- ser flexível, dentro de uma medida razoável;
- envolver os níveis hierárquicos superiores, com a finalidade de conseguir o apoio necessário à elaboração e à implantação do projeto;
- ter adequado e realista sistema de informações;
- manter contatos diretos com as pessoas envolvidas no projeto;
- fazer adequada distribuição de tarefas entre os profissionais alocados no projeto;
- manter racionalidade nos dispêndios inerentes ao projeto, gastando no que realmente for necessário;
- manter situação realista, não pendendo para o otimismo ou pessimismo;
- incentivar críticas e debates pelos profissionais quanto ao desenvolvimento do projeto;
- fazer projetos viáveis em finalidade, conteúdo, recursos e tamanho para a situação considerada;
- manter coerência em suas atitudes e decisões;
- lembrar que o projeto é um sistema e deve ser tratado como tal;
- resolver os problemas de conflitos inerentes à administração do projeto;
- lembrar que o projeto considera, além de problemas presentes, também problemas futuros;
- minimizar os problemas de realocação dos funcionários alocados no projeto, planejando a conclusão do mesmo; e
- manter adequado sistema de controle e avaliação do projeto, inclusive de suas atividades (partes do projeto).

8.3 Características da carteira de projetos

Ao final do plano prescritivo você terá uma relação de projetos que deve explicitar o conjunto de trabalhos a serem concretizados para que o planejamento estratégico se consolide.

A relação representa a carteira de projetos, que é o conjunto de projetos que a empresa precisa executar em determinado período de tempo.

Uma carteira de projetos deve conter determinadas características, entre as quais se podem citar:

- embasamento em um processo estruturado de planejamento estratégico, tal como a metodologia apresentada na seção 2.1;
- balanceamento entre projetos a curto, médio e longo prazos;
- perspectiva do tempo de execução dos trabalhos considerados em cada programa, projeto ou atividade;
- baixa porcentagem de ociosidade de recursos humanos alocados nos projetos;
- baixa porcentagem de ociosidade de equipamentos e instalações alocados no projeto;
- adequação entre as áreas de atuação e as especialidades dos técnicos existentes;
- credibilidade da empresa para com os projetos a serem executados;
- permitir ampliação do campo de atuação atual do projeto considerado; e
- equilíbrio entre os objetivos desejados e os que os usuários pretendem alcançar e julgam mais válidos.

 Para seu posicionamento: com base em um critério estabelecido por você, hierarquizar as nove características básicas de uma carteira de projetos, apresentando justificativas e exemplos.

8.4 Características do sucesso de um projeto

Quando se examinar os aspectos que indicam o sucesso de determinado projeto podem-se considerar alguns itens, entre os quais:

- cumprimento dos prazos previstos;
- enquadramento aos custos preestabelecidos;
- cumprimento da qualidade técnica esperada;
- cumprimento das exigências de viabilidade, podendo abordar as questões mercadológicas, tecnológicas, econômico-financeiras, estruturais e operacionais;
- cumprimento de equilíbrio financeiro durante e/ou após a conclusão;
- manutenção de equilíbrio operacional nas atividades da empresa;
- aumento ou, pelo menos, manutenção da rentabilidade normal da empresa; e
- aumento ou, pelo menos, manutenção da captação de oportunidades de negócios.

8.5 Técnicas de avaliação de projetos

Quando você estabelece os novos projetos a serem desenvolvidos pela empresa, de acordo com o plano prescritivo, deve ter em mãos algumas técnicas que podem ser utilizadas para sua adequada avaliação. A seguir são apresentados comentários gerais sobre algumas das técnicas mais utilizadas, principalmente quando os projetos envolvem elevado nível de investimentos.

A. *Período de payback ou período de recuperação do capital*

É o número de períodos necessários para se recuperar o investimento em ativo fixo através da soma algébrica dos saldos de fluxos líquidos de caixa no final de cada período. Como sua unidade de medida é apresentada em meses, anos etc., você deve considerar que as receitas que deverão ocorrer num prazo muito longo – acima de três ou quatro anos – são bastante incertas e, portanto, não devem ser consideradas na análise.

Esse cálculo pode ser feito com base em moeda constante que não considera o efeito da inflação ou com o uso de moeda corrente e, nesse caso, considera-se o efeito da inflação, o que, felizmente, deixou de ser uma realidade muito forte do cenário da economia brasileira embora, em alguns momentos, as políticas governamentais provoquem alguns sustos.

O período de *payback* pode ser médio, calculado pela relação do investimento inicial com as entradas médias de caixa, ou pode ser efetivo, calculado pelo método dedutivo.

De dois projetos, mutuamente excludentes, o que tiver o menor período de *payback* é o melhor.

B. *Taxa interna de retorno*

É a taxa de juros com que o investimento original está sendo remunerado através dos fluxos líquidos de caixa no final de cada período. Você efetua sua análise através de porcentagens de juros por mês, por ano etc.

Normalmente você utiliza, para essa técnica, moeda forte corrente – por exemplo, dólar ou euro, embora em alguns momentos tenham apresentado problemas – pelas seguintes razões:

- é mais fácil de ser comparado com taxas internacionais;
- o capital de giro, que está intimamente ligado a possíveis níveis de inflação, é mais fácil de ser determinado; e
- fica mais fácil avaliar as reais necessidades de financiamento e a efetiva capacidade de endividamento da empresa.

Você deve considerar que, caso a taxa interna de retorno do projeto seja igual ou superior à taxa mínima de retorno aceitável, a empresa poderá obter resultados positivos com sua execução.

C. *Taxa média de retorno do investimento*

Essa taxa é obtida pela divisão da geração interna de caixa – ou lucro líquido ajustado ao regime de caixa –, em sua média anual, pelo valor do desembolso inicial de caixa – com o ativo permanente e o capital de giro – previsto para o projeto de investimento.

Você pode utilizar esse método para a comparação dos retornos sobre os investimentos históricos da empresa ou de concorrentes, bem como para o acompanhamento dos projetos em sua execução. Isso tudo é possível desde que a contabilidade da empresa passe a registrar as operações do projeto separadamente.

D. *Valor atual líquido*

Esse método consiste em se trazer para o momento presente os valores esperados de entradas e saídas de caixa decorrentes de determinadas alternativas de investimento.

As futuras entradas e saídas de caixa devem ser descontadas a uma taxa mínima de retorno aceitável, taxa essa que poderá ser representada por uma taxa de oportunidade da empresa, tais como:

- *Libor* (London Interbank Offered Rate);
- *prime rate* (taxa de empréstimos dos grandes bancos norte-americanos a clientes preferenciais); e
- taxas preferenciais dos bancos brasileiros.

O cerne dessa técnica está em se determinar a diferença entre os valores atuais de entradas e de saídas de caixa. Se essa diferença – chamada de valor atual líquido – for maior ou igual a zero, significa que os projetos nessa condição podem ser selecionados pela empresa.

E. *Índice de lucratividade*

Essa técnica, que é uma correção do valor atual, é recomendável para projetos mutuamente exclusivos e em situação de restrição de capital.

Correlaciona os valores atuais das entradas de caixa com os valores atuais das saídas de caixa, proporcionando a você uma visão do nível de lucratividade que o projeto poderá proporcionar em relação ao investimento inicial.

Você também deve saber que essas técnicas apresentam algumas falhas:

- o período de *payback* não considera o valor do dinheiro no tempo, bem como não aborda eventuais entradas de caixa após o período de recuperação do investimento; e
- as quatro outras técnicas consideram o valor da taxa de desconto do investimento como uma constante ao longo do tempo, o que nem sempre é verdade. Para minimizar esse problema, você pode:
  - estabelecer um fator de correção da taxa de desconto;
  - estabelecer um fator de equivalência da certeza. Isso porque, à medida que a decisão vai afastando-se do momento presente, o nível de risco e de incerteza vai aumentando; e
  - corrigir cada uma das futuras entradas de caixa.

Embora as cinco técnicas apresentadas sejam aplicadas para projetos de determinada monta, você pode extrapolar seus aspectos básicos para os vários projetos a serem desenvolvidos pela empresa, tendo em vista a sua adequação com o processo de elaboração e implementação do planejamento estratégico.

8.6 Interligação dos projetos com os planos de ação

Um dos aspectos mais importantes para a efetiva interação dos planejamentos estratégico e tático com o planejamento operacional, e também com a estrutura organizacional, é uma adequada interligação entre os projetos e os planos de ação.

Isso porque os projetos preocupam-se com a estruturação e alocação de recursos – delineados pelas estratégias – direcionados para a obtenção de resultados específicos – estabelecidos pelos objetivos, desafios e metas –, enquanto os planos de ação preocupam-se com a concentração das especialidades – recursos humanos, tecnologia, marketing, informática, logística etc. – identificadas por meio das atividades de cada projeto.

Esse processo de concentração de especialidades facilita a interação dos planos de ação com as diversas unidades da estrutura organizacional da empresa e, consequentemente, facilita a operacionalização das atividades e projetos correlacionados, bem como das estratégias que deram origem aos projetos.

8.7 Projetos e interligação do instrumento prescritivo com o instrumento quantitativo

Os projetos representam a maneira de interligar os instrumentos prescritivos, através das estratégias, com os instrumentos quantitativos, representados pelo orçamento econômico-financeiro da empresa.

Como as estratégias representam as ações a serem desenvolvidas pela empresa para alcançar os resultados esperados – objetivos, desafios e metas –, você tem condições de alocar projetos nas ações correspondentes às estratégias estabelecidas.

Posteriormente, os projetos devem ser distribuídos ao longo do tempo, tendo em vista as prioridades dos resultados esperados e os níveis de recursos alocados para seu desenvolvimento.

Essa distribuição ao longo do tempo permitirá a alocação dos recursos dos projetos no orçamento econômico-financeiro da empresa, conforme demonstra a Figura 8.2.

Na realidade, você deve considerar todas as interligações entre os instrumentos administrativos de uma empresa para consolidar um modelo de gestão estruturado, lógico, simples, ágil e de baixo custo; sendo que detalhes podem ser analisados no livro *A moderna administração integrada*, dos mesmos autor e editora.

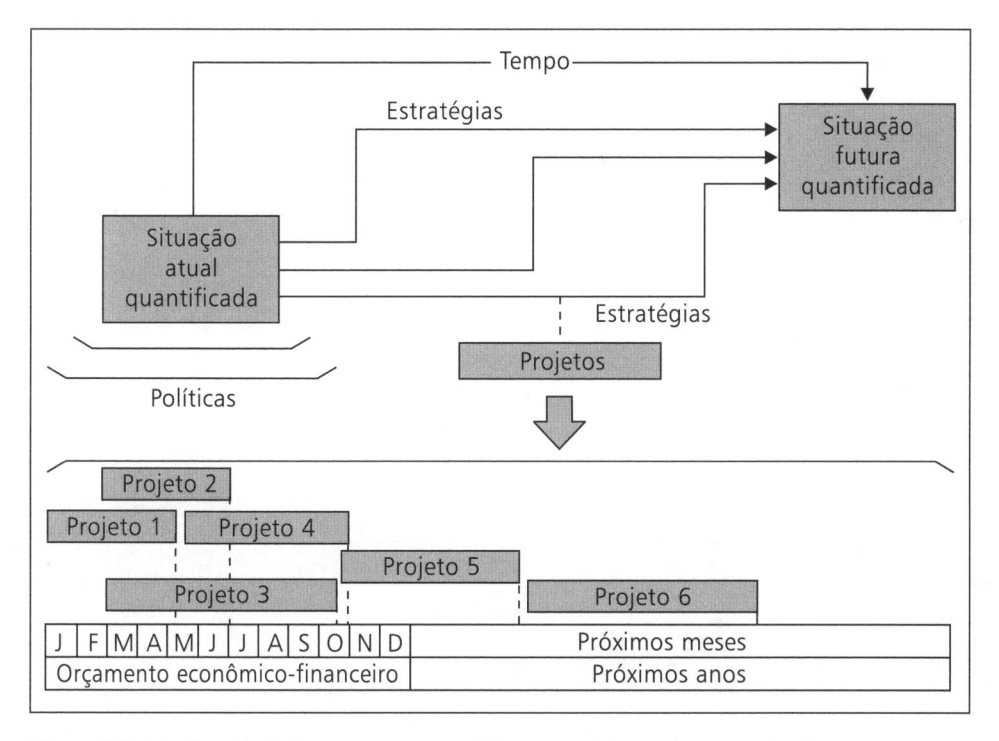

Figura 8.2 Interligação do instrumento prescritivo com o instrumento quantitativo.

8.8 Formulários a serem utilizados no estabelecimento de projetos e planos de ação

A seguir são apresentados formulários de auxílio a você no tratamento dos projetos inerentes ao planejamento estratégico da empresa.

a) *Formulário*:

- Estabelecimento de projeto (Figura 8.3).

Finalidades:

- Estabelecer projetos que deverão ser operacionalizados.
- Indicar os responsáveis e as áreas coordenadoras por sua operacionalização.
- Indicar as datas previstas e reais de início e de término.
- Indicar os recursos necessários e suas principais fontes.
- Indicar o resultado final esperado.
- Indicar a taxa de retorno.

Planos	Estabelecimento de projeto	Data __/__/__	Nº
Designação:			

Área coordenadora	Código da unidade orçamentária	Data de início __/__/__	Data de término previsto __/__/__	Data de término real __/__/__
Funcionário responsável:				
Descrição sucinta da finalidade:				

Descrição dos recursos necessários:	Fontes de recursos:
1 – Humanos (quant., cargo, função e nº horas) 2 – Equipamentos 3 – Financeiros	Próprios ☐ Contratados ☐ Existentes ☐ Não Existentes ☐ Orçado ☐ Não Orçado ☐ Fontes:

Resultado final:	
Taxa de retorno:	
Emitente:	Aprovação:

Figura 8.3 Formulário de estabelecimento de projeto.

Nota: Folha suplementar (ou verso) (Figura 8.4).

- Indicar as várias atividades em que o projeto poderá ser subdividido para facilitar sua operacionalização, controle e avaliação.
- Indicar as áreas responsáveis por cada atividade.
- Indicar as datas previstas e reais de início e de término de cada atividade do projeto considerado.

Planos	Projeto:						Nº
Nº	Atividades	Área envolvida	Data de início		Data de término		Observações
			Prevista	Real	Prevista	Real	
Comentários:							

Figura 8.4 Formulário de estabelecimento de projeto (verso).

b) *Formulário*:

- Interligação de estratégias e projetos (Figura 8.5).

Finalidades:

- Estabelecer o conjunto de projetos que deverão ser desenvolvidos para cada uma das estratégias identificadas – básicas e suplementares –, colocando os projetos na ordem ideal de seu desenvolvimento, considerando, ainda que de forma geral, as suas interdependências.
- Justificar cada um dos projetos propostos.
- Estabelecer o resultado final de cada um dos projetos propostos.

Planos	Interligação de estratégias e projetos		Data __/__/__	Nº
Estratégia:				
Projetos		Justificativas	Resultado final	

Figura 8.5 Formulário de interligação de estratégias e projetos.

c) *Formulário*:

- Prioridade dos projetos (Figura 8.6).

Finalidade:

- Estabelecer e justificar as prioridades dos diversos projetos da empresa, com base nas prioridades das estratégias correlacionadas.

Planos		Prioridade dos projetos		Data __/__/__	Nº
Nº	Projeto	Estratégia correlacionada	Prioridade	Justificativas	

Figura 8.6 Formulário de prioridade dos projetos.

d) *Formulário*:

- Estabelecimento dos planos de ação (Figura 8.7).

Finalidades:

- Relacionar todos os projetos identificados.
- Relacionar todas as atividades por projeto.
- Juntar todas as atividades por assunto básico da empresa (correlacionadas aos fatores e subfatores internos e externos estabelecidos no diagnóstico estratégico – ver seção 3.1.3).
- Identificar as equipes ou áreas responsáveis pelos assuntos.

Planos	Estabelecimento dos planos de ação	Data __/__/__	Nº
Projeto:			
Atividades	Planos de ação		
	Assuntos	Área/equipe	

Figura 8.7 Formulário de estabelecimento dos planos de ação.

Resumo

Os projetos possibilitam a interligação entre os instrumentos prescritivos e os instrumentos quantitativos da Fase III do processo de planejamento estratégico.

Os instrumentos quantitativos são representados, principalmente, pelos orçamentos econômico-financeiros, que correspondem a um planejamento operacional perfeitamente integrado ao dia a dia das empresas. Portanto, nesse momento, e através da metodologia apresentada, as decisões estratégicas começam a fazer parte da realidade diária da empresa.

A administração dos projetos e dos planos de ação subsequentes corresponde a um aspecto de extrema importância para o sucesso do planejamento estratégico nas empresas.

Questões para debate

1. Tendo em vista as estratégias que você identificou no final do Capítulo 6, estabelecer um conjunto de projetos correlacionados e proceder ao seu detalhamento e interligações.

2. Debater as fases de um projeto que você vai desenvolver e implementar.

3. Debater as características de uma carteira de projetos.

4. Debater as técnicas de avaliação de projetos. Pesquisar outras técnicas em bibliografias diversas.

5. Discutir algumas precauções que o administrador de projetos deve ter, tendo em vista a otimização dos resultados dos projetos sob sua responsabilidade.

6. Identificar outras interligações dos projetos com instrumentos administrativos da empresa.

7. Analisar e debater as suas facilidades e dificuldades quanto às seis questões anteriores e, depois, alocar em seu plano de carreira visando o seu adequado desenvolvimento e consolidação como profissional de planejamento estratégico.

 **Caso:**
Conflitos na implementação de questões estratégicas na Indústria e Comércio Mediterrâneo S.A.

A Indústria e Comércio Mediterrâneo S.A. é resultante da fusão de duas confecções e cinco redes de lojas de roupas masculinas, femininas e infantis, cada empresa pertencente a uma família de imigrantes da mesma região.

O processo de fusão foi relativamente problemático e só se efetivou pela questão da sobrevivência das sete empresas, pois a concorrência no mercado estava muito forte e, como as margens de produtos estavam muito baixas, a única solução foi trabalhar com elevadas quantidades de vendas.

A proposta – salvadora – de fusão foi idealizada pelo presidente e fundador de uma das sete empresas participantes do processo, o qual se consolidou como o presidente da nova empresa a ser formada, com o nome de Indústria e Comércio Mediterrâneo S.A.

Inclusive, o nome Mediterrâneo era o nome da rede de lojas desse idealizador do processo de fusão.

Os outros cargos diretivos da nova Mediterrâneo foram ocupados pelos presidentes das outras empresas, desde que tivessem, no máximo, 65 anos de idade.

As famílias cujos presidentes ultrapassavam esse limite de idade não teriam representantes em cargos de Diretoria, mas estariam no Conselho de Administração, em cargos mais importantes que os outros representantes das famílias sócias, os quais estariam ocupando cargos executivos na Mediterrâneo.

Essa foi a forma de as sete famílias ajustarem o processo de gestão da Indústria e Comércio Mediterrâneo S.A.

Salienta-se que o estilo administrativo dos representantes das sete famílias apresenta um nível médio de diferenças na atuação empresarial e no processo decisório.

O organograma representativo da Indústria e Comércio Mediterrâneo S.A. é apresentado a seguir:

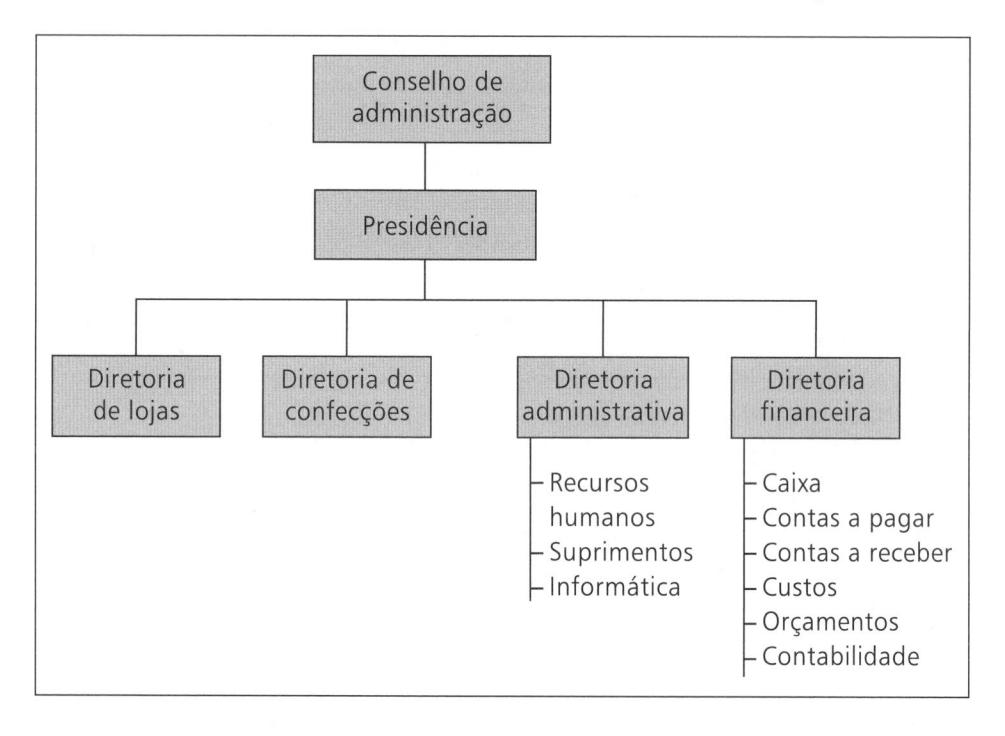

Considerando a região de atuação da Mediterrâneo, que se compõe de 16 cidades, sua participação de mercado é apresentada a seguir, com as respectivas margens brutas dos produtos vendidos:

Produtos	Participação no mercado	Margens brutas
Roupas masculinas	7%	16%
Roupas femininas	6%	21%
Roupas infantis	9%	24%

O Presidente da Mediterrâneo convidou você, um especialista em planejamento estratégico e também em administração de projetos e planos de ação, bem como no processo de mudanças organizacionais nas empresas, para realizar os seguintes serviços:

a) Identificar um conjunto de *dicas* que devem ser consideradas pela Mediterrâneo para suplantar possíveis divergências familiares, inclusive para que o trabalho conjunto seja otimizado.

b) Identificar, com base em dados e informações complementares que você deve alocar para *personalizar o caso*, um conjunto de estratégias que a Mediterrâneo deveria considerar para aprimorar seus negócios atuais. Mas não se esqueça de que, para realizar esse trabalho, você é obrigado a desenvolver uma série de atividades anteriores, conforme metodologia de planejamento estratégico que foi apresentada na seção 2.1.

c) Identificar e estruturar os projetos e planos de ação decorrentes dessas estratégias estabelecidas por você.

d) Explicar como esses projetos e planos de ação deverão ser administrados para que proporcionem os resultados esperados (estabelecidos por você).

e) Apresentar, se for o caso, uma adequação da estrutura organizacional da Mediterrâneo, representada pelo organograma, tendo em vista uma melhor administração dos projetos e planos de ação estabelecidos.

As famílias proprietárias da Indústria e Comércio Mediterrâneo S.A. agradecem sua colaboração.

Capítulo 9

Controle e avaliação do planejamento estratégico

"Administrar bem um negócio é administrar seu futuro;
e administrar seu futuro é administrar informações."

Marion Harper Jr.

Neste capítulo é analisada a Fase IV do processo de planejamento estratégico, que corresponde ao controle e à avaliação, ou seja, à verificação de "como a empresa está indo" para a situação estabelecida na Fase III (instrumentos do plano), de acordo com a conceituação geral da Fase II (missão da empresa), respeitando a realidade interna e externa da empresa estabelecida na Fase I (diagnóstico estratégico).

Toda empresa possui, implícita ou explicitamente, visão, valores, missão, propósitos, macroestratégias, macropolíticas, objetivos, desafios, metas, estratégias, políticas, projetos, planos de ação, e, para alcançar os resultados desejados, é necessário que a empresa, respeitando determinadas normas e procedimentos, decomponha, por exemplo, seus objetivos até que sejam transformados em ações e resultados.

Essa situação pode ser visualizada na Figura 9.1:

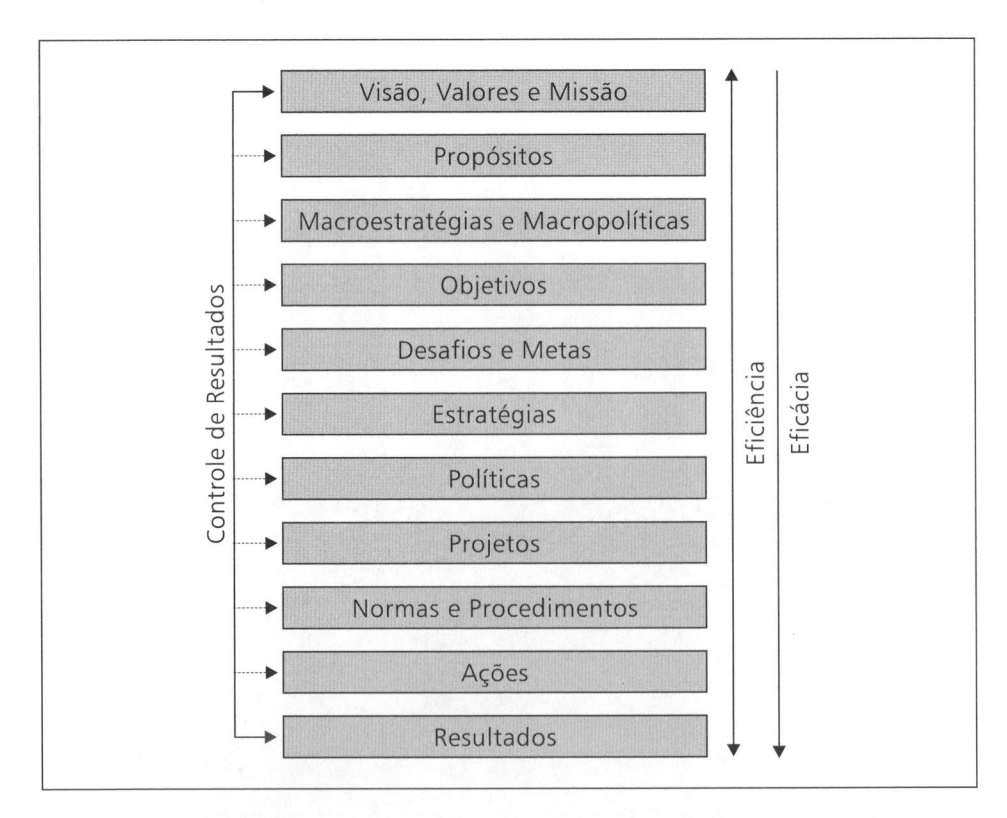

Figura 9.1 Itens básicos de controle e avaliação do processo de planejamento estratégico.

O papel desempenhado pela função de controle e avaliação no processo de planejamento estratégico é acompanhar o desempenho do sistema através da comparação entre as situações alcançadas e as previstas, principalmente quanto aos objetivos, desafios e metas, bem como da avaliação das estratégias e políticas adotadas pela empresa. Nesse sentido, a função de controle e avaliação é destinada a assegurar que o desempenho real possibilite o alcance dos padrões que foram anteriormente estabelecidos.

Controle é a função do processo administrativo que, mediante a comparação com padrões previamente estabelecidos, procura medir e avaliar o desempenho e o resultado das ações, com a finalidade de realimentar os tomadores de decisões, de forma que possam corrigir ou reforçar esse desempenho ou interferir em outras funções do processo administrativo para assegurar que os resultados satisfaçam às metas, aos desafios e aos objetivos estabelecidos.

Esta definição pode ser visualizada na Figura 9.2:

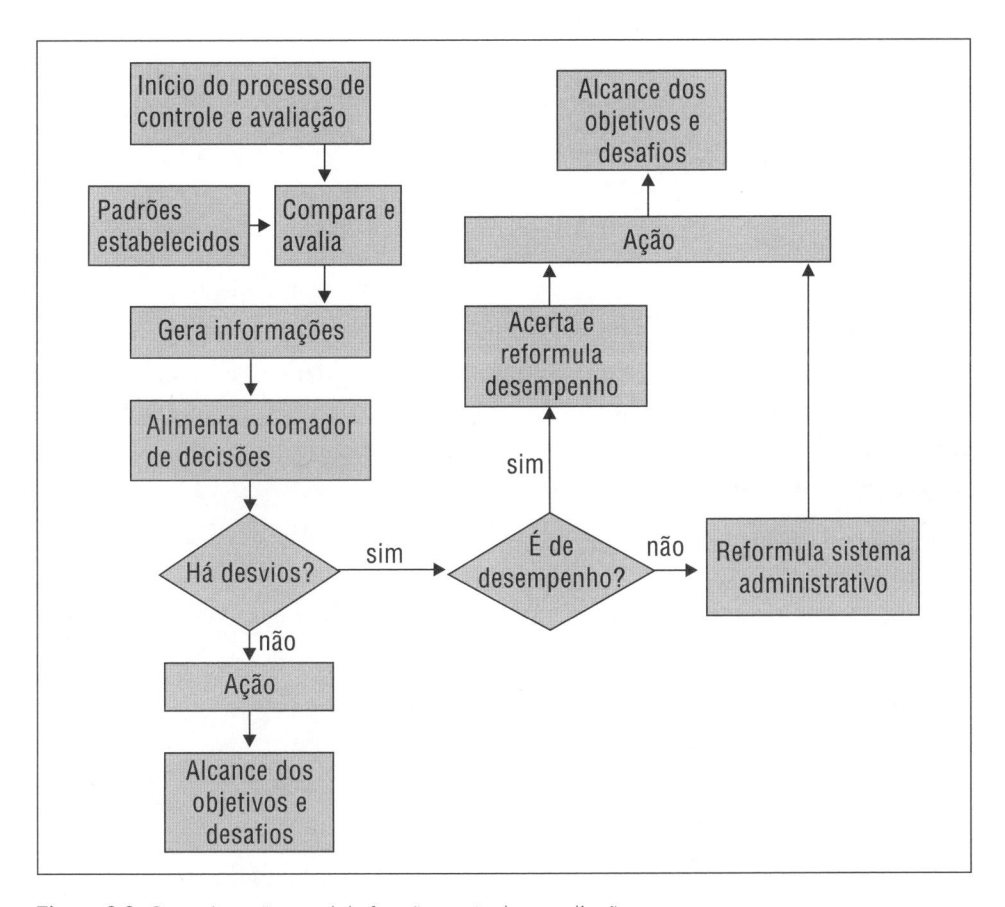

Figura 9.2 Conceituação geral da função controle e avaliação.

O resultado final do processo de controle é a informação. Portanto, você deve procurar estabelecer um sistema de informações que permita constante e efetiva avaliação dos objetivos, desafios, metas, estratégias, projetos e planos de ação.

Antes de iniciar o controle e avaliação dos itens do planejamento estratégico deve-se estar atento a determinados aspectos de motivação, capacitação, informação e tempo.

Com referência à motivação deve-se verificar se o seu nível está adequado para o desenvolvimento do processo. Para tanto verificam-se, entre outros, os seguintes aspectos:

- se os objetivos, desafios e metas foram, devidamente, entendidos e aceitos; e
- se o sistema de premiação e de punição está baseado nos desempenhos individual e de grupo, devidamente analisados e avaliados.

Quanto à capacitação deve-se verificar se a empresa e, consequentemente, seus funcionários estão habilitados para realizar o processo de controle e avaliação.

Com referência à informação deve-se verificar se há todos os dados necessários ao controle e se foram devidamente comunicados a todos os interessados.

Quanto ao tempo é necessário verificar se todos os executivos da empresa, em seus diferentes níveis, têm o tempo adequado para se dedicarem à função de controle e avaliação do planejamento estratégico.

Entretanto deve-se estar ciente de que existe dificuldade natural na avaliação dos resultados efetivos do planejamento estratégico, ou seja, o que realmente mudou e em que a empresa, efetivamente, melhorou a partir da adoção do planejamento estratégico.

Conforme já se verificou, o planejamento estratégico não deve ser visualizado como a solução de todos os problemas da empresa, mas como um instrumento administrativo que, realmente, ajuda a empresa a "se conhecer e a ter visão do futuro".

9.1 Finalidades da função controle e avaliação

A função de controle e avaliação, num processo de planejamento estratégico, tem algumas finalidades mencionadas a seguir:

- identificar problemas, falhas e erros que se transformam em desvios do planejado, com a finalidade de corrigi-los e de evitar sua reincidência;

- fazer com que os resultados obtidos com a realização das operações estejam, tanto quanto possível, próximos dos resultados esperados e possibilitem o alcance dos desafios e consecução dos objetivos;
- verificar se as estratégias e políticas estão proporcionando os resultados esperados, dentro das situações existentes e previstas; e
- proporcionar informações gerenciais periódicas, para que seja rápida a intervenção no desempenho do processo.

A partir de suas finalidades, a função de controle e avaliação pode ser utilizada como instrumento administrativo para:

- corrigir ou reforçar o desempenho apresentado;
- informar sobre a necessidade de alterações nas funções administrativas de planejamento, organização e direção;
- proteger os ativos da empresa – financeiros, tecnológicos, humanos etc. – contra furtos, roubos, desperdícios etc.;
- garantir a manutenção ou aumento de eficiência, eficácia e efetividade na consecução dos objetivos, desafios e metas da empresa;
- informar se os programas, projetos e planos de ação estão sendo desenvolvidos de acordo com o estabelecido e apresentando os resultados desejados; e
- informar se os recursos estão sendo utilizados da melhor maneira possível.

Pelos vários aspectos apresentados verifica-se que a função de controle e avaliação, que representa a quarta etapa da metodologia de desenvolvimento do planejamento estratégico nas empresas, está no mesmo nível da importância das demais fases. Inclusive representa a atividade básica para a retroalimentação do processo de planejamento estratégico.

Um aspecto que pode reforçar essa situação é o nível de interação da função de controle e avaliação com a eficiência, eficácia e efetividade da empresa.

Normalmente, a eficiência é difícil de ser avaliada, pois podem ocorrer diferenças de opiniões a respeito da eficiência com que os recursos foram utilizados.

Marcovith (1972, p. 53) salienta que a manutenção de um nível de eficácia adequado em uma empresa exige elevado grau de percepção da dinâmica de seu ambiente, acompanhado de elevada capacidade de adaptação às oportunidades e ameaças pertinentes à missão da qual ela deve incumbir-se.

Existem alguns aspectos que podem prejudicar a eficiência, eficácia e efetividade do processo de controle e avaliação das questões estratégicas das empresas, tais como:

- lentidão e deficiência nas informações;
- insuficiência de informações;
- sistemas de controle complicados;
- planos mal elaborados e implantados;
- estrutura organizacional inadequada; e
- incapacitação dos profissionais da empresa.

9.2   Informações necessárias ao controle e à avaliação

Na consideração das informações que são necessárias ao controle e à avaliação do processo de planejamento estratégico devem-se analisar alguns aspectos:

- os tipos das informações;
- a frequência das informações;
- a qualidade das informações; e
- as fontes das informações.

A seguir são apresentados breves comentários sobre cada um desses aspectos:

A. *Tipos das informações*

Os tipos das informações necessárias ao controle e à avaliação do processo de planejamento estratégico são os mais variados possíveis, abrangendo, entre outros, os seguintes aspectos:

- quantificação temporal de atividades a serem desenvolvidas;
- datas de ocorrências de eventos, como os relatórios de progresso, objetivos, objetivos funcionais, desafios, metas;
- valores de liberações financeiras, valores de custos realizados, valores de custos compromissados;
- quantificação da mão de obra; e
- quantificação da qualidade dos trabalhos realizados.

B. Frequência das informações

Não é muito fácil estabelecer a frequência das informações, mas pode-se determinar, por meio de experiência própria, que pode ser julgada válida a seguinte situação:

- em termos de controle estratégico ou empresarial – alta administração – pode ser de dois ou três a seis ou sete meses;
- em termos de controle setorial (tático) – pode ser de um a dois ou três meses; e
- em termos operacionais (projeto e plano de ação) – pode ser de uma ou duas semanas a um mês.

C. Qualidade das informações

Você deve dispensar muita atenção ao conteúdo, forma, canais, periodicidade, velocidade e precisão das informações para o controle e avaliação do planejamento estratégico.

De maneira geral, pode-se partir das seguintes situações:

- em termos de controle estratégico empresarial (alta administração) – pode-se ter baixo grau de detalhamento e alto grau de consolidação de informações analisadas;
- em termos de controle setorial (tático) – pode-se ter baixo grau de detalhamento e alto grau de síntese; e
- em termos de controles operacionais (projeto e plano de ação) – pode-se ter alto grau de detalhamento.

D. Fontes das informações

São duas as principais fontes das informações sobre o desenvolvimento do planejamento estratégico:

- os coordenadores de desenvolvimento e, nesse caso, está-se recebendo informações dos coordenadores de desenvolvimento de realizações para os objetivos, desafios, metas, estratégias, programas, projetos e planos de ação; e
- os usuários do sistema, pois, no caso anterior, basicamente há uma autoavaliação. Como podem ocorrer inadequações com relação a essas informações, é necessário *cruzar* as informações dos coordenadores de desenvolvimento com as informações dos usuários do sistema.

As possíveis divergências de informações devem ser analisadas e equacionadas. Entretanto, as fontes básicas de informações podem ser dos seguintes tipos, de maneira acumulativa:

- fontes internas à empresa;
- fontes externas à empresa;
- fontes passadas;
- fontes presentes; e
- fontes futuras.

9.2.1 Decisão e processo de controle e avaliação

As informações são necessárias para o processo de controle e avaliação, e esse processo gera informações. Um dos aspectos bastante salientados neste livro foi o processo decisório; portanto, torna-se válida a análise da relação entre o processo decisório e o processo de controle.

Essa situação pode ser visualizada na Figura 9.3:

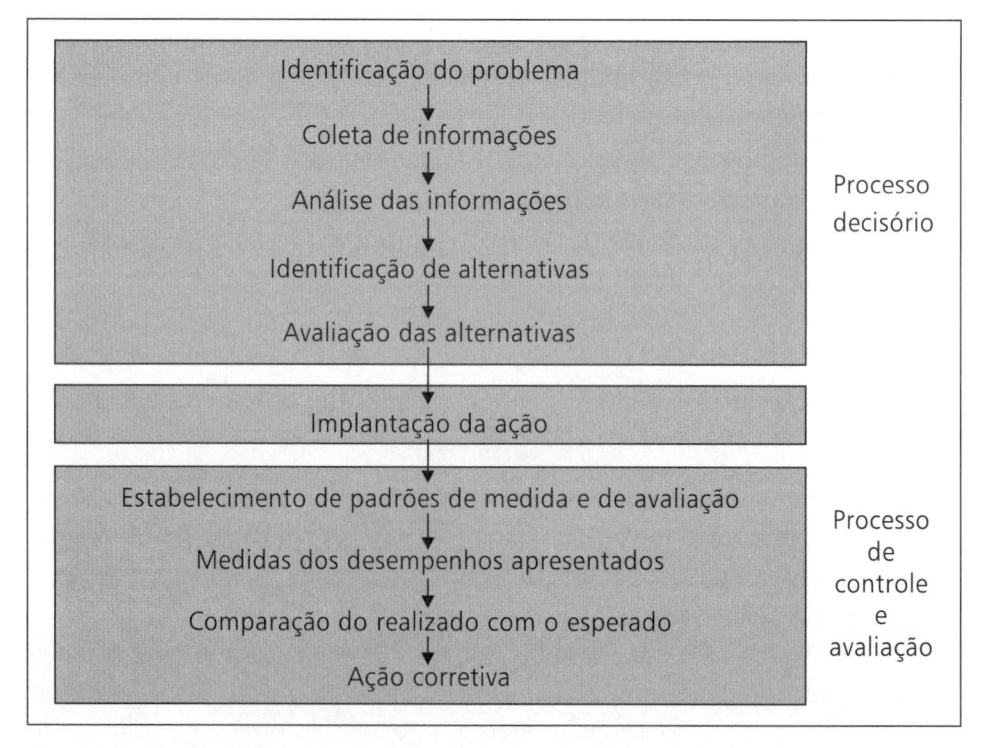

Figura 9.3 Processo decisório e processo de controle e avaliação.

9.3   Fases do processo de controle e avaliação

Para que você possa efetuar, de maneira adequada, o controle e a avaliação do planejamento estratégico conforme apresentado na Figura 9.3, é necessário que siga algumas fases:

A. *Estabelecimento de padrões de medida e de avaliação*

Esses padrões são decorrentes dos objetivos, desafios, metas, estratégias, políticas e projetos, bem como das normas e procedimentos. Portanto, os padrões são a base para a comparação dos resultados desejados.

Podem ser tangíveis ou intangíveis, vagos ou específicos, explícitos ou implícitos, bem como referirem-se a quantidade, qualidade e tempo.

B. *Medida dos desempenhos apresentados*

O processo de medir e avaliar desempenho significa estabelecer o que medir e selecionar, bem como medir utilizando critérios de quantidade, qualidade e tempo.

Esses critérios podem variar entre os executivos, mas uma empresa deve procurar ter homogeneidade e integração entre seus critérios de medição de desempenho, caso contrário o controle do planejamento estratégico – que considera toda a empresa – fica prejudicado.

C. *Comparação do realizado com o resultado esperado*

O resultado dessa comparação pode servir a vários usuários, tais como a alta administração, os chefes das áreas, os funcionários etc. Portanto, devem-se identificar, dentro de um critério de coerência, os vários usuários das comparações estabelecidas.

As comparações podem apresentar algumas situações:

- se o desvio apresentado estiver dentro das "fronteiras do que for esperado", você não deve preocupar-se;
- se o desvio exceder um pouco as "fronteiras do que era esperado", você deverá continuar sua ação, mas com alguns ajustes que possibilitem retornar à situação adequada, ou seja, estar dentro da fronteira que delineava o que era esperado ou possível de ser esperado acontecer; e
- se o desvio exceder em muito as "fronteiras do que era esperado", você deverá interromper as ações até que as causas sejam identificadas, analisadas e eliminadas.

D. *Ações corretivas*

Essas ações correspondem às medidas ou providências que são adotadas para eliminar os desvios significativos que você detectou, ou mesmo para reforçar os aspectos positivos que a situação apresenta.

Entretanto, qualquer que seja a metodologia de execução do controle e avaliação no processo de planejamento estratégico da empresa, você deverá ter em mente que o sistema de controle e avaliação deve:

- estar focado em pontos críticos, para evitar perda de tempo e aumento de custos;
- estar bem explicitado, para facilitar seu entendimento e aceitação pelos vários profissionais da empresa;
- ser rígido e preciso, mas ao mesmo tempo apresentar alguma flexibilidade, tendo em vista que a empresa está em um ambiente que, normalmente, é incerto, dinâmico e flexível;
- ser realista e operacionalizável, pois deve produzir informações rápidas e corretas para o processo decisório e posterior ação por parte dos executivos, visando reconduzir o processo ao estado desejável, sempre que desvios forem identificados;
- apresentar um custo de realização menor do que os benefícios que consegue proporcionar para a empresa e, para tanto, pode basear-se no princípio da exceção;
- ser ágil e proporcionar medidas de correção de maneira rápida e, para tanto, deve basear-se em padrões de controle claros, definidos e precisos; e
- ter objetividade, de forma que sempre desencadeie uma ação corretiva ou de reforço ao processo.

9.3.1 Estágios de controle e avaliação

O controle e a avaliação podem ser exercidos em três estágios ou momentos:

a) Controle preliminar ou prévio: refere-se às atividades de controle e avaliação efetuadas antes da ocorrência do evento ou fato que se pretende controlar. Portanto, procura evitar que ocorram variações no plano, bem como busca a minimização do surgimento de problemas.

b) Controle corrente ou *em tempo real*: refere-se às atividades de controle e avaliação efetuadas no mesmo tempo da ocorrência do evento ou fato que se pretende controlar. Portanto, procura corrigir o desempenho durante sua execução.

c) Pós-controle ou posterior: refere-se às atividades de controle e avaliação efetuadas após a ocorrência do evento ou fato que se pretende controlar. Portanto, avalia os desvios ocorridos, determina as causas dos mesmos, bem como corrige o desempenho programado.

Normalmente, esses diferentes estágios de controle e avaliação são independentes entre si e os critérios e padrões estabelecidos podem ser divergentes entre si. Entretanto, isso não invalida o trabalho, pois você deve possuir vários instrumentos eficazes de controle e avaliação do processo de planejamento estratégico nas empresas.

9.3.2 Níveis de controle e avaliação

Os níveis de controle e avaliação são consequências dos níveis ou tipos de planejamento de uma empresa, ou seja, você pode efetuar o controle em relação ao desempenho de toda a empresa, em relação ao desempenho de cada uma das áreas funcionais e em aplicações bem mais específicas, dentro de cada área funcional da empresa considerada. Para mais detalhes ver seção 1.5.

Essa situação pode ser visualizada na Figura 9.4:

Empresa	Planejamento	Controle
	Estratégico	Estratégico
	Tático	Tático
	Operacional	Operacional

Figura 9.4 Níveis de controle e avaliação.

A seguir, são apresentadas as considerações básicas sobre cada um dos níveis de controle numa empresa:

A. *Controle estratégico*

Esse tipo de controle decorre do processo de planejamento estratégico e envolve, primordialmente, as relações da empresa com o ambiente; ele controla o desempenho empresarial como um todo.

Normalmente esse controle envolve decisões do tipo:

- alteração dos objetivos estabelecidos em função de alterações ambientais, com reflexos em oportunidades ou ameaças para a empresa;
- alteração de estratégias e políticas estabelecidas, porque as ações estão sendo mal conduzidas; e
- revisão do diagnóstico estratégico, para melhor adequação da empresa ao seu ambiente.

B. *Controle tático*

Nesse caso os padrões de controle e avaliação são estabelecidos a partir de objetivos setoriais departamentais para avaliar os resultados de cada área e dos sistemas administrativos. Portanto o foco do controle é o resultado global da área, mediante visão integrada de todas as operações, tanto da área como da empresa.

Esse controle pode envolver decisões do tipo:

- alteração da alocação de recursos numa área funcional da empresa, por exemplo, marketing, para melhor alcançar os objetivos da empresa; e
- revisão dos sistemas de informações entre as grandes áreas para melhorar a eficácia da empresa.

C. *Controle operacional*

Nesse caso o controle e a avaliação são realizados pela execução das operações, ou seja, sobre a própria execução das tarefas do dia a dia da empresa.

Algumas decisões podem ser:

- revisão do quadro de pessoal;
- alteração do sistema de controle de vendedores;
- alteração dos relatórios de análise de custos; e
- determinação do processo de controle de qualidade de produção.

9.4 Verificação de consistência do planejamento estratégico

Nesse ponto, o planejamento estratégico está pronto. Entretanto, antes de iniciar o processo de implantação, é necessário verificar a consistência, tanto interna quanto externa à empresa.

Para efetuar a análise de consistência de um planejamento estratégico, devem-se considerar alguns aspectos, entre os quais:

a) Consistência interna: analisar a interação do planejamento estratégico quanto aos seguintes aspectos:

- capacitação da empresa;
- recursos da empresa;
- escala de valores dos executivos e demais funcionários; e
- cultura organizacional.

b) Consistência externa: analisar a interação quanto aos seguintes aspectos:

- consumidores;
- fornecedores;
- recursos externos;
- legislação;
- concorrentes;
- distribuidores;
- planos do governo; e
- conjuntura econômica e política.

c) Riscos envolvidos: analisar os seguintes aspectos:

- riscos financeiros;
- riscos econômicos;
- riscos sociais; e
- riscos políticos.

d) Horizonte de tempo: considerar, basicamente:

- impactos recebidos e exercidos a curto, médio e longo prazos; e
- interações entre esses diferentes momentos.

e) Praticabilidade do planejamento estratégico.

Naturalmente, cada um dos cinco aspectos vai ser de fundamental importância para o processo de avaliação do planejamento estratégico da empresa.

De maneira resumida, a análise de consistência provoca a resposta a algumas perguntas:

- O planejamento estratégico tem consistência interna?
- O planejamento estratégico tem consistência com o ambiente externo e não controlável?
- O planejamento estratégico é adequado em face dos recursos disponíveis da empresa?
- O planejamento estratégico envolve grau aceitável de risco?
- O planejamento estratégico foi elaborado para um período de tempo adequado?
- O planejamento estratégico é de adequada aplicação prática?

Entretanto, deve-se lembrar que o controle e a avaliação do planejamento estratégico nas empresas não são um processo fácil, devido a alguns aspectos, entre os quais:

a) O horizonte de tempo é longo. Geralmente, é necessário um período de tempo longo para o desenvolvimento e implantação do planejamento estratégico, sendo interessante exercer controle muito antes de se conhecer o resultado.

b) O nível de incerteza é alto. Isso porque uma série de fatores ou variáveis – preço, concorrência, ações governamentais, suprimentos etc. – pode desviar-se do curso de ação desejado.

c) O próprio planejamento estratégico pode ser alterado no decurso de sua implantação. A empresa pode necessitar alterar seu *rumo* para usufruir de oportunidades surgidas ou evitar ameaças.

9.4.1 Revisões do planejamento estratégico

As revisões do planejamento estratégico podem ser:

a) Ocasionais: ocorrem quando se julgar que as alterações no ambiente ou na empresa invalidam as premissas do planejamento estratégico e que, portanto, deve haver uma revisão daquilo que foi feito. Entretanto, nesse caso, há uma tendência à omissão, pois as revisões só ocorrerão se os resultados apresentados forem muito diferentes do planejado.

b) Periódicas: embora sejam trabalhosas, são melhores porque requerem um sistema mais apurado de acompanhamento da realidade. O ideal é que haja certa periodicidade para a revisão do planejamento estratégico e que ela também ocorra sempre que for constatada a necessidade. Para isso, é necessário que você esteja atento às mutações ambientais e empresariais.

9.5 Resistências ao processo de controle e avaliação

Um dos aspectos mais importantes a que você deve estar constantemente atento refere-se às possíveis resistências ao processo de controle e avaliação. Isso porque os controles existentes podem gerar cooperação quando são entendidos e aceitos, bem como gerar resistências e conflitos quando são desnecessários ou impossíveis de ser aplicados.

Essa resistência tem como base o fato de o planejamento estratégico considerar toda a empresa e de maneira sistêmica; isso cria uma situação em que falhas numa área repercutem de maneira explícita em outras áreas da empresa.

Portanto, os vários executivos e demais funcionários começam a sentir-se vulneráveis e passam a apresentar, na maior parte das vezes, atitude agressiva para com os controladores ou total apatia e indiferença quanto aos resultados apresentados pelos sistemas de controle.

Além desses aspectos, as pessoas podem apresentar resistência ao controle, com base nos seguintes aspectos:

- falta de conhecimento sobre o sistema de controle;
- padrões de controle inadequados;
- avaliações incorretas; e
- ações corretivas com críticas pessoais.

Diante desses aspectos, você deve estudar profundamente o processo de controle e avaliação que será operacionalizado para o planejamento estratégico na empresa.

Resumo

Nesse capítulo, foram apresentados os aspectos básicos da Fase IV da metodologia de elaboração e implementação do planejamento estratégico nas empresas.

Você deve desenvolver vários instrumentos de controle e avaliação, bem como criar um *clima* adequado para sua operacionalização, tendo em vista eliminar as resistências, ativas ou passivas, que podem *derrubar* o planejamento estratégico na empresa.

Questões para debate

1. Desenvolver um processo simplificado de controle e avaliação do planejamento estratégico para a empresa onde trabalha ou faculdade onde estuda.

2. Estruturar um sistema de informações para um processo de controle e avaliação do planejamento estratégico.

3. Debater a questão da consistência do planejamento estratégico.

4. Com base na empresa onde você trabalha, ou faculdade onde estuda, identificar e analisar as possíveis resistências ao processo de controle e avaliação de um planejamento estratégico. Explicar algumas ações que poderiam ser adotadas visando reduzir o nível de resistência.

5. Analisar e debater as suas facilidades e dificuldades inerentes às quatro questões anteriores e, depois, alocar em seu plano de carreira visando o seu adequado desenvolvimento e consolidação como profissional de planejamento estratégico.

 **Caso:**
Estabelecimento de indicadores de desempenho e de avaliação de resultados na Portofino Consultoria e Projetos Ltda.

A Portofino Consultoria e Projetos Ltda. foi constituída há 15 anos, tendo as seguintes características:

    a) Atua nos segmentos de consultoria, treinamento e pesquisas nas seguintes áreas de conhecimento:

- planejamento estratégico;
- estrutura organizacional;
- processos;
- qualidade;
- logística; e
- informações.

b) Foi constituída por sete profissionais, sendo quatro ex-executivos de empresas, dois professores – que também atuavam em consultoria, treinamento e pesquisas *nas horas vagas* – e um consultor que atua nesse segmento há 20 anos.

c) Além dos sete sócios, a Portofino tem em seu quadro técnico mais cinco consultores plenos, três consultores juniores e quatro *trainees*, bem como o pessoal de apoio, constituído por uma secretária, uma digitadora, um auxiliar de contabilidade e um mensageiro.

d) A Portofino, atualmente, está localizada em uma casa, ampla e bem localizada, de propriedade de um de seus sócios ex-executivos, o qual recebe aluguel adequado da empresa.

e) A Portofino tem procurado, embora tenha tido relativa dificuldade, consolidar uma vantagem competitiva de "consultoria voltada para resultados".

f) Como, nem sempre, os resultados da Portofino são os que seus sócios esperavam, têm surgido alguns problemas de relacionamento, quando se *coloca na mesa* a questão da relação capacitação profissional *versus* intensidade de trabalho, sendo que cada um se julga o *carregador do piano* ou o *sabe-tudo*.

g) A rotatividade da equipe de técnicos pode ser considerada elevada, inclusive como resultante da questão anterior.

Com base no apresentado sobre o caso, bem como outras informações que você pode estabelecer para o melhor debate da situação da Portofino, solicita-se que você estruture um processo de controle e avaliação de resultados, incluindo os correspondentes indicadores de desempenho, para que os sócios, bem como os técnicos e, se você tiver condições, também os funcionários administrativos, tenham conhecimento e possam auxiliar e trabalhar com esses indicadores, tendo em vista consolidar um modelo de gestão simples, ágil e lógico para todos que trabalham na Portofino Consultoria e Projetos Ltda.

Capítulo 10

Sugestões para melhor utilização do planejamento estratégico pelas empresas

"Assumir uma atitude responsável perante o futuro sem uma compreensão do passado é ter um objetivo sem conhecimento. Compreender o passado sem um comprometimento com o futuro é conhecimento sem objetivo."

Ronald T. Laconte

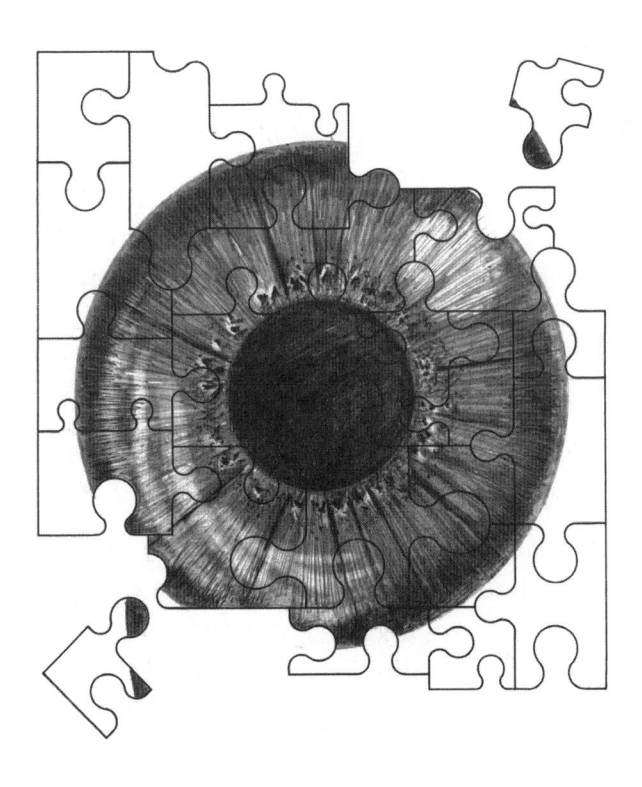

Neste capítulo são apresentados alguns aspectos que você deverá considerar para a adequada elaboração e implementação do planejamento estratégico em sua empresa.

Você deve estar ciente de que sua empresa só conseguirá obter as efetivas vantagens do planejamento estratégico se forem observados determinados aspectos.

Esses aspectos representam a consolidação de uma série de *dicas* resultantes da vivência do autor como profissional da área e de troca de experiências com colegas que também atuam com esse importante instrumento de administração, que é o planejamento estratégico.

Algumas vezes já se ouviu os executivos afirmarem que o planejamento estratégico não resolve seus problemas empresariais.

Pode-se concordar com essa afirmação, desde que ressalvadas três premissas básicas:

- o planejamento estratégico não é um instrumento administrativo para resolver todos os problemas da empresa;
- o planejamento estratégico da empresa efetivamente seja um *planejamento estratégico*; e
- o planejamento estratégico seja adequadamente utilizado pela empresa.

A seguir, são apresentadas algumas considerações sobre essas premissas visando facilitar seu entendimento.

A. *O planejamento estratégico não é um instrumento administrativo para resolver todos os problemas da empresa*

Já está consolidada a afirmação de que o planejamento estratégico, quando adequadamente utilizado, proporciona uma série de vantagens para a empresa como um todo, entre as quais podem ser citadas:

- identifica áreas que exigem decisões e garante que a devida atenção lhes seja dispensada, tendo em vista os resultados esperados;

- estabelece um fluxo mais rígido de informações importantes para os tomadores de decisões e que sejam as mais adequadas para o processo estratégico das empresas;
- facilita a mudança organizacional durante a execução dos planos estabelecidos, através de uma comunicação aprimorada e adequada;
- procura o envolvimento dos vários profissionais da empresa para com os objetivos, desafios e metas, através do direcionamento de esforços;
- facilita e agiliza o processo de tomada de decisões;
- facilita a alocação dos recursos na empresa;
- possibilita maior consenso, compromisso e consistência entre os profissionais da empresa;
- cria alternativas administrativas;
- possibilita o comportamento sinérgico das várias unidades organizacionais da empresa;
- possibilita à empresa manter maior interação com o ambiente;
- incentiva e facilita a função de direção e de coordenação de atividades na empresa;
- transforma as empresas reativas em empresas proativas e, em situações otimizadas, em empresas interativas;
- facilita e desenvolve um processo descentralizado de decisão na empresa;
- cria situações em que os executivos da empresa se sentem obrigados a se afastarem das atividades rotineiras;
- incentiva a utilização de modelos organizacionais adequados aos diversos contextos empresariais atuais e futuros;
- orienta o desenvolvimento dos planejamentos táticos e operacionais;
- possibilita a obtenção de melhores resultados operacionais; e
- fortalece e agiliza o processo orçamentário.

Para que a empresa concretize uma parte, ou, principalmente, a totalidade dessas vantagens, fica evidente a necessidade de você saber *trabalhar* o planejamento estratégico.

Entretanto, como nem tudo é uma maravilha por si só, deve-se considerar a dificuldade de avaliar a concretização dessas vantagens para a empresa como sendo geradas pelo planejamento estratégico.

De acordo com Paul et al. (1978, p. 42), deve-se considerar que, do ponto de vista puramente científico, não se pode afirmar que o planejamento estratégico ajudou as empresas que o adotaram, porque não é possível saber que tipos de decisões teriam sido tomadas sem sua adoção.

Nenhum executivo, no entanto, pode ter, em sã consciência, dúvidas sobre a validade do planejamento estratégico para as empresas, pela simples dificuldade de identificar quais decisões seriam adotadas sem sua existência.

B. O planejamento estratégico da empresa, efetivamente, seja um planejamento estratégico

Isso não é um jogo de palavras. Na realidade, o que se tem observado são algumas empresas que não têm planejamento estratégico no real significado da expressão para a administração, sendo que seus executivos pensam que o têm, e avaliam os resultados apresentados por outro instrumento administrativo como sendo de um processo de planejamento estratégico.

Diante desse fato, algumas empresas colocam o planejamento estratégico numa situação de "periquito come milho, papagaio leva fama".

As principais causas desse problema são algumas confusões que vêm ocorrendo nos últimos anos sobre o conceito de planejamento estratégico.

Ainda que trate da empresa segundo um horizonte amplo, não basta ser a longo prazo para ser estratégico; da mesma forma, não é por exigir projeções e análises externas ou ambientais que um conjunto de tabelas estatísticas e modelos matemáticos sofisticados e complexos pode ser chamado estratégico; finalmente, a imprescindível integração das áreas de marketing, finanças, produção e recursos humanos, entre outras, não garante por si só a natureza estratégica do planejamento. E antes de avaliar se o planejamento estratégico que a empresa tem ou pretende ter será útil, é necessário indagar se esse planejamento foi gerado de forma estratégica. O planejamento estratégico depende da estratégia de sua elaboração, que deverá garantir sua eficácia e efetividade em termos de marco de referência para os demais planejamentos táticos e operacionais da empresa. E, como base desse processo, deve-se considerar a cultura da empresa (Donádio, 1985, p. 24).

Por tudo isso, o planejamento estratégico representa uma metodologia administrativa que procura criar uma situação de otimização da empresa perante as mutações de seu ambiente, visando usufruir da melhor maneira possível das oportunidades, bem como evitar as ameaças. Coloca a empresa numa situação ativa, inclusive procurando "fazer as coisas acontecerem".

É dentro dessas situações que se considera a empresa, efetivamente, trabalhando com o planejamento estratégico.

C. O planejamento estratégico seja adequadamente utilizado pela empresa

Partindo do princípio de que você tenha consciência de que o planejamento estratégico não irá resolver todos os problemas da empresa, bem como o instrumento de administração que ele esteja utilizando, realmente, seja o planejamento estratégico, são abordados a seguir algumas falhas que podem ocorrer no desenvolvimento do processo de elaboração e implementação do planejamento estratégico nas empresas.

Para facilitar, esse assunto é dividido em três momentos do planejamento estratégico, lembrando que vários aspectos apresentados em determinado momento podem repetir-se em outros momentos, dentro de um enfoque sistêmico.

Salienta-se que a sequência desses momentos é apresentada do ponto de vista didático, visto que podem ocorrer sobreposições de determinados aspectos entre os momentos considerados.

Com referência ao nível de detalhamento apresentado, esse foi consequência da necessidade identificada pelo autor a cada falha abordada a seguir, mas lembrando que os detalhes de alguns assuntos podem ter sido apresentados em capítulos anteriores.

Os momentos do processo de planejamento estratégico considerados são:

- antes do início da elaboração do planejamento estratégico;
- durante a elaboração do planejamento estratégico; e
- depois da elaboração e quando da implementação do planejamento estratégico na empresa.

Para facilitar a visualização das várias causas de falhas na utilização do planejamento estratégico nas empresas é apresentado o Quadro 10.1.

A seguir, são apresentadas as explicações sobre cada uma das falhas mais comuns antes da elaboração, na elaboração em si e na implementação do planejamento estratégico nas empresas.

Você deve entender e analisar cada uma das falhas apresentadas ao longo dos três momentos considerados e procurar interagir com a realidade de sua empresa. Esse procedimento pode contribuir para que a empresa consolide uma precaução geral e estruturada para com as diversas falhas que podem ocorrer no desenvolvimento e operacionalização do planejamento estratégico na empresa considerada.

Embora o autor tenha evidenciado todas as falhas que presenciou, de forma direta ou indireta, em seus serviços de consultoria e treinamento em empresas diversas, é natural que a lista não seja – e não pode ser – completa.

Mas, se você assimilar esta lista, estará dando um forte passo para que o planejamento estratégico, sob sua responsabilidade, seja o melhor possível.

Quadro 10.1   Causas de falhas do planejamento estratégico.

Antes do início da elaboração	Durante a elaboração	Durante a implementação
1. Estruturação inadequada do setor: a) Contratação de um *elaborador* do plano b) Alocação inadequada na estrutura c) Funcionários ineficientes d) Estruturação inadequada da equipe	1. Desconhecimento dos conceitos básicos: a) Considerar como um processo fácil ou difícil b) Não considerar como um sistema integrado c) Desconsideração dos aspectos intuitivos d) Desconsideração do processo de aprendizagem e treinamento	1. Inadequação no controle e avaliação: a) Falta ou inadequação do sistema de controle b) Desconsideração da relação custos *versus* benefícios
2. Ignorância da importância e significado do planejamento: a) Existência de sucesso sem o planejamento b) Alguma falha anterior do planejamento c) Expectativa de enormes e rápidos resultados d) Transposição direta do planejamento de outra empresa e) Desvinculação do processo de administração	2. Inadequação no envolvimento dos níveis hierárquicos: a) Envolvimento insuficiente ou demasiado da alta administração b) Não envolvimento da média administração c) Atitudes inadequadas perante o planejamento	2. Interação inadequada com os funcionários: a) Falta de participação e envolvimento b) Falta de comprometimento c) Falta de conhecimento

Quadro 10.1 *(Continuação).*

Antes do início da elaboração	Durante a elaboração	Durante a implementação
3. Não *preparação do terreno* para o planejamento: a) Não eliminação dos focos de resistências b) Não esquematização do sistema de controle e avaliação c) Desconhecimento da natureza do planejamento	3. Defeitos na elaboração em si: a) Não interligação com os planejamentos operacionais b) Falhas no estabelecimento e interligação dos vários itens considerados c) Excesso – ou falta – de simplicidade, formalidade e flexibilidade d) Período de tempo inadequado e) Ineficiência dos responsáveis pelo planejamento f) Inadequada ou inexistente gestão do conhecimento g) Distanciamento do processo de inovação	
4. Desconsideração da realidade da empresa: a) Inadequação ao tamanho e recursos disponíveis b) Inadequação quanto à cultura da empresa	4. Baixa credibilidade ao planejamento: a) Descontinuidade no processo b) Utilização de situações pouco realistas c) Não divulgação das informações d) Dificuldade de trabalhar com o planejamento	

10.1 Causas mais comuns de falhas antes do início da elaboração do planejamento estratégico

As principais causas de falhas a serem consideradas são:

10.1.1 Estruturação inadequada do setor responsável pelo planejamento estratégico na empresa

Esse problema pode ser gerado por:

A. *Contratação de um funcionário cuja função básica seja a elaboração do planejamento estratégico*

Embora esse funcionário possa ser um grande especialista no assunto, não deve *elaborar* o planejamento estratégico, mas catalisar o processo de elaboração, que deverá ser efetuado pelos vários setores da empresa.

A situação de elaborar o planejamento estratégico "entre quatro paredes" é uma das piores situações que podem ocorrer na empresa, principalmente, por causa de dois aspectos:

- a impossibilidade do efetivo conhecimento da empresa e seu ambiente por um funcionário ou grupo pequeno de funcionários; e
- a grande possibilidade de uma posterior acirrada resistência ao planejamento estratégico por parte dos responsáveis pelos vários setores da empresa.

Você sempre deve lembrar que o lema é "fazer o planejamento estratégico *pela* empresa, e não *para* a empresa".

B. *Alocação do setor responsável pelo planejamento estratégico de forma inadequada na estrutura hierárquica da empresa*

Como o planejamento estratégico considera a empresa como um todo perante seu ambiente, pode-se estabelecer que a alocação ideal do setor de planejamento estratégico na estrutura organizacional é junto ao mais alto nível hierárquico, preferencialmente, numa situação de assessoria.

Em hipótese nenhuma esse setor deverá estar alocado a uma área funcional da empresa, pois nesse caso se pode começar a ter, por exemplo, planejamento tático de marketing, planejamento tático de produção, planejamento tático de recursos humanos, planejamento tático de finanças etc.

C. *Estruturação do setor de planejamento estratégico constituído por funcionários ineficientes*

Infelizmente, esse aspecto está colocado nessa relação porque é uma realidade. Foi constatada, em algumas empresas, a constituição de equipes de planejamento estratégico sem a mínima condição para a adequada coordenação desse processo. As drásticas consequências dessa situação, para a empresa, não exigem maiores comentários.

Com referência à melhor constituição da equipe de trabalho para o desenvolvimento do planejamento estratégico, a sugestão é a junção de um assessor – interno – e de um consultor – externo –, propiciando uma situação sinérgica de suas vantagens específicas.

Pode-se afirmar que as principais vantagens de utilização de um assessor – interno – de planejamento estratégico são:

- maior e melhor conhecimento da realidade da empresa, principalmente dos aspectos informais;
- presença diária na empresa, tendo possibilidade de maior acesso a pessoas e a equipes de trabalho;
- condições de participar do processo de controle e avaliação do planejamento estratégico de maneira mais efetiva; e
- determinado poder formal e estabelecido, que pode facilitar o desenvolvimento do processo de planejamento estratégico.

A utilização do consultor – externo – de planejamento estratégico pode apresentar as seguintes vantagens para a empresa:

- normalmente, tem maior experiência sobre o assunto *planejamento estratégico*, pois teve oportunidade de realizar serviços para várias empresas;
- geralmente, tem conhecimento efetivo das metodologias e técnicas administrativas necessárias ao desenvolvimento dos trabalhos;
- maior grau de imparcialidade, por não estar envolvido com pessoas e grupos da empresa;
- maior liberdade de expressão, pois pode correr certos riscos; e
- normalmente, tem maior aceitação nos escalões superiores.

D. *Estruturação inadequada da equipe de planejamento estratégico*

A prática empresarial tem demonstrado que a situação ideal para a otimizada elaboração e operacionalização do processo estratégico nas empresas é a constituição de uma competente e criativa equipe multidisciplinar, o que envolve o adequado conhecimento e senso crítico de todos os negócios, produtos, serviços e atividades da empresa.

Essa equipe multidisciplinar geralmente suplanta os diversos problemas apresentados por uma unidade organizacional responsável pelo planejamento estratégico.

Caso exista essa unidade organizacional responsável pelo planejamento estratégico, o máximo que deve cuidar é da catalisação e do apoio ao processo de planejamento estratégico, bem como da obtenção e análise de algumas informações básicas que não estejam alocadas em outras unidades organizacionais da empresa.

10.1.2 Ignorância da efetiva importância e significado do planejamento estratégico para a empresa

Essa falha pode ser gerada por alguns aspectos:

A. *O próprio sucesso da empresa*

Essa causa de falha normalmente ocorre em situações em que o executivo afirma: "... mas a minha empresa tem acumulado sucessos, mesmo sem a existência de um planejamento estratégico estruturado".

Entretanto, pode-se afirmar que esse procedimento tem diminuído nos últimos anos. Através de uma análise, ainda que geral, pode-se constatar que, a cada ano, os executivos ficam mais conscientes da necessidade e da importância do planejamento estratégico como um dos principais instrumentos do processo administrativo.

As principais causas da sedimentação dessa nova mentalidade podem ser resumidas em:

- grande número de ocorrências no ambiente das empresas, o que provoca situação de maior necessidade de interação entre as empresas e os fatores de seu ambiente. Como exemplo dessas ocorrências, tem-se o crescimento da exigência e da sofisticação dos consumidores;
- grande número de alterações na própria estrutura organizacional das empresas provoca necessidades de maior interação com o ambiente; e
- análise do risco e da incerteza. Pode-se afirmar que o conhecimento imperfeito do futuro seja a grande causa da necessidade e importância do planejamento estratégico para as empresas; sendo que esse conhe-

cimento imperfeito do futuro está ligado a dois grandes aspectos, já abordados neste livro:

- *risco*: é um estado do conhecimento no qual cada estratégia ou ação alternativa leva a um conjunto de resultados, sendo a probabilidade de ocorrência de cada resultado conhecida do tomador de decisão. Corresponde a uma medida quantitativa de um resultado, cuja probabilidade de ocorrência seja conhecida; e

- *incerteza*: é um estado de conhecimento no qual um ou mais cursos das estratégias ou ações resultam em um conjunto de resultados específicos, cuja probabilidade de ocorrência não é conhecida. Corresponde a uma situação subjetiva e existe devido à falta de conhecimento ou de uma experiência passada relevante.

Foi verificado que o planejamento estratégico corresponde ao resultado de uma decisão administrativa gerada por uma análise interna da empresa e seu ambiente, pelo estabelecimento de objetivos gerais e específicos, pela formulação de estratégias e políticas e pela quantificação de todo tipo de recursos necessários. Assim, o planejamento estratégico envolve a escolha entre várias alternativas de ações possíveis.

Atualmente, as empresas estão, na maior parte das vezes, propensas a aceitar o planejamento estratégico como uma ferramenta da administração que realmente vai auxiliá-las.

Para tanto, citam-se os seguintes aspectos:

- a consideração da empresa como um todo, sendo que isso facilita as análises, tanto internas quanto externas à empresa, e o executivo sente-se mais *seguro*;

- permite à empresa ter melhor interação com seu ambiente ou, até mesmo, procurar "fazer as coisas acontecerem". Essa situação da empresa voltada para o ambiente, planejando "o futuro", e não "para o futuro", cria uma vantagem diferencial para a empresa; e

- o processo de planejamento estratégico é, além de, normalmente, motivador e envolvente, bastante simples, principalmente se correlacionar seus vários componentes através de metodologia adequada (ver hipótese de metodologia na seção 2.1).

B. *Alguma falha anterior do planejamento estratégico*

Nesse caso, a empresa pode ter um sistema adequado de planejamento estratégico, mas falhou na solução de algum problema prioritário e crítico no passado, criando uma situação de descrédito.

Você deve identificar e proporcionar um tratamento aberto e franco para com o problema, procurando revitalizar o planejamento estratégico na empresa.

C. *Expectativa de enormes e rápidos resultados do planejamento estratégico para a empresa*

Você não deve ter a expectativa de que o planejamento estratégico, uma vez implementado, proporcione para a empresa resultados mirabolantes e rápidos.

O planejamento estratégico deve ser entendido como um processo contínuo, abrangente e participativo, cujos benefícios para a empresa vão aparecendo ao longo do tempo, de maneira racional, lógica e estruturada.

Para criar uma base sólida para todo esse processo, você deve estar atento às possíveis vantagens que sua empresa poderá obter com a adequada elaboração e implementação do planejamento estratégico, conforme anteriormente apresentado neste capítulo.

Nesse ponto, deve-se lembrar Vasconcellos Filho (1978, p. 7), que reproduziu os resultados de uma pesquisa da American Management Association – AMA, pela qual as empresas americanas desperdiçavam, diariamente, uma enorme quantia de dinheiro causadas por:

- ineficiência, ou seja, por não se fazer certo o que está sendo feito; e
- ineficácia, justamente porque não se faz o que é preciso ser feito.

As principais causas dessa "estratégia do desperdício", conforme designado pela AMA, são as seguintes:

- falta de compreensão da função administrativa de direção e coordenação empresarial, ou seja:
  - falta de missão empresarial dos executivos das empresas;
  - falta de questionamento estratégico (análise ambiental);
  - falta de visão estratégica dos executivos (definição da visão, valores, missão, objetivos, estratégias e políticas); e
  - falta de visão tática dos executivos (definição de projetos e planos de ação).

- falta de uma filosofia da empresa, e que essa seja saudável, firme e divulgada, ou seja:
  - falta de definição sobre ética e direitos humanos;
  - falta de definição sobre o uso da autoridade administrativa;
  - falta de definições sobre o regime de desafio profissional, a autonomia e otimização tática, a ênfase em trabalho × resultados, autocontrole × heterocontrole e autodisciplina × heterodisciplina; e
  - falta de divulgação e compreensão da filosofia administrativa da empresa.
- falta de perspectiva e de atuação integrada das diversas áreas da empresa; e
- falta de convergência de objetivos e de consonância entre políticas, estratégias e objetivos da empresa.

Essa pesquisa foi realizada junto a executivos que apresentaram o planejamento estratégico como o instrumento que proporcionaria os melhores resultados para a administração de suas empresas.

Você deve dar a máxima importância ao planejamento estratégico, pois esse é um sistema que pode e deve considerar qualquer aspecto importante para o sucesso da empresa; porque inclui o ajustamento dela de modo que reflita as mudanças do ambiente, solucionando problemas básicos causados pela concorrência e por outras forças ambientais; lidando com limitações, capitalizando vantagens inerentes, encontrando novas oportunidades e evitando as ameaças. Inclusive, o planejamento estratégico pode resultar em ação por parte da empresa para assumir certas responsabilidades sociais que ajudarão a melhorar o ambiente onde ela atua.

Em décadas anteriores, muitas empresas saíram correndo para fazer planejamento estratégico. Não sabiam muito bem o que era, mas houve uma preocupação bastante grande das empresas em criar métodos e sistemas de trabalho no sentido de fazer planejamento estratégico. As empresas que não o faziam sentiam-se desajustadas, embora não soubessem, exatamente, quais seriam as consequências de não planejar.

Atualmente, essa situação está alterando-se gradativamente e surgindo uma posição mais adequada para o planejamento estratégico nas empresas.

D. *Aceitação da simples transposição de um planejamento estratégico de sucesso de uma empresa para outra*

Outro aspecto que você não deve aceitar é a transposição de um plano de planejamento estratégico de outra empresa, com a justificativa de que esse plano proporcionou sucesso para a referida empresa.

Dentro de uma relação custos *versus* benefícios, no início dessa situação os custos podem ser baixos, mas, seguramente, vai elevar-se muito ao final; e os benefícios são praticamente nulos.

O planejamento estratégico deve respeitar a realidade e a cultura da empresa, pois somente dessa forma poderá auxiliar você no processo decisório. Em outra situação, o planejamento estratégico poderá ser um foco constante de problemas para você e para a empresa onde trabalha.

E. *Esquecimento de que o planejamento estratégico está vinculado ao processo de administração da empresa*

O planejamento estratégico não deve ser considerado, simplesmente, como um processo que apresenta um resultado final, representado principalmente pelos manuais de consolidação.

É extremamente importante que o processo de planejamento estratégico seja incorporado ao dia a dia da empresa, criando uma situação de administração estratégica, ou seja, os aspectos estratégicos são incorporados, de maneira sistemática, no processo decisório diário da empresa. Para conhecimento de uma metodologia estruturada a respeito desse importante instrumento administrativo das empresas, analisar o livro *Administração estratégica na prática*, dos mesmos autor e editora.

10.1.3 Não preparação do terreno para o planejamento estratégico na empresa

Essa situação inadequada pode ser provocada por alguns aspectos, tais como:

A. *Não eliminação dos focos de resistências na empresa*

Quando você está iniciando o processo de elaboração e, principalmente, de implementação do planejamento estratégico, podem ocorrer determinadas resistências às mudanças da situação atual pelos funcionários da empresa.

Sem pretender esgotar o assunto, pode-se afirmar que algumas das razões das resistências ao processo de mudanças nas empresas são:

- as pessoas afetadas sentem que vão perder alguma coisa que não gostariam de perder;
- a relação custos *versus* benefícios é negativa, ou seja, as pessoas afetadas consideram que vão ter mais resultados negativos do que positivos com a mudança;
- a falta de confiança entre o agente coordenador da mudança e as pessoas afetadas pela mudança; e
- a efetiva ou suposta falta de capacidade em operacionalizar as novas atividades e comportamentos que a mudança vai exigir das pessoas afetadas.

Percebe-se que, atrás das razões de resistências, existe a colocação dos interesses pessoais acima dos interesses da empresa.

Para Drucker (1975, p. 213), o principal obstáculo ao crescimento empresarial é a incapacidade dos executivos para mudar suas atitudes e comportamentos com a rapidez exigida pelas empresas.

Algumas das maneiras mais comuns que os executivos utilizam para minimizar as resistências às mudanças são:

- o treinamento antecipado e contínuo sobre as atividades envolvidas na mudança;
- a comunicação adequada entre as partes envolvidas, visando salientar a necessidade para a mudança, bem como toda a lógica contida em seu processo;
- a participação efetiva das pessoas afetadas pela mudança, principalmente dos resistentes, criando uma situação de troca de ideias;
- a melhoria do sistema de informações nas empresas;
- o apoio que o agente da mudança pode fornecer às pessoas afetadas, principalmente quando o medo e a ansiedade são os pontos cruciais da resistência;
- a manipulação das pessoas afetadas pela mudança, através da utilização seletiva de informações e da estruturação consciente de eventos;
- a viabilização, a curto prazo e a custos mínimos, de módulos ou da totalidade da mudança planejada;

- o oferecimento de incentivos aos resistentes ativos ou potenciais;

- o *tratamento* da estrutura de poder da empresa; e

- a coerção aos resistentes, de forma explícita ou implícita, visando ao cancelamento da resistência à mudança.

Para Ansoff (1982, p. 25), a resistência à mudança não tem muito a ver com o porte da empresa, mas com a mentalidade de seus executivos. A resistência tem, em geral, duas origens: sucesso ou medo.

No primeiro caso, empresas que ganham dinheiro há muito tempo não reconhecem a necessidade de mudanças. Nas pequenas e médias empresas, é apenas esse fator que explica a resistência a mudanças. Já nas grandes empresas pode haver, também, o medo de que mudanças impliquem na perda de poder das pessoas envolvidas nos escalões superiores.

B. *Não esquematização do sistema de controle e avaliação do planejamento estratégico*

Embora essa falha só apareça quando da implementação do planejamento estratégico, é fundamental você estabelecer os critérios e parâmetros, bem como o sistema de informações necessários para o adequado controle e avaliação do planejamento estratégico.

C. *Os funcionários da empresa desconhecem a natureza do planejamento estratégico*

Pode-se observar que uma das principais falhas na utilização do planejamento estratégico é o desconhecimento, por parte dos funcionários da empresa, da natureza do planejamento estratégico como instrumento de administração.

Essa falha pode ser evitada através de efetivo, abrangente e participativo programa de treinamento e capacitação profissional, utilizando, inclusive, exemplos práticos para proporcionar aos funcionários envolvidos uma situação de *ver para crer*.

10.1.4 Desconsideração da realidade da empresa

As principais causas dessa situação inadequada para o processo de planejamento estratégico nas empresas são:

A. *Inadequação da empresa em termos de tamanho e recursos disponíveis*

É extremamente importante que você considere o desenvolvimento do planejamento estratégico de acordo com a realidade da empresa em termos de, entre outros aspectos mais específicos, tamanho e recursos disponíveis que apresenta.

Essa falha pode gerar um *elefante branco* para a empresa.

B. *Inadequação à cultura da empresa*

A cultura da empresa é representada pelo conjunto de crenças e expectativas de seus executivos e demais funcionários. E esses aspectos informais, por serem invisíveis em seu conjunto, necessitam de tratamento todo especial.

Essa situação pode ser visualizada na Figura 10.1, que representa o tradicional *iceberg* organizacional.

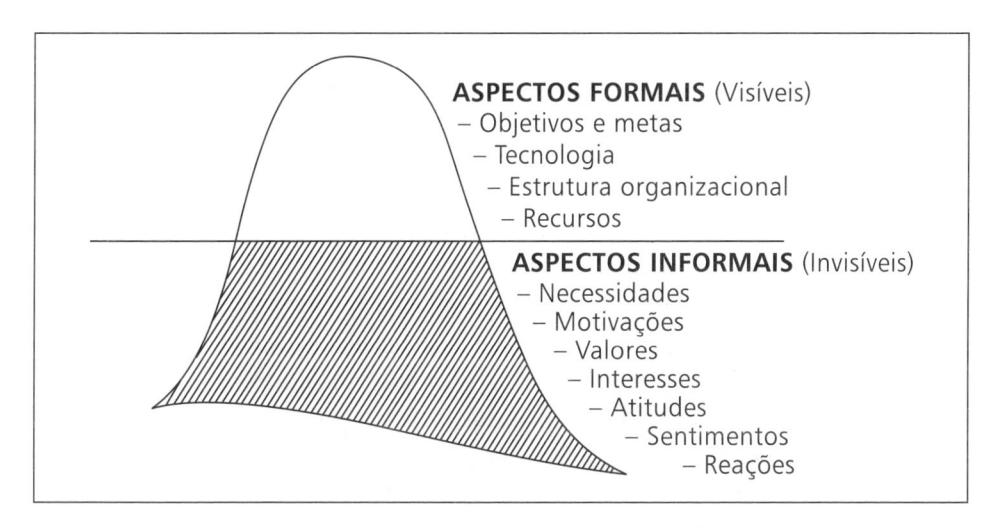

Figura 10.1 *Iceberg* organizacional.

Se você não souber trabalhar com a parte invisível do *iceberg* organizacional, poderá ter, como retorno, efetiva resistência ao planejamento estratégico.

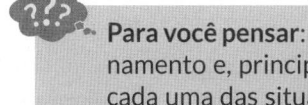

Para você pensar: Explique, com justificativas e exemplos, o seu posicionamento e, principalmente, o seu conhecimento para trabalhar junto a cada uma das situações apresentadas, em que é necessário elevado nível de habilidades para propiciar melhores resultados para a empresa. E, depois, não se esqueça de alocar as suas facilidades e dificuldades a respeito em seu plano de carreira.

10.2 Causas de falhas mais comuns durante a elaboração do planejamento estratégico nas empresas

As principais causas de falhas a serem consideradas são:

10.2.1 Desconhecimento de conceitos básicos inerentes ao planejamento estratégico

Esse problema pode ser gerado por alguns aspectos, entre os quais podem ser citados:

A. *Considerar que o planejamento estratégico é um processo com alto grau de facilidade ou dificuldade em seu desenvolvimento*

O processo de planejamento estratégico não é fácil nem difícil. Essa afirmação, a princípio esquisita, tem um fundo de realidade, pois basicamente depende, em sentido amplo, de como a empresa está preparada para *receber* o planejamento estratégico.

Algumas das dificuldades mais identificadas são:

- o executivo aceitar a necessidade e a possibilidade de efetuar previsões de longo prazo de maneira mais acertada. Geralmente, os executivos diante dessa situação afirmam: "Por que vou fazer isso, se é uma utopia?";

- o próprio executivo considerar que o planejamento estratégico é muito mais do que apenas uma projeção do que estava acontecendo no passado e continua ocorrendo no presente. Com efeito, quem o elabora deve ter em mente um raciocínio dialético, buscando identificar os pontos de ruptura no comportamento das variáveis ambientais, as quais apresentam elevado nível de descontinuidade;

- o executivo, normalmente, não está acostumado a ter sua visão constantemente voltada para *fora da empresa*;

- não dar a devida importância aos períodos atuais de turbulência e incerteza que abalam, profundamente, as empresas e exigem vigilância constante e profunda;

- a cúpula da empresa não se coloca como parte fundamental que deve apoiar e fixar objetivos, estratégias e políticas para o planejamento estratégico; e

- a alta administração da empresa preocupa-se, normalmente, com os aspectos que apresentam resultados a curto prazo, em substituição aos estudos correlacionados a médio e longo prazos, talvez como resultado do tipo de cobrança dos empresários.

Para que o planejamento estratégico se torne um instrumento de administração com maiores facilidades para o executivo, ele deve conhecer quais são os problemas mais comuns do desenvolvimento do planejamento estratégico nas empresas.

Para analisar essa questão básica, Basil e Cook (1978, p. 171) identificaram os hiatos ou lacunas estratégicas, cujas principais causas são:

- deficiências na observação do ambiente: essas observações são básicas para a determinação do impacto potencial das alterações ocorridas no ambiente em relação à empresa. Na realidade, essas observações, normalmente, são feitas de maneira automática por todas as empresas através de suas interações com seu ambiente. Entretanto, o que poucas empresas realizam é uma sistemática ordenação e utilização dos dados e informações recebidos do ambiente, bem como a observação sistematizada do mesmo;
- inflexibilidade da empresa para se adaptar à nova estratégia: nesse caso, as empresas grandes, com sucesso no passado e estruturas complexas de organização, são mais difíceis de se transformarem para se adaptarem a uma nova situação e adquirirem características de flexibilidade. A mesma coisa pode ocorrer em entidades do governo que existam há alguns anos ou em instituições de classe;
- insuficiente suporte sobre as mudanças no ambiente empresarial: isso porque as falhas da empresa em antecipar mudanças ambientais e ajustar sua postura criam hiatos estratégicos;
- impossibilidade de aplicar recursos: esse aspecto está correlacionado ao investimento necessário para que a empresa possa manter, ou mesmo melhorar, sua posição no mercado. Nesse caso, um hiato estratégico é criado quando existe a impossibilidade de aplicar recursos necessários para essa adaptação, ou, ainda, quando os recursos são aplicados indevidamente para atingir determinados objetivos;
- simplificação demasiada da complexidade do sistema: isso porque é necessário não subestimar o ambiente e analisá-lo, sempre, em sua complexidade, evitando simplificações do sistema que levam a falhas estratégicas. Você deve estar atento para o fato de que parte do hiato estratégico provém da formulação de estratégias com uso de uma simples correlação de causa *versus* efeito; e
- ignorância de sinais de mudanças ao elaborar os objetivos da empresa: você deve estar atento ao fato de que a observação eficaz do ambiente

acaba provocando uma série de sinais de mudança, mas geralmente se dá atenção insuficiente a esses sinais por parte das empresas, sendo que, em alguns casos, os sinais não são corretamente interpretados e, em outros, podem chegar com força, mas serem negligenciados ou protelados pelos responsáveis das empresas, que teriam meios de introduzir mudanças. Posteriormente, quando se tomarem ações estratégicas, essas podem chegar demasiadamente atrasadas.

B. *Esquecimento de que o planejamento estratégico é um sistema integrado que considera toda a empresa, bem como as relações com o ambiente*

A ocorrência dessa falha pode sepultar todo o planejamento estratégico, pois a premissa básica do planejamento estratégico é a adequação da empresa a seu ambiente, verificando como suas forças e energias atuam em situações de mudanças interagentes.

Esses aspectos podem ser verificados através da Figura 10.2:

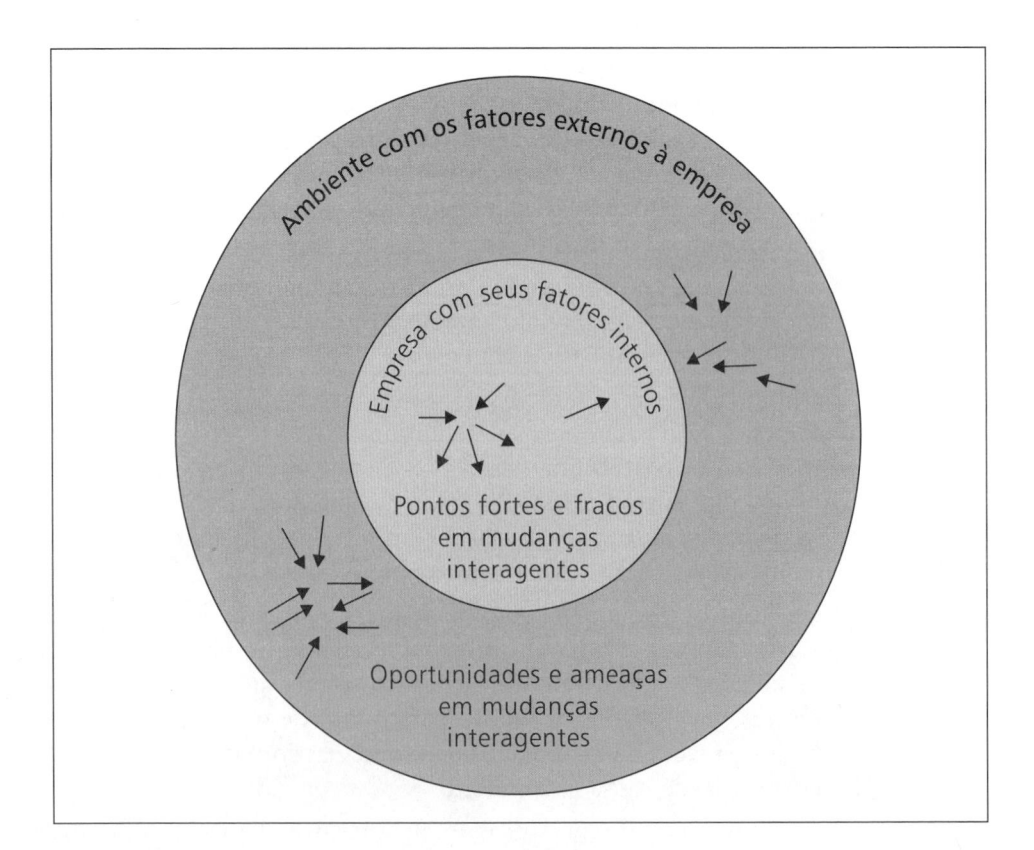

Figura 10.2 Premissa para o planejamento estratégico.

De acordo com Ansoff, Declerck e Hayes (1981, p. 51), a empresa relaciona-se com o ambiente de duas maneiras distintas:

- mediante comportamento competitivo – ou operacional –, que procura obter lucro do ambiente empresarial através do processo de troca. A empresa consegue isso produzindo da maneira mais eficiente possível e garantindo o maior segmento de mercado e melhores preços; e

- através do comportamento empreendedor – ou estratégico –, quando procura substituir os produtos e mercados obsoletos por novos, que oferecem maior potencial para os lucros futuros. A empresa consegue isso mediante a identificação de novas áreas de demanda, do desenvolvimento de produtos aceitáveis, de técnicas de produção e de marketing mais adequadas, testando o mercado e introduzindo novos produtos e serviços nesse mercado.

Os executivos devem tornar-se mais capazes de avaliar as mudanças ambientais que ameaçam seus planos estratégicos atuais ou que proporcionam oportunidades de novas estratégias.

As tendências que estão modificando significativamente o ambiente competitivo incluem:

- a diversificação das empresas através da integração em novos mercados e setores;

- a convergência de um número crescente de setores que eram distintos até agora;

- a proliferação de novos produtos e serviços como resultado da evolução tecnológica;

- a entrada bem-sucedida de empresas em setores que são desvinculados de seus ramos de negócio decorre da cuidadosa seleção de estratégias que proporcionaram vantagens em um mercado altamente competitivo;

- o aumento do envolvimento governamental – em níveis local, estadual, nacional e internacional – nos assuntos empresariais; e

- o aumento das pressões de sociedades sobre produtos e/ou serviços oferecidos pela empresa.

O desconhecimento de elementos significativos nessa conjuntura pode vir a ser desastrosa para os planos estratégicos e programas a serem desenvolvidos no processo de planejamento.

Entretanto, você deve se lembrar de que a convergência de setores e o ritmo da inovação tecnológica desestruturaram os limites da indústria tradicional e complicaram a tarefa de identificação dos concorrentes e de importantes fatores ambientais ou não controláveis pelas empresas.

C. Desconsideração dos aspectos intuitivos do planejamento estratégico

Você deve lembrar-se de que o planejamento estratégico estruturado e formalizado deve ser complementado pelos aspectos intuitivos como em qualquer processo decisório.

Um dos aspectos que mais fortalecem a falha apresentada nesse item é a excessiva importância dada, em alguns casos, aos números e tabelas estatísticas, com o consequente desprezo da intuição e do *juízo de valor* que determinados executivos apresentam da empresa e de seu ambiente.

Portanto, não se deve esquecer da importância do pensamento estratégico.

D. Desconsideração do processo de aprendizagem e treinamento em planejamento estratégico

Neste livro, você teve oportunidade de, várias vezes, ser alertado sobre a necessidade de um processo de aprendizagem e treinamento em planejamento estratégico.

Essa necessidade tem como base o princípio de que o planejamento estratégico deve ser elaborado "pela" empresa e não "para" a empresa. E, para que tenha condições de elaborar seu planejamento estratégico, é premissa básica que seus funcionários envolvidos no processo tenham pleno conhecimento do assunto em si.

É evidente, também, que esse processo de aprendizagem e treinamento auxilia na prevenção de outras falhas apresentadas neste capítulo, tais como a resistência passiva ou ativa ao planejamento estratégico, que pode ser desencadeada em toda a empresa.

10.2.2 Inadequação no envolvimento dos níveis hierárquicos

Esse problema pode ser gerado por alguns aspectos:

A. Envolvimento insuficiente ou demasiado da alta administração

No desenvolvimento de um planejamento estratégico não se deve preocupar, única e exclusivamente, com o conteúdo do plano, pois existem outros aspectos que podem estar no mesmo nível de importância. Entre esses aspectos, pode-se citar o nível de participação e envolvimento, bem como as atitudes que os executivos estabelecem perante o planejamento estratégico.

Quando a alta administração tem envolvimento insuficiente, o planejamento estratégico perde sua credibilidade, pois:

- a alta administração não dá *força* ao processo; e
- a interação empresa *versus* ambiente fica prejudicada, pois se pode partir do princípio de que a alta administração tem melhor envolvimento e conhecimento do ambiente empresarial.

Quando a alta administração tem envolvimento demasiado podem-se ter alguns problemas, pois:

- começa a haver esquecimento dos problemas operacionais; e
- existe tendência excessiva à centralização do processo decisório.

B. *Não envolvimento da média administração das empresas*

Atualmente, é bastante questionável que o processo de planejamento estratégico seja uma atividade exclusiva da alta administração das empresas.

No desenvolvimento de atividades profissionais e acadêmicas, o autor deste livro tem observado ligação direta e exclusiva do assunto *planejamento estratégico* com a alta administração das empresas.

Essa afirmação tem-se consolidado de forma gradativa quando, como consultor em planejamento estratégico, o autor tem observado situações em que Presidentes e Diretores de empresas – ou qualquer outra nomenclatura de cargo que represente a alta administração da empresa – colocam afirmações como: "... envolver a média administração neste processo? Isso é uma loucura. O planejamento estratégico é um trabalho que pressupõe o envolvimento, único e exclusivo, da alta administração da empresa!".

Este autor acredita que a principal razão do ceticismo quanto ao envolvimento da média administração no desenvolvimento do planejamento estratégico seja a conceituação clássica dos níveis de decisões nas empresas, conforme apresentado na Figura 10.3:

Alta administração	Nível estratégico	Decisões estratégicas	Planejamento estratégico
Média administração	Nível tático	Decisões táticas	Planejamento tático
Baixa administração	Nível operacional	Decisões operacionais	Planejamento operacional

Figura 10.3 Níveis de decisões nas empresas.

Essa separação entre os tipos ou níveis de planejamento – que já tinha sido explicitada na seção 1.5 – tem sua validade baseada no ponto de vista conceitual geral, pois é lógico que o planejamento estratégico, que considera toda a empresa, engloba os planejamentos táticos, os quais, por sua vez, consideram a ordenação dos grupos de recursos para o melhor alcance dos resultados estratégicos e englobam os planejamentos operacionais.

Como é importante que as decisões estratégicas sejam operacionalizadas e interligadas ao dia a dia da empresa, no mínimo para propiciar maior credibilidade ao processo, e as atividades inerentes a tornar isso possível são de responsabilidade da média administração, torna-se válido o envolvimento desse nível hierárquico da empresa na elaboração do planejamento estratégico.

Esse envolvimento pode ser:

• indireto, quando a média administração recebe as decisões estratégicas *prontas* e, simplesmente, procura melhor ordenar os recursos da empresa para otimizar os resultados estratégicos; e

• direto, quando a média administração, efetivamente, participa do desenvolvimento do planejamento estratégico.

Este último tipo de envolvimento parece ser o mais interessante, pois:

• o planejamento estratégico envolve aspectos internos e externos da empresa, e pode-se partir do princípio de que a média administração tem melhor conhecimento dos aspectos internos. Portanto, pode-se obter melhor diagnóstico estratégico ou auditoria de posição da empresa (Fase I da metodologia de planejamento estratégico apresentada na seção 2.1.1);

- a participação da média administração cria uma situação de corresponsabilidade, pois os participantes terão a oportunidade de apresentar e debater sua versão dos fatos e das expectativas inerentes à empresa; e

- o processo de participação é um aspecto muito importante para a maior motivação e melhoria do clima organizacional, bem como redução do nível de resistência às mudanças.

Isso tudo porque há importante condição para que esse processo de participação se incorpore à empresa: deve ter a adesão e o comprometimento dos executivos em seus diferentes níveis na empresa.

A participação de todos os níveis hierárquicos de chefias na análise crítica e definições dos objetivos, desafios, metas, estratégias e políticas é mais do que uma benevolência democrática da empresa; é uma estratégia para obter sinergia das diferentes percepções, conhecimentos e habilidades dos executivos. Além disso, participar, pertencer e influir são necessidades humanas que, quando atendidas de forma adequada, motivam e mobilizam as pessoas.

É praticamente impossível desvincular o planejamento estratégico dos valores, das atitudes, dos comportamentos das pessoas e da administração estratégica nas empresas. A importância da consideração da cultura organizacional no processo de planejamento estratégico já foi considerada neste capítulo.

A participação não está concluída e dispensada no momento em que um documento está pronto e distribuído. As grandes linhas políticas e estratégicas definidas devem ser administradas, traduzidas em resultados concretos, objetivos, desafios, metas, orçamentos, cronogramas e planos de ação.

Novamente, o envolvimento de todos os que, de qualquer forma, estejam correlacionados com os resultados da empresa é necessário a partir de processos participativos, de ampla negociação entre a alta e a média administração. Tal participação permite delinear, dinamicamente, os padrões de autoridade e responsabilidade de maneira muito mais rica e mutuamente aceitável do que as existentes nos manuais de organização, além de definir guias precisos para o acompanhamento e a avaliação de desempenho, tendo em vista os resultados estabelecidos.

O planejamento estratégico participativo que envolve a média administração transforma em ente vivo, dinâmico e integrado à vida da empresa aquilo que, de outra forma, seria um volume de boas intenções da alta administração, repleto de tabelas estatísticas e orçamentos.

Portanto, embora se esteja, na maior parte das vezes, pressionado para visualizar o planejamento estratégico, única e exclusivamente, com a participação da alta administração das empresas, pode-se ter a *ousadia* de integrar a média administração. E estejam certos de que esse procedimento apresenta mais aspectos positivos que negativos para as empresas.

Embora, na prática, o nível de envolvimento e participação da média administração no processo de planejamento estratégico ainda esteja, na maior parte das empresas, num nível insuficiente, vários autores têm-se preocupado com esse problema, ainda que de forma genérica.

Simon (1996, p. 20) abordou os objetivos pessoais que intervêm na decisão de participar ou não da execução e na ação e/ou tarefa, afirmando que os motivos que levam os grupos a participar das tarefas podem ser divididos em incentivos e contribuições.

Hersey e Blanchard (1974, p. 26) afirmaram que o grau de realização dos objetivos da empresa depende do grau de integração desses objetivos com os dos indivíduos ou grupos.

Fine (1974, p. 215) mostrou o quanto é necessário o relacionamento entre os funcionários e a empresa na determinação de tarefas a serem executadas, levando-se em conta capacidade, experiência, nível educacional, treinamento, objetivos, recursos e suas possíveis restrições.

Os funcionários representativos da empresa devem participar do processo de planejamento de maneira formal ou informal, direta ou indireta. Isso porque o planejamento estratégico é um processo de decisão e, portanto, deve incluir todos os níveis e unidades organizacionais que têm alguma informação a fornecer para seu adequado funcionamento.

Outro aspecto da participação dos profissionais no desenvolvimento do planejamento estratégico é a necessidade de que ocorra em todas as etapas do seu processo de elaboração e implementação na empresa.

E um lembrete: se você for ainda mais *ousado*, pode – e deve – envolver também a baixa administração – ou nível operacional – nas questões estratégicas da empresa. Se esse processo for bem elaborado, seguramente os benefícios serão elevados para a empresa. Este autor já teve a oportunidade de praticar essa ousadia em algumas empresas clientes e os resultados efetivos foram os melhores possíveis.

C. *Atitudes inadequadas perante o planejamento estratégico*

Entretanto, não é apenas o nível de envolvimento da alta e da média administração que deve ser analisado, mas também as atitudes que os profissionais das empresas apresentam perante o planejamento estratégico.

Esse é um problema sério, inclusive porque algumas pessoas não visualizam sua atitude negativa em relação a algum aspecto considerado.

A seguir são apresentadas as características básicas de cada atitude dos executivos perante o planejamento, resumidas e adaptadas com base em Ackoff (1974, p. 22), e que servem para os executivos repensarem o assunto.

As atitudes diante do planejamento variam bastante, mas podem ser agrupadas em quatro categorias básicas:

- inativa;
- reativa;
- proativa; e
- interativa.

Essas atitudes apresentam-se misturadas em proporções variáveis em cada indivíduo e em cada empresa, e essa mescla pode mudar com o tempo e de empresa para empresa. Além do mais, grande variedade de atitudes em relação ao planejamento pode ser encontrada em qualquer empresa, em qualquer época. Contudo, uma das atitudes, usualmente, predomina sobre as outras, tanto em indivíduos como em empresas. Portanto, a despeito da variedade de mesclas em que são encontradas, as formas puras são facilmente reconhecíveis.

Partindo das considerações básicas apresentadas por Ackoff e complementadas com outras, tem-se o Quadro 10.2, que apresenta os vários aspectos para as diferentes atitudes perante o planejamento estratégico.

Sem a preocupação de estabelecer a atitude ideal, é importante você repensar sobre a atitude a que está mais afeito, pois isso poderá fortalecer todo o processo de planejamento estratégico na sua empresa.

10.2.3 Defeitos na elaboração do planejamento estratégico

Essa falha pode ser provocada por:

A. *Não interligação do planejamento estratégico com os planejamentos operacionais*

Uma das formas de você tornar o planejamento estratégico mais *pé no chão* é sua interligação com os planejamentos operacionais, criando uma situação em que as decisões estratégicas são decodificadas para tratamento em nível operacional, fazendo, dessa forma, parte integrante do dia a dia da empresa.

Quadro 10.2 Aspectos das diferentes atitudes diante do planejamento.

Atitude / Discriminação	Inativa	Reativa	Proativa	Interativa
Situação desejada	Atual	Passada	Futuro previsto	Futuro preparado
Frase básica I	"Navego com a maré sem balançar o barco"	"Tento nadar contra a maré de volta a uma praia familiar"	"Vou estar na frente da maré e chegar antes dela"	"Tento redirecionar a maré"
Frase básica II	"Estou satisfeito com a situação"	"Tentei isso e não funcionou"	"Vou tentar isso"	"Vou fazer as coisas acontecerem"
Estilo de administração	Conservador e atuação "por crise"	Reacionário	Liberal	Criativo
Postura básica	Conservador	Saudosista	Otimizador	Idealizador
Procura básica	Estabilidade e sobrevivência	Situação passada adequada	Otimização da situação	• Autodesenvolvimento • Autorrealização • Autocontrole
Base para tomada de decisão	Viabilidade	Experiência em anos e intuição	Lógica, ciência e experimentação	Conhecimento e compreensão das pessoas e do ambiente
Tratamento do futuro	Não trata do futuro	Não trata do futuro	Planeja para o futuro	Prepara o futuro
Prazo do futuro	Não considera o futuro	Não considera o futuro	Curto e médio prazos	Longo prazo
Mudanças nos sistemas vizinhos	Não efetua	Não efetua	Não efetua	Procura introduzir mudanças
Ambiente externo	Reage às ameaças sérias e não às oportunidades	Reage às ameaças sérias e não às oportunidades	Reage às oportunidades e às ameaças	Procura criar oportunidades e se antecipar às ameaças
Mudanças ambientais	São ilusórias, superficiais ou temporárias	Não se preocupa com isso	Existem	Existem e são importantes
Alocação e administração de recursos	Dentro do sistema	Dentro do sistema	Dentro do sistema	Dentro e fora do sistema
Ação	Nula	Fraca	Forte	Muito forte

Quadro 10.2 *(Continuação)*.

Atitude / Discriminação	Inativa	Reativa	Proativa	Interativa
Dispêndio de esforços	Elevado (para manter as coisas como estão)	Elevado (para voltar à situação passada)	Médio	Elevado (para fazer as coisas acontecerem)
Problemas	Eles não têm solução	Procura soluções em ações passadas	São tratados antecipadamente	São tratados antecipadamente e de forma sistêmica
Processos de mudança	Resistente	Resistente	Não é resistente	Não é resistente
Soluções apresentadas	Não se preocupa com isso	Tipo "panaceia"	Planejadas	Planejadas e inovadoras
Complexidade	Não gosta de tratar	Não gosta de tratar	Trata	Trata muito bem
Avanço tecnológico	Inadequado	Prejudicial	É uma coisa boa	Seus efeitos dependem de como as pessoas o usam
Foco de intervenção	Não considera	Não considera	Nos resultados (problemas)	Nos produtores dos resultados (problemas) e seus efeitos
Implementação dos planos	Não se preocupa com isso	Não se preocupa com isso	Preocupa-se um pouco	Preocupa-se com o processo de aprimoramento
Preocupação com o planejamento	Nenhuma	Praticamente nenhuma	Como uma sequência de passos estabelecidos	Total
Filosofia básica	Quer o que pode obter	Quer o que já teve	Tenta conseguir o que quer	Tenta criar condições para conseguir o que quer
Empresas que sobrevivem nessa atitude	As protegidas através de subsídios	Dificilmente sobrevivem	Normalmente sobrevivem	Todas, principalmente as mais criativas
Medo básico	Fazer algo que é para ser feito (erro de ação)	Fazer algo que provoque novas situações (erro de inovação)	• Fazer algo que é para ser feito (erro de ação) • Não fazer (erro de omissão)	• Fazer algo que é para ser feito (erro de ação) • Não fazer (erro de omissão) • Não mudar (erro de manutenção)

É evidente que, para fazer a interligação do planejamento estratégico com os planejamentos operacionais, você deverá passar, de forma estruturada ou não, pelos planejamentos táticos, conforme demonstrado anteriormente na Figura 10.3 e no Quadro 1.2 (tipos e níveis de decisão e de planejamento nas empresas).

Para reforço de conceitos deve-se lembrar que, quando se compara com as decisões operacionais, ou mesmo com as decisões táticas, as decisões estratégicas apresentam algumas características que podem ser resumidas em:

- consideram um período de tempo mais longo;
- consideram, de maneira efetiva, os fatores ambientais da empresa;
- apresentam, normalmente, maior impacto e maior importância para a empresa;
- fornecem direcionamento para as decisões táticas e operacionais;
- normalmente consideram as variáveis que não podem ser expressas em termos monetários;
- normalmente são tomadas pelo mais alto nível hierárquico da empresa; e
- tendem a ser não programáveis.

B. *Apresentação de falhas no estabelecimento e interligação dos vários itens do planejamento estratégico*

Este capítulo não se preocupou com as metodologias de elaboração e implementação do planejamento estratégico nas empresas, sendo que uma proposta de metodologia foi apresentada na seção 2.1.

Entretanto, qualquer que seja a metodologia adotada, é importante que proporcione fácil entendimento, e que as interligações entre seus vários itens componentes sejam feitas de forma racional e estruturada; caso contrário, poderão surgir dificuldades que prejudicarão o entendimento e a aplicação do planejamento estratégico na empresa.

C. *Apresentação de excesso – ou falta – de simplicidade, formalidade e flexibilidade*

Você deve manter nível de equilíbrio nos aspectos de simplicidade, formalidade e flexibilidade do planejamento estratégico na empresa, pois qualquer excesso poderá criar uma situação inadequada, provocando inevitáveis falhas no processo.

Na realidade, a flexibilidade é adequada dentro de certos limites, a saber:

- nem sempre uma decisão pode ser adiada por tempo suficiente para garantir sua exatidão; e
- a flexibilidade pode ser muito dispendiosa.

Portanto, o ideal é poder alterar a direção, a fim de atender aos acontecimentos previstos, sem sobrecarga nos custos da empresa.

Com referência à importância da flexibilidade no planejamento empresarial, Welsch (1977, p. 43) apresentou, como exemplo, o princípio da flexibilidade no planejamento orçamentário, que se baseia no reconhecimento, em todos os níveis da administração, de que o orçamento não deve ser o único instrumento a administrar a empresa. Nesse sentido, a flexibilidade em sua aplicação deve ser a regra para que não se interponham obstáculos e nenhuma oportunidade seja perdida por não estar prevista no orçamento. Em outras palavras, a flexibilidade significa a admissão de desvio do resultado em torno do valor planejado numa faixa de variação aceitável.

Para determinação dessa faixa provável e/ou admissível de um valor planejado, tanto Flink e Grunewall (1970, p. 20) como Boucinhas (1972, p. 7) mencionam a importância do uso do julgamento de pessoas que participam de atividades voltadas para a consecução dos objetivos e que tenham suficiente experiência no assunto.

Embora os autores mencionados estivessem mais preocupados com o planejamento orçamentário, que é um planejamento operacional, pode-se extrapolar suas considerações para o planejamento estratégico, pois este último é mais abrangente e complexo, bem como sofre mais influências do ambiente empresarial.

Você deve considerar que, apesar da necessidade de flexibilidade do planejamento, a empresa deve, sempre, procurar ter um plano estratégico formalizado, pois somente dessa forma:

- pode agir sobre o ambiente – onde estão os fatores externos não controláveis pela empresa – e moldar seu próprio destino;
- pode responder, de maneira mais rápida e eficaz, às oportunidades de mercado que surjam inesperadamente; e
- os executivos podem escolher, de maneira mais adequada, entre as várias opções viáveis.

Como base para esses aspectos, a empresa deve apresentar um nível de simplicidade em seu planejamento estratégico, o que é necessário para tornar esse instrumento de administração perfeitamente incorporado em seu processo decisório diário.

D. *Inadequação no estabelecimento do período de tempo do planejamento estratégico*

Não existe período de tempo uniforme ou determinado para o planejamento estratégico.

O planejamento deve compreender o período de tempo necessário para prognosticar, através de uma série de atividades, a satisfação de todos os compromissos envolvidos no conjunto das decisões estratégicas.

Na Figura 10.4 são apresentados os planos de planejamento estratégico de três empresas. Nota-se que o período de tempo de cada um dos planos é diferente. Entretanto, cada um desses planos é válido à medida que todos os itens necessários ao planejamento estratégico da empresa forem devidamente considerados. Esses itens são, basicamente, as partes do planejamento, ou seja, fins, meios, recursos, implantação e controle.

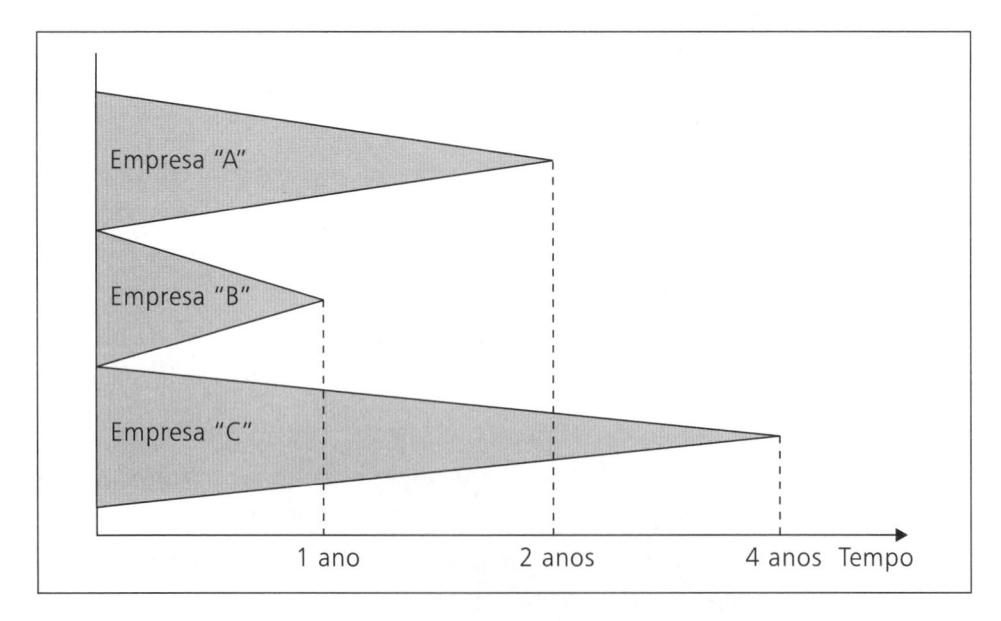

Figura 10.4 Período de tempo do planejamento estratégico.

O plano de planejamento estratégico deve ter uma perspectiva de tempo limitada, pois se deve questionar, continuadamente, sua validade para o futuro das estratégias e políticas que foram a base do sucesso da empresa no passado.

Para tanto, deve-se destacar a relatividade do conceito de prazo. Isso porque, de acordo com Toledo (1976, p. 26), não se pode, por exemplo, fixar arbitrariamente determinado número de anos como prazo médio ou longo sem levar em consideração as características da empresa. Prazo longo para um estaleiro tem muito pouco a ver com o equivalente para uma empresa produtora de bens de consumo que depende de modismos.

Na prática, você pode considerar que o planejamento estratégico deve ser para o período mínimo de tempo de um ano, correspondente ao planejamento orçamentário, pois este último é decorrente direto do primeiro.

E. Ineficiência dos responsáveis pelo planejamento estratégico

Nesse ponto, deve-se reforçar a necessidade de a empresa possuir uma equipe bem reduzida, mas altamente capacitada e eficiente no assunto *planejamento estratégico*.

F. Inadequada ou inexistente gestão do conhecimento

Gestão do conhecimento é o processo estruturado para administrar a informação, agregar-lhe valor e distribuí-la, adequadamente, pelas diversas unidades organizacionais da empresa.

Esse processo é consolidado quando a informação é filtrada, sintetizada e resumida, o que ajuda os executivos e demais profissionais das empresas a conseguirem o tipo de conhecimento e informação necessários para passar à ação e à busca de resultados efetivos e planejados.

Verifica-se que essa situação pode contribuir, de maneira efetiva, para a consolidação da vantagem competitiva das empresas.

Uma empresa pode procurar a gestão do conhecimento pela obtenção de patentes e direitos autorais, pela obtenção de profissionais com conhecimentos diferenciados e aplicáveis ou pela criação de um ambiente de aprendizado interativo, evolutivo e acumulativo na busca de estratégias inovadoras para a empresa.

Portanto, uma premissa para a adequada gestão do conhecimento é que as pessoas não queiram ser donas únicas de seus conhecimentos e, portanto, a empresa não queira *reinventar a roda*.

É, também, importante que cada programa de gestão do conhecimento seja direcionado a uma necessidade real e inquestionável da empresa, a curto, médio ou longo prazo.

G. *Distanciamento do executivo para com o processo de inovação pela empresa*

A inovação é um aspecto muito importante para a efetivação do processo de planejamento estratégico.

Você deve estar ciente de que inovação é, antes de tudo, uma mudança no ambiente econômico, social ou legal.

A habilidade de uma empresa em inovar depende, basicamente, de seu corpo diretivo e de seu sistema social, e não da indústria ou setor na qual está atuando, nem de seu tamanho ou idade. Nesse sentido, não adianta, por exemplo, uma empresa estar há cinco anos na indústria de informática e ser de tamanho médio ou grande se o seu corpo diretivo não estiver direcionado, capacitado e motivado para a inovação.

Deve ficar claro que a empresa inovadora institucionaliza o espírito inovador e cria o hábito da inovação; e a empresa inovadora é gerida por um corpo diretivo com espírito inovador.

Para Drucker (1975, p. 135), se uma empresa não é capaz de inovar e for estabelecida numa época que exige inovação, está fadada ao declínio e à extinção; e a direção de uma empresa que, em tal período, não sabe como conseguir inovar é incompetente e não está à altura de sua tarefa. A gestão da inovação tornar-se-á, cada vez mais, o maior desafio ao corpo diretivo das empresas e aos seus executivos.

A inovação não deve ser entendida como o processo ou ação de fazer melhor ou de forma diferente aquilo que a empresa já está fazendo. Isso deve ser conceituado como otimização dos processos empresariais, e seu resultado é o melhoramento e não a inovação.

Normalmente, as inovações são iniciadas pela identificação e análise de uma necessidade do consumidor ou cliente de uma mudança significativa. Essa filosofia de atuação pode criar uma sistemática em descobertas essenciais e inovadoras.

A medida da inovação é seu impacto sobre o ambiente; portanto, o executivo inovador tem atuação estratégica de forma significativa.

Alguns dos aspectos a que o executivo voltado para a inovação deve estar atento são:

a) Procura, identificação e análise sistemática das atividades e áreas em que o espírito inovador poderá apresentar resultados compensadores. Para alcançar esse resultado, você pode procurar alguns caminhos, a saber:

- a entrada em determinadas atividades que foram exploradas no passado, ou mesmo que estão sendo exploradas no presente, mas que não apresentam os resultados esperados. Nesse caso, você pode aliar seu espírito inovador a algumas oportunidades, como desenvolvimento demográfico, melhoria do poder aquisitivo etc., e otimizar os resultados de sua inovação; e

- a entrada em atividades em que a indústria ou setor apresenta demanda crescente de mercado, mas não existe a correspondente lucratividade. Nesse caso, uma inovação que provoque mudança na distribuição, produto, serviço etc. provavelmente acarretará aumento na lucratividade, bem como na rentabilidade da empresa.

b) Abandono planejado e sistemático de tudo o que é obsoleto, velho etc., pois as empresas inovadoras não despendem recursos, nem tempo na revitalização do passado. Enquanto uma empresa não inovadora procura o "melhor e mais", a empresa inovadora procura o "novo e diferente", logicamente adequado a uma situação de mercado.

c) Atenção a todas as ideias surgidas, sem o preconceito de "isso não serve", "isso é impraticável" etc. O passo seguinte é a alta administração verificar como a ideia poderá ser colocada em prática e trazer os resultados esperados pela empresa.

d) A estruturação das atividades de inovação deve ser separada das atividades rotineiras, pelo simples fato de que apresentam filosofias administrativas diferentes; portanto, suas estruturações e controles devem ser separados para evitar possíveis conflitos.

Para detalhes a respeito de inovação você pode analisar o livro *A empresa inovadora e direcionada para resultados*, dos mesmos autor e editora.

10.2.4 Baixa credibilidade ao planejamento estratégico

Essa falha pode ser causada por:

A. *Descontinuidade no processo*

Para que a empresa usufrua das vantagens do planejamento estratégico, é necessário que ele seja um processo contínuo com atualização, entendimento, avaliação e aprimoramento constantes.

Uma empresa só poderá conseguir implementar um planejamento estratégico otimizado se ele for adaptado, evoluído, testado, entendido e avaliado ao longo do tempo, criando, dessa forma, consolidação e credibilidade do processo na empresa. É a chamada consolidação da *personalidade estratégica*.

B. *Utilização de situações pouco realistas*

Deve-se evitar que o planejamento estratégico seja considerado utópico.

Na realidade, a palavra *utopia* significa, etimologicamente, muito mais algo que está "fora do lugar" do que algo impossível. Esse "fora do lugar" deve ser entendido como algo possível em outro lugar ou em outra época, e não como algo impossível.

Portanto, conforme já apresentado neste capítulo, você deve desenvolver o planejamento estratégico dentro da realidade atual da empresa.

Algumas das formas de desenvolver um planejamento estratégico que apresente uma situação mais realista para os funcionários da empresa é a consideração dos seguintes aspectos:

- a explicitação da interligação e interdependência entre todas as áreas da empresa;
- a interligação dos vários aspectos do planejamento estratégico com os planejamentos táticos e operacionais da empresa;
- a data-limite para a conclusão do desenvolvimento do plano estratégico é a data de início do plano orçamentário da empresa e outros planejamentos táticos; e
- deverá gerar, após sua consolidação, diversos planos de ação, os quais serão desenvolvidos pelas várias áreas da empresa, de forma perfeitamente interligada.

Outro aspecto que você deve considerar é que o planejamento estratégico pode ser apresentado em três alternativas, de forma interligada com os cenários (ver seção 4.2).

São elas:

- pessimista, que corresponde a um resultado danoso para a empresa;
- provável, que corresponde à situação mais possível de ocorrer, de acordo com as variáveis internas e, principalmente, externas apresentadas; e
- otimista, que corresponde ao resultado esperado, se tudo der certo.

Salienta-se que, para as três alternativas, devem-se estabelecer estratégias fortes, que procurem melhorar o resultado da empresa.

C. *Não divulgação das informações inerentes ao planejamento estratégico*

Para que o planejamento estratégico apresente uma situação de efetiva participação, é fundamental que exista um sistema de divulgação das informações correlacionadas, de forma ampla e consistente.

Naturalmente, existirão determinadas informações que serão confidenciais, durante um período de tempo, para uma parte dos funcionários da empresa. Portanto, esse sistema de informações deve ser estruturado de forma que respeite tal aspecto.

D. *Dificuldade de trabalhar com o planejamento estratégico*

O desconhecimento, por parte da grande maioria dos executivos, da real utilidade dos instrumentos formais de planejamento gera uma descrença quanto a sua validade, a qual pode ser externada por questionamentos, como:

- "Planejamento é utopia".
- "Planejamento não funciona, principalmente no Brasil".
- "Planejamento para quê? Não sabemos nem quanto vai ser a inflação!".
- "Para que planejar com essa política governamental doida?".

Existem executivos que não querem planejar para o período de 3, 4 ou 5 anos, e afirmam, inclusive, que não sabem se a empresa ainda vai existir nessa época. Entretanto, duas coisas são importantes: enfrentar as dificuldades e planejar o futuro, porque deixar para planejar o futuro quando ele chegar será tarde, não haverá tempo para a empresa acompanhar a demanda do mercado e ela pode ser alijada, porque outras empresas poderão ter tido o cuidado de planejar.

Um aspecto que, normalmente, cria certo descrédito no planejamento é o fato de a área governamental, em seus vários níveis, não ter um planejamento adequado. Os objetivos governamentais são pouco claros, são conflitantes, de modo que o planejamento da empresa vai tornando-se, diante disso, cada vez mais imperativo.

A turbulência do ambiente cria maiores desafios, aumenta os riscos e ameaças, e tende a fazer o executivo ver que há um número de probabilidades adversas que dificultam a realização de objetivos, sendo que essa situação cresce cada vez mais; e tal fato aconselha, quase imperativamente, uma definição de objetivos para o futuro e um acompanhamento atento das oportunidades que podem estar ocorrendo no mercado da empresa.

É numa situação como essa que aumentam, também, as oportunidades alternativas, e a empresa tem de estar atenta às possibilidades. O que é a tragédia de um pode ser a oportunidade de outro.

Entretanto, deve-se considerar que a coragem para fazer com que o futuro aconteça distingue:

- a grande empresa da que é apenas competente; e
- o empreendedor de uma empresa do simples executivo de outra.

Para Bower (1966, p. 17), os executivos comprometidos com o planejamento estratégico sistemático são altamente bem-sucedidos porque pensam profunda, criativa e continuadamente em termos da pergunta: "O que estamos tentando fazer e como podemos fazer isso de maneira mais rentável, considerando a concorrência?".

 Para você pensar: Explique, com justificativas e exemplos, o seu posicionamento e, principalmente, o seu conhecimento para trabalhar junto a cada uma das situações apresentadas, lembrando que o mais importante nesse momento é o seu nível de conhecimento a respeito do assunto *planejamento estratégico*. E, depois, não se esqueça de alocar as suas facilidades e dificuldades a respeito em seu plano de carreira.

10.3 Causas de falhas mais comuns durante a implementação do planejamento estratégico nas empresas

Salienta-se que este momento do processo de planejamento estratégico é evidenciado apenas para facilitar o seu entendimento, pois não se pode esquecer que o planejamento estratégico é um processo e, portanto, a sua implementação deve ser realizada em *tempo real*, na medida em que é elaborado por uma equipe multidisciplinar quanto aos conhecimentos.

As principais causas de falhas a serem consideradas neste momento são:

10.3.1 Inadequação no sistema de controle e avaliação do processo de planejamento estratégico

Esse problema pode ser gerado por alguns aspectos, entre os quais podem-se citar:

A. *Falta ou inadequação do sistema de controle e avaliação*

Já se verificou, neste capítulo e no anterior, a importância de um adequado sistema de controle e avaliação do planejamento estratégico, tendo em vista, entre outros aspectos, criar uma situação de credibilidade e propiciar condições para facilitar sua continuidade e seu aperfeiçoamento na empresa.

B. *Desconsideração da relação custos* versus *benefícios*

Entretanto, o sistema de controle e avaliação do planejamento estratégico deve respeitar a relação custos *versus* benefícios, pois não se deve ter um sistema em que o controle é um fim por si só, nem que represente gastos e esforços excessivos para sua concretização.

O ideal é o estabelecimento de uma situação de autocontrole, em que os próprios implementadores e usuários realizam, em *tempo real*, a avaliação das atividades, decisões e ações, o que só será possível com a efetiva participação e envolvimento dos vários executivos e demais funcionários da empresa no processo de planejamento estratégico.

10.3.2 Interação inadequada com os funcionários da empresa

Essa falha pode ser causada por alguns aspectos:

A. *Falta de participação e envolvimento*

Neste capítulo foi bastante enfatizada a importância da efetiva participação e envolvimento dos funcionários da alta, bem como da média administração, no desenvolvimento do processo de planejamento estratégico, sem os quais esse se tornará um trabalho exclusivo de um pequeno grupo de pessoas que, inclusive, terá grande dificuldade de *vender a ideia* para a empresa como um todo.

E, se possível, analisar a participação da baixa administração ou nível operacional, principalmente para facilitar a operacionalização dos projetos e planos de ação.

B. *Falta de comprometimento*

Talvez o principal problema que as empresas tenham para efetivar seus resultados seja a falta de comprometimento das pessoas.

Comprometimento representa o processo interativo em que se consolida a responsabilidade isolada ou solidária pelos resultados esperados.

Como o comprometimento é algo intrínseco ao indivíduo, tal como a motivação, a empresa pode atuar apenas no desenvolvimento e aplicação de instrumentos facilitadores para o processo de aumento do nível de comprometimento das pessoas.

E essa tem sido uma luta das empresas, que nem sempre saem vencedoras.

C. *Falta de conhecimento*

Com o reforço da falha gerada pela falta de conhecimento do assunto *planejamento estratégico* pelas pessoas que forem trabalhar com esse instrumento de administração, o que pode sepultar todo o processo, encerra-se essa lista de *dicas* para os executivos melhor utilizarem o planejamento estratégico em suas empresas.

Para você pensar: Explique, com justificativas e exemplos, o seu posicionamento e, principalmente, o seu conhecimento para trabalhar junto a cada uma das situações apresentadas. Você verificou que, nesse momento, é necessário ter lideranças efetivas com adequado conhecimento do assunto *planejamento estratégico*. E, depois, não se esqueça de alocar as suas facilidades e dificuldades a respeito em seu plano de carreira.

Resumo

O objetivo básico deste capítulo foi apresentar para você, como ponto de partida para repensar sobre o assunto, um conjunto de falhas que podem ocorrer na conceituação, elaboração e implementação do planejamento estratégico em suas empresas.

A lista apresentada não esgota o assunto, mas representa a consolidação da vivência deste autor como consultor em planejamento estratégico, bem como troca de ideias com colegas do ramo.

Seria interessante que essas *dicas* fossem lidas, analisadas e complementadas, criando-se, dessa forma, uma base de sustentação para que, cada vez mais e melhor, o planejamento estratégico tivesse seu reconhecimento pelas empresas. Isso tudo porque tal reconhecimento só poderá acontecer se o planejamento estratégico for, efetivamente, bem utilizado pelas empresas.

Questões para debate

1. Com base nas sugestões apresentadas neste capítulo, identificar e analisar quais estão sendo respeitadas na empresa em que você trabalha, ou em outra qualquer de seu conhecimento. Debater as razões do respeito e do desrespeito às *dicas* apresentadas pelo autor.

2. Formar um grupo de trabalho e debater outros aspectos que devem ser considerados pelos executivos para melhor utilizar o planejamento estratégico nas empresas.

3. Estabelecer um critério de hierarquização das várias sugestões apresentadas. Se possível, apresentar as justificativas.

4. Analisar e debater as suas facilidades e dificuldades quanto às três questões anteriores e, depois, alocar em seu plano de carreira visando o seu adequado desenvolvimento e consolidação como profissional de planejamento estratégico. Você percebeu o quanto é importante elaborar e utilizar um otimizado plano de carreira. Para detalhes, analisar o livro *Como elaborar um plano de carreira para ser um profissional bem-sucedido*, dos mesmos autor e editora.

Exercício: Atitudes diante do planejamento

Fazer uma autoanálise de suas atitudes principais perante o planejamento estratégico – ver item C da seção 10.2.2 –, bem como indicar ações que você julga necessário implementar para o seu aprimoramento pessoal e profissional. Se possível, debater os resultados com seus colegas (de estudo ou de trabalho).

Planos	Atitudes diante do planejamento	Data __/__/__	Nº
Nome:			
Atitudes		Ações para aprimoramento	

Caso:
Processo de desenvolvimento e implementação do planejamento estratégico no Grupo Vancouver

O Grupo Vancouver atua no segmento de propaganda, publicidade – painéis, gôndolas de supermercados etc. –, relações públicas, bem como eventos em geral, tais como feiras, exposições e lançamentos de produtos e serviços.

O organograma resumido do Grupo Vancouver é apresentado a seguir:

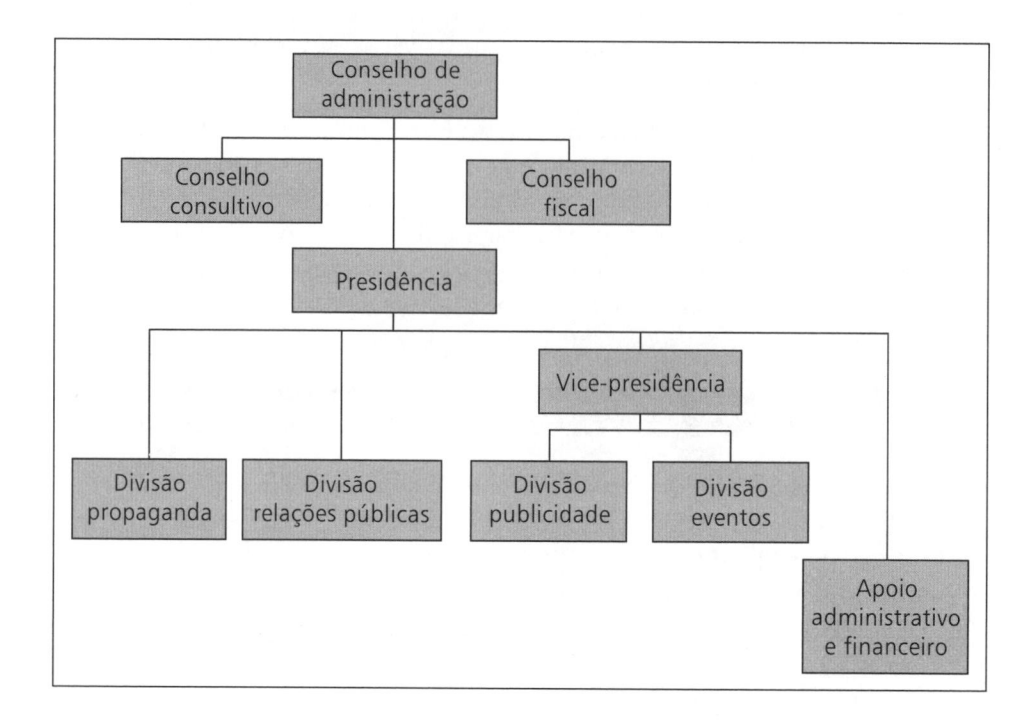

O posicionamento atual quanto à participação de mercado, situação de mercado – crescimento, manutenção e declínio – e das vantagens competitivas dos serviços do Grupo Vancouver é apresentado a seguir:

Serviço	Participação mercado	Situação mercado	Vantagem competitiva
Propaganda	7%	Crescimento	Criatividade
Publicidade	4%	Manutenção	Preço
Relações públicas	9%	Crescimento	Relacionamento com a mídia
Eventos	2%	Declínio	Preço

Alguns aspectos básicos do Grupo Vancouver são:

a) O nível de conhecimento técnico e de experiência profissional quanto aos serviços realizados pelo Grupo Vancouver é bastante elevado.

b) O nível de conhecimento administrativo é de médio para baixo.

c) O nível de relacionamento pessoal e profissional é adequado.

d) O processo de planejamento estratégico implementado no Grupo Vancouver está fortemente baseado no resumo da metodologia apresentada na seção 2.1.

Outras informações e situações a respeito do Grupo Vancouver você deve complementar de acordo com a amplitude que quiser proporcionar ao *caso*.

Após essas complementações e respeitando o apresentado no *caso* resumido, você deve elencar as cinco principais sugestões que você apresentaria para que a Diretoria do Grupo Vancouver pudesse aprimorar a operacionalização do processo de planejamento estratégico.

Glossário

"Para muitos daqueles em que o mundo parece fora de controle, pouca coisa pode ser feita para mudar. Mas, enquanto existir pelo menos um pouco que pode ser feito, precisamos continuar fazendo."

Russel L. Ackoff

A seguir, são apresentadas as definições básicas dos principais termos utilizados no livro.

Ao abordar algum conceito básico, partiu-se da própria bibliografia, cujos principais autores foram mencionados, juntamente com suas ideias, no decorrer do livro. Também se trabalhou com definições próprias, que, no entender do autor deste livro, apresentam-se como válidas.

Salienta-se que a pesquisa bibliográfica evidenciou que, acima de diferenças semânticas e terminológicas, existem profundas divergências conceituais, as quais, inclusive, não se pretendeu sanar no presente livro, por escapar aos objetivos propostos.

Adaptação do sistema: habilidade do sistema em se modificar – adaptação passiva – e/ou o seu ambiente – adaptação ativa –, quando, pelo menos, um deles altera-se.

Administração de projeto: esforço no sentido de melhor alocar os recursos da empresa, tendo em vista alcançar os objetivos estabelecidos.

Administração estratégica: conjunto estruturado e interativo do planejamento estratégico, organização estratégica, direção estratégica, controle estratégico e desenvolvimento organizacional estratégico.

Ambiente: conjunto de todos os fatores que, dentro de um limite específico, se possa conceber como tendo alguma influência sobre a operação do sistema considerado. Também chamado meio ambiente, meio externo, meio ou entorno.

Ambiente direto: conjunto de fatores através dos quais a empresa tem condições não só de identificar, mas também de analisar ou medir, de forma mais efetiva e adequada, o grau de influência recebido e/ou proporcionado.

Ambiente indireto: conjunto de fatores através dos quais a empresa identificou, mas não tem condições, no momento, de avaliar ou medir o grau de influência entre as partes.

Ameaça: força ambiental incontrolável pela empresa, que cria obstáculos à sua ação estratégica, mas que poderá ou não ser evitada, desde que conhecida em tempo hábil.

Análise externa: identificação de oportunidades e de ameaças com as melhores maneiras de usufruir ou de evitar.

Análise interna: identificação de pontos fortes e fracos com as melhores maneiras de utilizar ou de eliminar.

Atividade: unidade ou parte identificada e administrada dentro de um projeto.

Benchmarking: processo contínuo e interativo de investigação e análise das estratégias de sucesso das empresas líderes ou de referência e excelência administrativa, procurando conhecer, adaptar e aprimorar essas estratégias para a realidade da empresa considerada.

Binômio produto *versus* mercado: reduz a amplitude da análise ambiental a mercados e, consequentemente, a produtos e serviços bem delimitados.

Cenários: representam situações, critérios e medidas para a preparação do futuro da empresa.

Comprometimento: processo interativo em que se consolida a responsabilidade isolada ou solidária pelos resultados esperados.

Controle: função do processo administrativo que, mediante a comparação com padrões previamente estabelecidos, procura medir e avaliar o desempenho e o resultado das ações, com a finalidade de realimentar os tomadores de decisões, de forma que possam corrigir ou reforçar esse desempenho ou interferir em outras funções do processo administrativo para assegurar que os resultados satisfaçam às metas, desafios e objetivos estabelecidos.

Critério: regra ou padrão pelo qual as alternativas são pontuadas ou hierarquizadas, de modo que se permita a escolha daquela mais eficaz ou desejável.

Dado: elemento identificado em sua forma bruta que, por si só, não conduz à compreensão de um fato ou situação e, portanto, não propicia uma decisão adequada.

Decisão: descrição de um futuro estado de coisas, que pode ser verdadeira ou falsa, em função dos elementos que o tomador de decisão tem em mãos e que lhe permite ter visão factual da situação presente e futura.

Decisão programada: caracterizada pela rotina e repetitividade, para as quais é possível estabelecer um procedimento padrão para ser acionado cada vez que ocorra sua necessidade.

Decisão não programada: caracterizada pela não estruturação e pela novidade; isso porque não é possível estruturar o método-padrão para serem acionadas, dada a inexistência de referências procedentes, ou então porque o problema a ser resolvido, devido a sua estrutura, é ambíguo ou complexo, ou ainda porque é importante que sua resolução implique na adoção de medidas específicas.

Desafio: realização que deve ser continuadamente perseguida, perfeitamente quantificável e com responsável e prazo estabelecidos, que exige esforço extra e representa a modificação de uma situação, bem como contribui para ser alcançada uma situação desejável. Representa a quantificação do objetivo, com o correspondente prazo para realização.

Diretriz: conjunto estruturado e interativo dos objetivos, estratégias e políticas da empresa.

Efetividade: medida de rendimento global que refere-se à relação entre os resultados alcançados e os objetivos propostos ao longo do tempo.

Eficácia: medida do rendimento global do sistema. É fazer o que é preciso ser feito. Refere-se à contribuição dos resultados obtidos para o alcance dos objetivos globais da empresa.

Eficiência: medida do rendimento individual dos componentes do sistema. É fazer certo o que está sendo feito. Refere-se à otimização dos recursos utilizados para a obtenção dos resultados.

Entrada do sistema: força de partida que fornece ao sistema os materiais, os recursos e as informações de operação.

Entropia: estado de desordem e de caos a que tende um sistema. Corresponde à entropia positiva.

Entropia negativa: empenho dos sistemas que se organizam para a sobrevivência, através de maior ordenação. É uma função que representa o grau de ordem existente num sistema.

Equifinalidade: obtenção de um mesmo estado final de um sistema, partindo de diferentes condições iniciais e por meios distintos.

Estratégia: caminho, maneira ou ação formulada e adequada para alcançar, preferencialmente de maneira diferenciada e inovadora, os objetivos, desafios e metas estabelecidos, no melhor posicionamento da empresa perante seu ambiente.

Fator ou foco de análise: assunto básico a ser considerado em todo o processo de planejamento estratégico da empresa.

Filosofia de atuação: crenças básicas que as pessoas da empresa devem ter e pelas quais devem ser dirigidas.

Gestão à vista: processo em que os indicadores, parâmetros e critérios de avaliação, bem como a realidade atual das atividades, ficam disponíveis para acompanhamento e possível intervenção de todos os demais envolvidos, de forma direta ou indireta, nas atividades consideradas.

Gestão do conhecimento: processo estruturado para administrar a informação, agregar-lhe valor e distribuí-la, adequadamente, pelas diversas unidades organizacionais da empresa.

Heterostase: processo de passagem de uma homeostase para outra homeostase diferente.

Homeostase: manutenção dos fatores ou variáveis do sistema – empresa – dentro de uma faixa estabelecida, mesmo na ocorrência de estímulos para que ultrapassem os limites desejados.

Incerteza: estado de conhecimento no qual um ou mais cursos de ação resultam em um conjunto de resultados específicos, cuja probabilidade de ocorrer não é conhecida.

Instrumento administrativo: técnica que a Teoria da Administração proporciona para o desenvolvimento do processo administrativo nas empresas.

Limite do sistema: amplitude dentro da qual se estuda como o ambiente influi ou é influenciado pelo sistema considerado.

Macroestratégia: grande estratégia ou caminho que a empresa vai adotar com a finalidade de atuar nos propósitos atuais e futuros identificados dentro da missão, tendo como *motor de arranque* sua postura estratégica.

Macropolítica: grande orientação que a empresa, em sua totalidade, deve respeitar e que irá facilitar e agilizar seu processo decisório e suas ações estratégicas.

Meta: etapa que é realizada para o alcance do objetivo ou desafio. São fragmentos dos objetivos e desafios e sua utilização permite melhor distribuição de responsabilidades, como também melhor controle dos resultados concretizados pelos diversos participantes da equipe de trabalho.

Missão: razão de ser da empresa. Conceituação do *horizonte* dentro do qual a empresa atua ou poderá atuar no futuro. Explicita a quem a empresa atende com seus produtos e serviços.

Modelo: descrição simplificada de um sistema que explica seu funcionamento. É uma representação abstrata e simplificada de uma realidade em seu todo ou em partes.

Modelo de gestão: processo estruturado, interativo e consolidado de desenvolver e operacionalizar as atividades – estratégicas, táticas e operacionais – de planejamento, organização, direção, gestão de pessoas e avaliação dos resultados, visando ao crescimento e ao desenvolvimento sustentado da empresa.

Objetivo: alvo ou situação que se pretende alcançar.

Objetivo funcional: objetivo intermediário, correlacionado às áreas funcionais e que deve ser alcançado com a finalidade de se concretizarem os objetivos da empresa.

Oportunidade: força ambiental incontrolável pela empresa que pode favorecer sua ação estratégica, desde que conhecida e aproveitada, satisfatoriamente, enquanto perdura.

Pensamento estratégico: postura do executivo voltada para a otimização interativa da empresa com o ambiente – externo e não controlável – em *tempo real*.

Planejamento: identificação, análise, estruturação e coordenação da missão, propósitos, objetivos, desafios, metas, estratégias, políticas, programas, projetos, planos de ação e atividades, bem como de expectativas, crenças, comportamentos e atitudes, a fim de se alcançar do modo mais eficiente, eficaz e efetivo o máximo do desenvolvimento possível, com a melhor concentração de esforços e recursos pela empresa.

Planejamento estratégico: processo administrativo que proporciona sustentação metodológica para estabelecer a melhor direção a ser seguida pela empresa, visando ao otimizado grau de interação com os fatores externos – não controláveis – e atuando de forma inovadora e diferenciada.

Planejamento operacional: formalização das metodologias de desenvolvimento e de implementação de resultados específicos a serem alcançados pelas áreas funcionais da empresa.

Planejamento tático: metodologia administrativa que tem por finalidade otimizar determinada área de resultado da empresa.

Plano: formulação do resultado final da utilização de determinada metodologia. Documento formal que consolida informações, atividades e decisões desenvolvidas no processo de planejamento.

Plano de ação: corresponde ao conjunto das partes comuns dos diversos projetos quanto ao assunto que está sendo tratado (recursos humanos, tecnologia etc.).

Política: parâmetro ou orientação para a tomada de decisão. Definição dos níveis de delegação, faixas de valores e/ou quantidades-limites e de abrangência das estratégias e ações para a consecução das metas, desafios e objetivos da empresa.

Ponto neutro: variável identificada pela empresa; contudo, no momento, não existem critérios e parâmetros de avaliação para sua classificação como ponto forte ou ponto fraco.

Ponto forte: vantagem estrutural controlável pela empresa que a favorece perante as oportunidades e ameaças do ambiente, onde estão os assuntos não controláveis pela empresa.

Ponto fraco: desvantagem estrutural controlável pela empresa que a desfavorece perante as oportunidades e ameaças do ambiente.

Postura estratégica: caminho ou ação que a empresa deve seguir para cumprir sua missão. Representa uma escolha consciente de uma das alternativas possíveis, respeitando a realidade da empresa em determinado período de tempo, tendo em vista seus pontos fortes e fracos, bem como as oportunidades e ameaças identificadas.

Predição: situação em que o futuro tende a ser diferente do passado, mas a empresa não tem nenhum controle sobre seu processo e desenvolvimento.

Previsão: esforço para verificar quais serão os eventos que poderão ocorrer, com base no registro de uma série de probabilidades.

Processo: atividade de um sistema que possibilita a transformação de um insumo (entrada) em um produto (saída). Também representa um conjunto sequencial de atividades direcionadas a um resultado específico.

Produtividade: quociente entre o total produzido e aceito pelos usuários do produto ou serviço e a quantidade consumida de um fator de produção.

Produto: aquilo que é capaz de satisfazer a uma necessidade. Essa necessidade representa, em uma pessoa, um sentimento de carência que produz um desconforto e um desejo de aliviá-lo.

Programa: conjunto de projetos homogêneos quanto a seu objetivo maior.

Projeção: situação em que o futuro tende a ser igual ao passado, em sua estrutura básica.

Projeto: trabalho a ser executado, com responsabilidade de execução, resultado esperado com quantificação de benefícios e prazo de execução preestabelecidos, considerando os recursos humanos, financeiros, tecnológicos, materiais e de equipamentos, bem como as áreas envolvidas e necessárias ao seu desenvolvimento.

Propósito: compromisso que a empresa se impõe no sentido de cumprir sua missão. Representa grandes linhas de produtos ou serviços ou áreas de atuação selecionadas no contexto da missão estabelecida, nas quais a empresa atua no momento ou pretende atuar no futuro.

Realimentação – retroalimentação ou *feedback* **– do sistema**: processo de comunicação que reage a cada informação obtida e incorpora o resultado da "ação resposta" desencadeada por meio de nova informação, a qual afetará seu comportamento subsequente, e assim sucessivamente.

Rentabilidade: relação percentual entre o lucro de determinado período ou negócio e o volume de capital aplicado.

Risco: estado do conhecimento no qual cada estratégia alternativa leva a um conjunto de resultados, sendo a probabilidade de ocorrência de cada resultado conhecida do tomador de decisão.

Saída do sistema: resultado do processo de transformação das entradas do sistema, visando atender aos objetivos anteriormente estabelecidos.

Sinergia negativa: ação conjunta de vários elementos de um sistema, de tal modo que a soma das partes é menor do que o efeito obtido, isoladamente, através de cada elemento.

Sinergia positiva: ação coordenada entre vários elementos que compõem um sistema, de tal modo que a soma das partes é maior do que o efeito obtido, isoladamente, através de cada elemento.

Sistema: conjunto de partes interdependentes e interagentes que, conjuntamente, formam um todo unitário com determinado objetivo e efetuando uma função.

Sistema aberto: possui ambiente. Troca com o ambiente matérias e/ou energias e/ou informações.

Sistema de informação: processo de transformação de dados em informações.

Sistema de informação gerencial: processo de transformação de dados em informações que são utilizadas no processo decisório da empresa.

Sistema fechado: não possui ambiente.

Subestratégia: ação necessária para alcançar as metas fixadas.

Subsistema: parte estruturada do sistema.

Supersistema: o todo considerado no estudo, sendo o sistema uma parte dele.

Tática: ação correlacionada com metas de curto prazo e com meios de alcançá-las que, geralmente, afetam somente parte da empresa. Indicação dos instrumentos administrativos que a empresa irá utilizar para perseguir a orientação das estratégias.

Valor: representa o conjunto dos princípios, crenças e questões éticas fundamentais de uma empresa, bem como fornece sustentação a todas as suas principais decisões.

Vantagem competitiva: identifica os produtos ou serviços e os mercados para os quais a empresa está, realmente, capacitada para atuar de forma diferenciada com relação aos seus concorrentes.

Vetor de crescimento: identifica se a empresa está movendo-se dentro do setor ou indústria (expansão) ou se através das fronteiras da indústria onde está localizada (diversificação).

Visão: identifica os limites que os principais responsáveis pela empresa conseguem enxergar dentro de um período de tempo mais longo e uma abordagem mais ampla. Proporciona o grande delineamento do planejamento estratégico a ser desenvolvido e implementado pela empresa. Explicita o que a empresa quer ser em um futuro próximo ou distante.

Bibliografia

"Plagiar é a forma mais sincera de elogiar."
Confúcio

ABELL, Derek. *Managing with dual strategies*: mastering the present, preempting the future. New York: Free Press, 1993.

ACKOFF, Russel L. *Redesigning the future*: a systems approach to societal problems. New York: John Wiley, 1974.

_____. *Planejamento empresarial*. Rio de Janeiro: Livros Técnicos e Científicos, 1975.

ADIZES, Ichak. *Os ciclos de vida das organizações*: como e por que as empresas crescem e morrem e o que fazer a respeito. São Paulo: Pioneira, 1996.

ANDREWS, Kenneth. R. *The concept of corporate strategy*. New York: Dow-Jones Irwin, 1971.

ANSOFF, H. Igor. *A nova estratégia empresarial*. São Paulo: Atlas, 1990.

_____. *Estratégia empresarial*. São Paulo: McGraw-Hill, 1977.

_____. A estratégia para sobreviver à recessão. *Negócios em Exame*, São Paulo: Abril, 2 jun. 1982.

_____.; DECLERK, Roger P.; HAYES, Robert L. *Do planejamento estratégico à administração estratégica*. São Paulo: Atlas, 1981.

BASIL, W. Douglas (Org.). *Corporate planning*: selected concepts. Londres: Mc-Graw-Hill, 1971.

_____.; COOK, Curtis. *O empresário diante das transformações sociais, econômicas e tecnológicas*. São Paulo: McGraw-Hill, 1978.

BENNIS, Warren; NANUS, Burt. *Leaders*: the strategies for taking charge. New York: Harper & Row, 1985.

BETHLEM, Agricola S. Os conceitos de política e estratégia. *Revista de Administração de Empresas*, São Paulo: FGV, jan./mar. 1980.

_____. *Política e estratégias de empresas*. Rio de Janeiro: Guanabara Dois, 1981.

BOUCINHAS, José F. C. *A aplicação de modelos ao processo de planejamento na empresa*. Tese (Doutorado) – Faculdade de Economia e Administração, USP, São Paulo, 1972.

BOWER, Marwin. *The will to manage*. New York: McGraw-Hill, 1966.

BUZZELL, Robert D.; GILLIGAN, Colin; WILSON, Richard M. S. *Strategic marketing management*. Boston: Harvard University, Graduate School of Business Administration, 1977.

CAMP, Robert C. *Benchmarking dos processos de negócios*. Rio de Janeiro: Qualitymark, 1996.

CHANDLER, JR.; Alfred D. *Strategy and structure*: charters in the history of the industrial enterprise. Cambridge. Massachusetts: MIT Press, 1962.

COLLINS, James; PORRAS, Jerry I. *Feitas para durar*: práticas bem sucedidas de empresas visionárias. São Paulo: Makron Books, 1996.

_____.; _____. Purpose, mission and vision. In: RAY, M.; RINZLER, A. *The new paradigm in business*. New York: G. P. Putnam's, 1993.

DONÁDIO, Mario. A eficácia do planejamento estratégico. *O Estado de S. Paulo*, São Paulo, 30 abr. 1985.

DRUCKER, Peter F. *Prática de administração de empresas*. Rio de Janeiro: Fundo de Cultura, 1962.

_____. *Administração*: tarefas, responsabilidades e práticas. São Paulo: Pioneira, 1975.

FINE, Sidney A. Functional job analysis: an approach to a technology for manpower planning. *Personnel Journal 53*, no 11, nov. 1974.

FLEURY, Afonso Celso. *Contribuição ao estudo da empresa como sistema*. Dissertação (Mestrado) – Faculdade de Economia e Administração, USP, São Paulo, 1974.

FLINK, Salomon J.; GRUNEWALL, D. *Administração financeira*. Rio de Janeiro: Livros Técnicos e Científicos; São Paulo: Edusp, 1970.

GARDNER. John W. *Excellence*. New York: Harper & Row, 1961.

GILMORE, Frank F. *Formulando estratégia em companhias pequenas*. Biblioteca Harvard de Administração de Empresas, art. 17, v. 4, 1972.

GLUECK, Frederick W.; KAUFMAN, Stephen; WALLECK, A. Steven. Strategic management for competitive advantage. *Harvard Business Review*, Jul./Aug. 1980.

HAMEL, Gary; PRAHALAD, C. K. (Coimbatore Krishnarao) *Competindo pelo futuro*: estratégias inovadoras para obter o controle do seu setor e criar mercados de amanhã. Rio de Janeiro: Campus, 1995.

HAMMER, Michael; CHAMPY, James. *Reengenharia*. Rio de Janeiro: Campus, 1994.

HART, Basil Henry Liddell. *Strategy*: the classic book in military strategy. New York: Penguin Books, 2008.

HART, Ellen R. Strategic change: reconfiguring operational process to implement strategy. In FABREY, L.; RANDALL, R. M. *The portable MBA in strategy*. New York: John Wiley, 1994.

HAX, Arnoldo C.; MAJLUF, Nicolas S. *Strategic management*: an integrative prospective. Englewood Cliffs: Prentice Hall, 1984.

HERSEY Paul; BLANCHARD, Kenneth. *Psicologia para administradores de empresas*. São Paulo: Pioneira, 1974.

HOBBS, John M.; HEANY, Donald F. Integrando a estratégia com os planos operacionais. *Biblioteca Harvard*, São Paulo, Série Temática 49, 1977.

KANTER, Rosebeth M. *Men and women of the corporation*. New York: Basic Books, 1977.

KAPLAN, Robert; NORTON, David. *Estratégia em ação*: balanced scorecard. Rio de Janeiro: Campus: KPMG, 1998.

KAPPEL, Frederic R. Notas de *Vitality in business enterprise*. New York: McGraw-Hill, 1960.

KATZ, Daniel; KAHN, Robert L. *Psicologia social das organizações*. São Paulo: Atlas, 1973.

KEENEY, Ralph L. Decision analysis: how to cope with increasing complexity. *Management Review*, Amacon, v. 68, no 9, set. 1979.

KEPNER, Charles H.; TREGOE, Benjamin B. *Manual de aplicação do sistema APEX II*. New Jersey: Princeton Research Press, 1978.

KOTLER, Philip. *Marketing*: edição compacta. São Paulo: Atlas, 1980.

LEIBFRIED, Kathleen H. J.; McNAIR, Carol J. *Benchmarking*. Rio de Janeiro: Campus, 1994.

LEVITT, Theodore. Miopia em marketing. *Harvard Business Review*, v. 38, no 4, p. 24-35, 1960.

LORANGE, Peter; VANCIL, Richard F. How to design a strategic planning system. *Harvard Business Review*, Sept./Oct. 1976.

MARCOVITH, Jacques. *Contribuição ao estudo da eficiência organizacional*. 1972. Tese (Doutorado) – Faculdade de Economia e Administração, USP, São Paulo.

MAYNARD, Harold Bright. *Handbook of business administration*. New York: McGraw-Hill, 1967.

MESAROVIC, Mihajlo D.; MACKO, D.; TAKAHARA, Yasuhiko. *Theory of hierarchical, multilevel systems*. New York: Academic Press, 1970.

MILLS, Daniel Quinn. *O renascimento da empresa*. Rio de Janeiro: Campus, 1993.

MINTZBERG, Henry. What is planning anyway. *Strategic Management Journal*. New York, no 2, Oct. 1983.

_____.; LAMPEL, Joseph B.; QUINN, James B.; GHOSHAL, Sumantra. *The strategy process*: concepts, context and cases. New York: Bookman, 1970.

NAISBITT, John. *Macrotendências*. Portugal: Presença, 1988.

NONAKA, Ikiyiro. *The kwowledge-creating company*. Boston: Oxford, 2000.

OHMAE, Kenichi. *O estrategista em ação*. São Paulo: Pioneira, 1985.

PASCALE, Richard T.; ATHOS, Anthony G. *As artes gerenciais japonesas*. Rio de Janeiro: Record, 1982.

PAUL, R. N.; DONAVAN, N. B.; TAYLOR, J. W. Como adequar o planejamento estratégico à realidade. *Negócios em Exame*. São Paulo: Abril, 27 set. 1978.

PETERS, Thomas J.; WATERMAN, Robert H. *In search of excellence*. New York: Harper & Row, 1991.

PORTER, Michael. *Competitive advantage*. New York: The Free Press, 1985.

_____. *Competitive strategy*: techniques for analysing industries and competitors. New York: Free Press, 1980.

QUIGLEY, Joseph V. *Vision*: how leaders develop it, share it and sustain it. New York: McGraw-Hill, 1993.

QUINN, James B. *Intelligent enterprise*. New York: The Free Press, 1992.

RIES, Al. *Foco*: uma questão de vida ou morte para a sua empresa. São Paulo: Makron, 1996.

RUMELT, Richard R. *Strategy, structure and economic performance*. Boston: Harvard University, 1974.

SCHEIN, Edgard H. *Psicología de la organización*. Madri: Prentice Hall International, 1969.

SHARPLIN, Arthur. *Strategic management*. New York: McGraw-Hill, 1985.

SIMON, Hermann. *Lessons from hidden champions*: lessons from 500 of the world's best unknown companies. Boston: Harvard Business School Press, 1996.

_____. *Comportamento administrativo*. 2. ed. Rio de Janeiro: FGV, 1971.

STEINER, George A. *Strategic planning*. Londres: Collier: Macmillan, 1979.

_____. *Top management planning*. New York: Macmillan, 1969.

STONER, James A. F.; FREEMAN, R. Edward. *Administração*. Rio de Janeiro: Prentice Hall, 1995.

ST. THOMAS, Charles E. *A prática do planejamento empresarial*. São Paulo: Mc-Graw-Hill, 1974.

THOMAS, Howard; O'NEAL, Don (Coord.). *Strategic integration*. Chichester: John Wiley, 1996.

THOMPSON, James D. *Dinâmica organizacional*. São Paulo: McGraw-Hill, 1976.

TICHY, Noel. *Every business is a growth business*. New York: Random House, 2000.

TILLES, Seymon. How to evaluate corporate strategy. *Harvard Business Review*. New York, July/Aug. 1963.

TOFFLER, Alvin. *A terceira onda*. Rio de Janeiro: Record, 1980.

TOLEDO, Geraldo Luciano. Conceituação estatística de previsões. *Revista de Estudos de Administração*. São Paulo: FAAP, v. 2, no 3, fev./mar. 1976.

TREGOE, Benjamin; ZIMMERMAN, John W. *A estratégia da alta gerência*: o que é e como fazê-la funcionar. Rio de Janeiro: Zahar, 1982.

URWICK, Lyndall F. Notas em *Theory of organization*. New York: American Management Association, 1952.

VASCONCELLOS FILHO, Paulo. Afinal, o que é planejamento estratégico? *Revista de Administração de Empresas*, Rio de Janeiro: FGV, v. 18, no 2, abr./jun. 1978.

_____.; MACHADO, Antonio M. V. *Planejamento estratégico*: formulação, implementação e controle. Rio de Janeiro: Livros Técnicos e Científicos, 1979.

VON BERTALANFFY, Karl Ludwig. *Teoria geral de sistemas*. Petrópolis: Vozes, 1972.

VON BÜLOW, Dietrich Heinrich. *Development of strategical science*. 10. ed. London: Pitman, 1950.

VON NEUMANN, John V.; MORGENSTERN, Oskar. *Theory of games and economic behavior*. Princeton: Princeton University Press, 1947.

WELSCH, Glenn A. *Orçamento empresarial*: planejamento e controle do lucro. São Paulo: Atlas, 1977.

WRAPP, Edward H. Good managers don't make policy decisions. *Harvard Business Review. Review on Management*. Boston: Harper & Row, p. 5-18. Nov./Dec. 1967.

ZACARELLI, Sérgio B. A formulação de alternativas estratégicas. *Revista de Administração*. São Paulo: FEA/USP, 1980.

ZIEGLER, Raymond J. Policy formulation and its relevance to the understanding of business enterprise. In: MOCKLER, Robert J. *Readings in business planning and policy formulation*. New Jersey: Prentice Hall, 1972.

Índice alfabético